第四届安徽省高校图书馆服务创新大赛案例汇编

主　编　储节旺
副主编　宁　劲　王申红　朱爱瑜　刘锦山
编　委（按姓氏笔画排序）
　　　　王靖雯　司光昀　李艳梅　孟凡胜
　　　　周振勤　蒋自奎

中国科学技术大学出版社

内 容 简 介

本书汇编了第四届安徽省高校图书馆服务创新大赛的29个优秀案例,内容涵盖数字资源建设、特色资源建设、红色资源开发利用、文化服务育人、阅读推广、信息素养教育、馆员队伍建设、学科服务、专利服务、疫情背景下的服务开展等主题,内容丰富,亮点纷呈。案例提炼的经验方法和实践举措,对其他高校图书馆乃至公共图书馆都有一定的参考借鉴价值。

本书适合图书馆实务操作人员参考,也适合信息资源管理学科(涵盖图书情报与档案学学科)的研究生,图书馆学、信息资源管理学、档案学、信息管理与信息系统等专业的本专科学生以及相关学科专业的研究人员学习和研究参考使用。

图书在版编目(CIP)数据

第四届安徽省高校图书馆服务创新大赛案例汇编/储节旺主编. —合肥:中国科学技术大学出版社,2023.3

ISBN 978-7-312-05581-2

Ⅰ.第… Ⅱ.储… Ⅲ.院校图书馆—图书馆服务—案例—安徽 Ⅳ.G258.6

中国国家版本馆 CIP 数据核字(2023)第 037554 号

第四届安徽省高校图书馆服务创新大赛案例汇编
DI-SI JIE ANHUI SHENG GAOXIAO TUSHUGUAN FUWU CHUANGXIN DASAI ANLI HUIBIAN

出版	中国科学技术大学出版社
	安徽省合肥市金寨路96号,230026
	http://press.ustc.edu.cn
	https://zgkxjsdxcbs.tmall.com
印刷	安徽国文彩印有限公司
发行	中国科学技术大学出版社
开本	710 mm×1000 mm 1/16
印张	21
字数	446 千
版次	2023 年 3 月第 1 版
印次	2023 年 3 月第 1 次印刷
定价	120.00 元

前　言

图书馆是一个以汇集、存储、传播知识和文化为目标任务的服务性机构。服务是图书馆的永恒话题,无论是高校图书馆,还是公共图书馆或其他类型图书馆,无论是传统图书馆、数字图书馆,还是目前已成为热门话题和实践热点的智慧图书馆,以及初露端倪的元宇宙图书馆,服务都是其核心任务。如果说资源决定了图书馆的表现形式,服务则决定了图书馆的存在价值。积累资源、更新资源、优化资源、布局资源是图书馆的基础性工作,资源决定了图书馆的宽度,有什么样的资源才能开展什么样的服务,服务的范围和领域都是由资源决定的。同时,服务决定了图书馆的高度,在已有资源条件基础上,服务可以不断推陈出新,可以充分彰显图书馆的存在价值。因此,创新服务应该是图书馆人不懈追求的目标。当然,创新服务的目标是要更好地弘扬优秀传统文化,推动全民阅读,让人民享有更加充实、更为丰富、更高质量的精神文化生活。

当然,为和现代化国家两个阶段同步,推进图书馆现代化发展将是未来30年重要而艰巨的任务。在这个过程中,服务创新将是常态,是办馆应该秉持的基本理念。服务创新将为图书馆的现代化发展提供源源不断的动力!

安徽省高校图书馆服务创新大赛是安徽省高校图工委发起的,安徽省各高校图书馆共同参与的,面向高校图书馆全体馆员的大型业务类竞赛活动。服务创新大赛一贯坚持这样的基本宗旨——总结先进经验、发现优秀人才、推进图书馆新发展。活动按每两年举办一次的频率,已成功举办四届。前三届于2015年1月、2016年11月和2018年12月分别在淮北师范大学、安徽农业大学、安徽医科大学举办,案例均已结集出版,面向海内外发行,在省内外高校图书馆界产生了较大影响力。

第四届于2021年12月16—17日在阜阳师范大学成功举办,本次大赛有全省31所高校参加,共提交案例38个。因为疫情防控的原因,大赛采用线上线下相结合的方式进行。经过专家评审,有12个案例进入线下决赛,决赛当天,线上直播平台浏览5000余次,总观看人数1110余人,省内外近百家图书馆观看了线上直播。

第四届大赛案例汇编共收集29个优秀案例,这些案例都是我省高校图书馆馆员在一线工作中勇于创新、善于创新的生动体现,是我省高校图书馆馆员蓬勃精神面貌的生动体现。服务创新大赛是我省高校图书馆集体故事会,案例汇编必会将这些故事广泛传播传于世,发出更强的安徽声音,也必将能惠泽更多同仁、学子并激励更多的后来者。我相信,同行者日众,则事业日兴!

最后,特别要感谢阜阳师范大学图书馆各位同仁和中国科学技术大学出版社对本书的精心打造,也特别感谢e线图情对本书汇编和出版工作的大力支持!

储节旺
2022年11月5日于磬苑

目　录

前言 …………………………………………………………………………（ⅰ）

数据支撑服务育人，智慧引领转型发展——第四届安徽省高校图书馆服务
　　创新大赛案例综述 ……………………………………………………（1）

数据驱动的数字资源量化评价——以合肥工业大学图书馆数据库采购流程中的
　　量化评价为例 …………………………………………………………（14）

描绘量子技术图谱　助力量子专利导航——协同创新的图书馆知识产权
　　服务实践 ………………………………………………………………（28）

弘扬国粹经典，潜心立德树人——图书馆文化服务创新 ……………（37）

图书馆特色资源通用平台建设——以安徽师范大学馆藏徽州文书建设为例 …（49）

"1＋KM＋OM"线上线下ADDIE企业培训模式：让人人爱上新生入馆教育
　　——以安徽大学图书馆为例 …………………………………………（61）

提升蒙尘图书利用率，让"知识"再循环——馆藏仓储化建设打破下架图书
　　管理困局 ………………………………………………………………（71）

我的"馆长"我来当——学生团队参与高校图书馆管理服务的实践探索 ………（82）

馆店融合——打造阅读推广新模式 ……………………………………（94）

书刊静阅读挑战赛——品纸墨书香，寻阅读初心 ……………………（104）

馆店合作　共享悦读——淮南师范学院图书馆打造校园文化新地标 …………（117）

重温红色经典弘扬红色精神——安徽财经大学图书馆红色经典学习馆服务
　　创新案例 ………………………………………………………………（127）

依托品牌建设，助推建立高校图书馆阅读推广新格局——记安徽财经大学
　　图书馆阅读推广品牌"安·图·生" …………………………………（140）

基于RFID自助借还系统的定位标签研发与应用——开智慧校园之先河
　　创利他共赢之格局 ……………………………………………………（151）

立足大学校园，放眼地方公众——安徽工业大学图书馆"红色经典阅读
　　推广实践"案例 ………………………………………………………（164）

场景视角下高校有声阅读推广应用策略探讨——以巢湖学院图书馆"一本好书"

微书评活动为例 ……………………………………………………（174）
抗击疫情，服务不断线——图书馆为师生读者提供多维度资源服务和保障……（183）
图书馆创新形式多措并举扎实推进"我为师生办实事"走深走实
　　——以阜阳师范大学图书馆为例 ………………………………（194）
"接力式"学生阅读推广团队培养实践——淮南师范学院图书馆服务创新案例……（202）
"书香安商"品牌运营的探索与实践——安徽商贸职业技术学院图书馆阅读推广
　　活动记 ……………………………………………………………（214）
提升综合服务软实力　促进读者服务多样化——图书馆职工素养提升系列
　　创新活动 …………………………………………………………（225）
来自馆员原创的"线上读者活动月"——滁州学院图书馆读者活动创新案例 …（236）
建立两馆学科分库，打造特色馆藏体系，资源服务双重整合，建设推广融于一体
　　——以安徽科技学院图书馆为例 ………………………………（247）
春诵水、夏阅山、秋览城、冬读人——皖西学院阅读推广"四季""两平台"模块化
　　创新服务案例 ……………………………………………………（258）
三位一体，统筹兼顾——淮北师范大学图书馆人才队伍建设探索与实践………（266）
三全育人背景下高校图书馆服务育人实践——智慧空间与红色传承 …………（275）
打造五个阵地，深度服务学校发展——淮北师范大学滨湖校区新馆空间建设 …（285）
基于"第二课堂成绩单制度"的阅读推广实践——以黄山学院图书馆为例 …（294）
"四新"建设下图书馆服务模式探索——以皖南医学院图书馆为例 …………（304）
十年铸就书香校园阅读品牌 ……………………………………………………（317）

数据支撑服务育人，智慧引领转型发展
——第四届安徽省高校图书馆服务创新案例大赛综述[①]

李艳梅　蒋自奎　印伟　杨素红
（阜阳师范大学图书馆）

1　引言

图书馆是大学的文献信息中心、文化传承基地、教育实践基地，在学校人才培养和教学科研发展中有及其重要的作用。随着大数据、人工智能、5G 等信息技术的快速发展，以及突发公共卫生事件的影响，图书馆的服务方式和服务能力都面临着新的挑战，同时这种新挑战也为图书馆事业的创新发展提供了新机遇。

上海市图书馆馆长吴建中敏锐地指出，创新与转型将是图书馆事业在长久历史阶段的亮点，图书馆事业必须紧跟社会的高质量发展的步伐，谋求共同进步[1]。2015年，根据我国社会高质量发展的要求，国家对高等教育提出了"双一流"建设规划，推动了高校学科建设和课程教学的深刻变革。图书馆应该紧跟高校高质量发展的步伐，立足读者需求，持续不断地创新和实践。通过创新服务为自身的发展提供不竭的动力，顺利实现高校图书馆的智慧化转型才能有效支撑高等学校发展对信息资源和服务的需求[2]。2018 年召开的国际图联世界图书馆与信息大会的"图书馆转型"论题，促使全世界图书馆人开始重点思考创新和转型等图书馆未来发展问题。

在此背景下，安徽省高等学校图书情报工作委员会（以下简称安徽省高校图工委）非常有前瞻性地认识到了创新是高校图书馆工作未来转型的必然要求，自 2014 年底开始筹备安徽省高校图书馆服务创新大赛，并于 2015 年 1 月成功组织第一届。此后，分别于 2016 年 11 月、2018 年 12 月在安徽农业大学、安徽医科大学举办了第二届、第三届服务创新大赛。第四届大赛在管仲故里——安徽阜阳举办，主题为"数据支撑服

---

① 基金项目：安徽省高等学校人文社会科学研究项目"阜阳市留守儿童阅读状况调查及其阅读能力提升策略研究"（编号：SK2020A0315）；安徽省高校图工委研究基金项目"5G 时代地方高校经典阅读推广服务模式创新研究"（编号：TGW20B29）

务育人,智慧引领转型发展"。

本次大赛于 2021 年 11 月 4 日启动,全省 31 所高校共有 38 个案例参与,在新冠疫情常态化防控的特殊背景下,大赛采用线上线下相结合的方式进行。会议当天,未能到场的参赛者和其他图书馆同仁一起在线品读了服务创新的智慧盛宴。据线上直播平台统计,在线观看人数近 500 人,直播间浏览次数 5000 余次,总观看人数 1110 余人,近 100 家图书馆观看了线上直播[3]。

2 案例总体情况分析

2.1 案例获奖情况

经过激烈较量,本次大赛最终决出特等奖 5 项,一等奖 7 项,二等奖 21 项,三等奖 5 项。案例总体水平较高,大部分案例赛前准备充分,案例结构完整,对从创新性论证到实践效果再到大范围推广的可行性都进行了充分论证,具有实际借鉴意义,能够对大学图书馆的工作提供新的思路、新的技巧、新的指导。尤其是参加现场答辩的 12 个案例,内容和展示都非常精彩,其中有 3 个特等奖是并列的分数。

2.2 案例聚类分析

2.2.1

经过对案例的总体内容分析,共提取出 12 个相关学科主题,对案例进行了聚类分析,得到表 1。因为部分案例包含多个学科主题,所以表中所列案例总数超过 38 个。

表 1 案例内容主题聚类分析

序号	主题	案例数量
1	资源建设与推广	17
2	红色传承	6
3	学生助馆团队建设	5
4	空间建设与改造	4
5	综合	4
6	学科服务	3

续表

序号	主题	案例数量
7	抗击疫情背景下的工作创新	3
8	智慧服务	3
9	职工教育培养	2
10	提升读者参与度	2
11	关注读者心理	1
12	新生入馆教育	1

由表1主题聚类分析结果可知,本次参赛的38个案例关注点排名前三的分别是资源建设和推广、红色传承、学生团队参与图书馆管理和服务。其中有17个是资源建设与推广方面的,由此说明现阶段高校图书馆创新工作关注的重点之一是资源建设和推广。资源建设是大学图书馆的基石,资源推广是根据学校教学科研和人才培养的大众需求,以及读者的个性化需求,将资源进行信息加工和整合后,快速精准地提供给读者的过程。资源经过推广,才能迅速实现价值。2021恰逢建党百年,高校图书馆响应国家对高等教育"立德树人"的时代要求,与时俱进,牢牢把握这一良好时机,对青年学生进行红色传承教育。引领广大青年学生铭记党的光辉历程、传承伟大革命精神,弘扬红色文化,立志成长为优秀的社会主义接班人;高校图书馆的服务范围、业务类型不断拓展,但是人员编制基本处于逐年缩减状态。因此,吸引、培养学生助馆团队是解决人力资源缺乏的有效措施之一。学生在参与图书馆管理和服务的过程中,能够提升个人综合素质、学会团队协作、甚至可以开展校园创业。

2.2.2 案例内容高频词分析

为更直观地了解本次案例大赛的内容要点以及案例对大学图书馆业务工作的覆盖面,作者将38个案例的题名和主要内容抽取出来,运用优词云软件对提取内容进行了词频分析,得到图1。

结合优词云和excel分析可知:本次案例大赛出现的高频词排名前30位的依次是:图书馆、服务、阅读、推广、实践、活动、读者、馆员、建设、育人、团队、资源、学习、创新、图书、学生、馆藏、平台、空间、系列、智慧、经典、模式、学校、红色、师生、书香、传承、数据库、线上。这些词语恰好也是图书馆日常工作中的高频词。由此说明本次案例大赛的内容覆盖面较广,涉及到了高校图书馆的方方面面。其中阅读推广、服务创新、资源建设、实践活动、馆员、读者、育人等元素出现频率尤其高,和我们的日常工作关注重点也基本契合,因此本次大赛提交的案例能够充分反映安徽省高校图书馆当前阶段重点工作创新发展情况。

图 1　案例主要内容词频分析图

3　特色案例分析

"创新"案例大赛,强调的是创新,在现今学科发展背景下什么是真正的创新,是我们要深入探讨的新问题。在尊重现有理论和科学发展规律的基础上,我们思考新的方法,新的思路,把传统业务做深做细,提出新的解决大学图书馆面临的共性问题的模型,积极践行"读者至上"的服务理念,更好实践大学图书馆文化信息中心功能,就属于创新[4]。本次大赛出现的新生入馆教育新模式、按照学科进行分库建设、通过平台进行特色馆藏建设等案例都是根据新的信息环境、数字图书馆建设的需求,对基础工作的创新,得到了评审专家的高度肯定。

3.1　阅读推广工作启示

近十年来,阅读推广受到广泛关注,逐渐成为学界研究的热点。阅读推广已经发展成了新闻与传播学、汉语言文学、图书馆学的交叉研究领域。它是大学图书馆的基础业务之一,具有其独特的魅力。怎样引导大学生在经典阅读、深度阅读等方面做出进一步努力?如何利用"移动有声阅读"、阅读小程序等新技术,开展嵌入式阅读,使校园阅读层次更加丰富?如何培养好维护好学生阅读推广团体?以上都是阅读推广需要思考的问题。本次大赛共有 14 个阅读推广方面的案例,对以上问题给出了深入的思考和实践探索。

3.1.1 案例总体情况介绍

14 个阅读推广相关案例,有 12 个都荣获了二等奖以上奖项。它们从不同角度阐释了阅读推广的理念、内容和方法:其中 5 个案例注重阅读推广品牌建设、3 个案例主题为弘扬经典阅读、2 个馆店融合项目、1 个移动有声阅读、1 个静阅读挑战赛、1 个疫情期间开展线上阅读活动、1 个通过"第二课堂成绩单制度"调动读者参与意愿。

安徽财经大学、安徽农业大学、合肥经济学院、宿州学院、安徽商贸职业技术学院图书馆的案例都突出了校园阅读推广品牌建设,且都取得了良好效果。5 个案例品牌分别是:"安·图·生"、"青禾悦读+青禾讲坛+青禾书店"、书香校园读书活动、"乐天论坛"、"书香安商"。五个品牌建设案例的共同点是注重学生团队的培养和作用发挥,举办丰富多彩的阅读推广活动,以读者需求为导向,顺应时代发展创新阅读推广策略。其中安徽农业大学图书馆的案例收到了良好的可量化绩效反馈,共有 17 篇相关研究论文发表,得到光明网、安徽日报等主流媒体的报道,取得了"十佳阅读推广机构"等荣誉称号,实现了较成熟的品牌化运作。

14 个案例中的"培养得力的学生阅读推广团队、在节假日适时开展阅读推广活动、弘扬民族优秀传统文化、传承红色基因,增强文化自信、打造多元阅读文化空间、馆店合作优势互补、开展阅读推广社会服务"等创新元素都是可圈可点的。

3.1.2 两个具有普遍推广意义的案例解读

触动笔者心弦的是安徽医科大学的《书刊静阅读挑战赛——品纸墨书香寻阅读初心》、黄山学院《基于"第二课堂成绩单制度"的阅读推广实践》两个案例。

纸质期刊作为实体文献资源的载体之一,在安徽省高校图书馆近年来表现出馆内地位边缘化的迹象,具体表现在很多高校图书馆将期刊部和图书流通部合并在一起、连续压缩纸质期刊的采购经费。这是图书馆管理人员根据平时的纸质报刊利用率进行专业化思考的结果,原因之一是现在发行的报刊基本都有电子版,大部分教师读者一般都在自己办公室内里利用数据库查找文献了,很少到馆阅读复印期刊材料。只有少量教师因为研究需要,到图书馆查看年代较久远的纸质过刊。另外,部分本科生才刚刚开始科研启蒙,很少有读者喜欢看"枯燥"的学术期刊,倒是一些休闲类杂志比较受欢迎,甚至有被翻烂的可能。但是,纸质报刊作为一种文献资源载体形式,是高校图书馆馆藏资源的一部分,短期内不会消亡。因此,如何调动读者利用学术性纸质报刊资源的积极性、提高资源利用率,充分发挥纸质报刊对青年学生的学术启蒙作用,是迫切需要解决的问题。

安徽医科大学图书馆的"书刊静阅读挑战赛"案例对提升读者阅读意愿、提高纸质报刊的利用率、培养深阅读习惯进行了创新探索:通过举办静阅读挑战赛,引导读者品读纸墨书香,寻阅读初心。整个活动策划精细,时间和人力、资金成本较低。值班馆员加学生志愿者辅助在正常开放时间段就能完成,只需要在奖励环节支出少量经费。指导学生选择合适的书刊、放下手机、静心阅读、赛后激励与评价的做法,让期刊工作者耳目一新,产生"咦?我怎么就没有想到这一点呢!马上我们也要举办类似的阅读活动"等想法。能够激起同行对自己工作的重新思考和审视,提供新的方法参考,是一个良好的阅读推广创新案例。

图书馆是高校的思想和文化阵地,人才成长的摇篮,是学生的第二课堂[5],具有开展阅读推广的独特优势。图书馆人一直坚守自己的阵地,致力于发挥人才培养第二课堂的作用,但是受教辅机构属性的限制,对学生缺乏号召力。需要绞尽脑汁调动学生积极性来参与图书馆举办的各类活动,想方设法提升读者的信息素养和阅读能力,工作起来比较被动。黄山学院图书馆的案例——《基于"第二课堂成绩单制度"的阅读推广实践》帮我们解决了这个难题:根据团中央、团省委关于在高校推动开展"第二课堂成绩单"的工作安排,学校团委和学生处等部门联合起来,积极推进第二课堂信息化平台建设,逐步有序地推行"第二课堂成绩单"制度。学生只要参与图书馆的各项阅读推广活动,都可以获得相应的第二课堂学分。这一制度的实行大大提高了学生参与图书馆活动的积极性,收到场场活动爆满的效果,值得兄弟院校学习推广。

3.2 与时俱进,把握良好红色教育时机

红色文化是颇具中国特色的先进文化,是无数革命先烈、仁人志士、先进思想家共同演绎的先进中国文化。是包括中国共产党人在内的全国人民进行革命、社会主义建设和改革开放的过程中先进经验的总结,是一部真实、生动、充满血泪和汗水的立体教科书。红色经典是中国共产党智慧的结晶,其中蕴含的精神和哲理具有超越时空的特点,是激发人们奋进新时代的强大精神力量。充分发挥红色文化的育人作用,既能够培养大学生的爱国主义情怀,促进其自觉践行社会主义核心价值观,也是立德树人的时代要求。

结合全国开展"党史学习教育"的背景,本次大赛共有6个案例进行了红色传承教育的探索与创新。安徽财经大学图书馆专门打造了360平方的红色经典学习馆,依托红色经典文献等实体资源以及在线党史诵读平台、经典理论专家讲坛、线上红色影片、多媒体智能会议等线上资源,倾力打造集"读、诵、听、观、研"为一体的线上线下全方位的广大师生学思想、加强理论武装的党史学习教育实践基地。为庆祝建党百年,开展了"青春的我,信仰的光"征文比赛以及"青年心向党"红色经典诵读比赛。活动吸引了全校师生读者表达对党的美好祝福和对祖国的深厚情感。安徽工业大学以"党史"文献为核心,有面有点,长期积累着力建设"四史"相关文献资源,当前"四史"文献资源总量已达到5万余册的规模,着力资源整合,做好学科服务。建立"双轨式+学分制"学生"四史"阅读推广团队管理体系、"总导师"+"双分导师"的"四史"阅读推广团队运行

指导体系、"四史"阅读推广品牌,主动推动和参与马鞍山地区"四史"文献资源建设和阅读推广工作。创新了高校社会服务方式,提升了市民整体综合素质,促进了地方文化事业的繁荣,为高校图书馆开展社会文化服务,提供了一个可供推广的范本。阜阳师范大学图书馆通过打造线上线下沉浸式、立体化的党史学习教育平台,开展红色经典图书阅读推广。"仁医计划"通过讲好中国故事开展红色教育,将爱国情怀根植学生心中;铜陵学院打造智慧学习空间,在其中开辟红色传承空间,通过营造场景体验式学习氛围、红色书目展示、开展红色教育主题活动等多种方式传承红色基因。通过轻松惬意的阅读环境营造,和科学合理的空间布局改造,促进红色传承的实现。

3.3 学科服务的探索和业务扩展

目前,学科服务的主要精力集中在按照服务对象需求,提供学科研究进展前沿数据,满足重点学科专家个人和科研团队文献信息需求,突出个性化、精准化服务。部分高校图书馆在嵌入式学科服务的基础上,开展了"植入式"知识产权学科服务模式探索[6-7]。中国科学技术大学图书馆党贵芳老师团队的案例《描绘量子技术图谱,助力量子专利导航——协同创新的图书馆知识产权服务实践》,响应国家知识产权建设的号召,基于科大图书馆丰富的专利文献数据库和非专利文献数据库资源,结合馆员的量子信息量子计算专业背景,储备具有"专利代理人"资格馆员,充分发挥专业的信息获取与分析技能,通过三方协作模式参与完成"量子计算技术领域"国家级专利分析项目。

知识产权服务充分利用了图书馆的资源,发挥了学科馆员的特长,拓宽了服务领域,扩大了图书馆的影响力。中国科学技术大学图书馆积极拓展服务范围,配备博士学位且具有专利代理人资格的馆员,开展知识产权服务。在这项业务的开展上,他们走在了安徽高校的前列,是行内业务的标杆。

3.4 常规工作创新

3.4.1 提高空间利用率,实现资源和环境的良性互动

经过长期的资源建设积累,很多高校图书馆达到了一定的图书保有量。但是因为资源建设是一个持续的过程,还要逐年增加纸质资源数量,因此国内很多高校图书馆的物理空间面临日益紧张的局面。另一方面由于数字资源的普遍易得性,纸质资源的利用率又在逐渐下降。在物理空间基本保持稳定的情况下,如何更高效地储存图书,实现文献资源建设和馆舍空间的良性互动,是每个图书馆亟需解决的问题。芜湖职业技术学院图书馆案例《馆藏仓储化建设打破下架图书管理困局》为我们提出了良好的思路。通过三线典藏制优化书刊存放位置,释放可用物理空间,实现馆藏空间利用最

大化,利用虚拟标签降低未进行 RFID 加工图书的加工成本,节约了人力和经济成本。同时可以为读者提供便捷高效的低利用率图书流通服务。这种储藏方式,能够经济有效地解决高校图书馆资源建设和物理空间日益紧张的矛盾,具有很大的推广价值。

3.4.2 创新方式,使新生爱上入馆教育

入馆教育是高校图书馆帮助新生开启自助学习旅程的钥匙。每年开学季,图书馆老师们都在发愁怎么更好地把这把钥匙展示给新读者们。除了教育方法方面的问题外,图书馆还普遍存在每年都感觉时间仓促、人手不够、效果不好的困境。安徽大学图书馆卢传胜老师团队的案例《"1 + KM + OM"线上线下 ADDIE 企业培训模式》曾在 2018 年创造了开学一周内仅用两天四晚便完成了横跨两个校区,全覆盖本硕博新生近 9000 人,共 42 场次的新生入馆教育工作的奇迹。并且采用现场答题巩固课程效果,课后进行追踪辅导两种措施确保教育效果。通过企业培训模式,图书馆老师培训学生培训师,学生培训师以朋辈指导的方式开展入馆教育,线上线下皆可进行。提前策划,暑期就通过线上方式调研了新生需求,有针对性地准备教育内容,兼顾覆盖面和新老生朋辈互动温度,保证教育效果的同时提高了工作效率。各高校馆可以根据本校情况,尝试探索新的入馆教育模式,给出入校新生更好的图书馆欢迎仪式,也使培训老师有更好的教育体验感和成就感。

3.4.3 疫情带来的工作创新

2019 年底突发的新冠疫情是国内外持续广泛蔓延的紧急公共卫生事件。面对新冠疫情全球大流行的形式,教育部作出全国高校延迟开学,在线开展教育教学活动的决策,促使图书馆的服务方式也发生了深刻的变革。本次大赛有疫情期间图书馆开展线上服务,保证远程教学科研需要的 3 个案例,为我们应对重大公共事件提供参考。黄山学院、滁州学院图书馆,配合线上教学,开展了线上读书月系列活动;阜阳师范大学图书馆以"抗击疫情,服务不断线"为主题,在疫情防控期间,通过创建图书馆资源服务微信群和 QQ 群,了解读者信息需求、为师生读者远程获取资源、开展线上培训线上专题讲座等方式为师生读者提供多维度资源服务和保障,助力共度疫情难关。

综观案例成果,高校图书馆应急管理方面的研究和实践是薄弱环节。本次疫情突发,是对大学图书馆应急服务水平的试金石,我们应该充实该类研究,持续提升高校图书馆在特殊环境下提供优质高效信息服务的能力,增强对重大公共事件的危急应对能力。后疫情时代,高校图书馆应该着力分析反思在应对突发的公共卫生事件时,自身的服务暴露出来的问题,思考解决问题的方式方法。可以从优化资源建设结构,不断提升资源数字化比例,提升馆员线上信息加工组织能力,依托智慧化线上平台提供远程创新服务等方面入手,提升应急服务能力[8]。

3.5 特色馆藏数字化建设

大数据、云计算、人工智能等信息技术的不断发展,促使图书馆界开始对馆藏资源进行数字化建设。图书馆特色馆藏资源是指以某个专题、学科的某个特定领域、特殊人物或历史时期、地域特色文化等为研究对象的资源。因为特色馆藏资源的独特性、专业性,对他们进行数字化建设,就显得更为重要。加工使用特色资源数据,可以拓展丰富图书馆的内涵和外延,带给图书馆全新的思维模式。安徽师范大学图书馆通过自主研发数据库平台和开展数字化加工工作对馆藏徽州文书资源进行数字化,并对相关数据进行了深入挖掘。实现了以资源数字化促进科学研究、促进学科服务,为资政研究、文化传承等方面积累了丰富的史料,并且锻炼了一支能够承担资源数字化任务又能展开课题研究的高素质馆员队伍。由于专业技术人员和相关工作经验的缺乏,普通高校图书馆将类似工作都实行了外包。在这种背景下,安徽师范大学图书馆自主研发数据库和平台,独立开展特色资源数字化建设,充分体现了其团队的创新钻研精神和精湛的技术能力,是兄弟院校图书馆学习的典范。

3.6 馆员教育培训的思考

高校图书馆不断的智慧化、信息化、数字化,解放了馆员的双手,避免了很多繁重的体力劳动,但是对其服务意识和专业素养要求更高了。加之大部分高校图书馆专业人才缺乏、学历参差不齐、工作经历复杂多样的现状,做好馆员继续教育,促进其业务能力提升是大学图书馆做好读者服务的人力资源素质保障。安徽工程大学和淮北师范大学图书馆对在职馆员的培训工作做了创新探索。安徽工程大学图书馆通过政治理论学习、基础业务知识培训、智慧图书馆模块使用培训、开展竞技比赛、举办参观活动、新技术新方法工作难点研讨等形式,构建内容多样,线上线下结合,以赛促学的多维职工学习模式,提升了职工综合素养和团队凝聚力。淮北师范大学探索通过制度和经费保障,精准培育科研团队、学科服务团队、社会服务团队、工会服务团队等各具特长的小组,进行馆员分众培训的探索。

3.7 其他业务创新案例

合肥工业大学图书馆对本校采购的数字资源利用情况进行了量化分析,为数字资源采购论证提供了数据支持,能够促进采购流程优化,使资源采购导向精准对接用户需求;安徽医科大学图书馆研发的辅助定位标签,能够使RFID芯片信息可视化,解决了自助借还上架难、盘点难问题,值得全面推广;安徽科技职业学院尝试建立学科分库,把一个学科的图书和期刊统一到同一个空间内,实现纸质书刊一体化服务;阜阳师范大学通过以党史学习教育中"进图书馆"活动为契机,多措并举,踏实推进"我为师生办实事",通过延长开馆时间、专家荐书等多重举措吸引读者进馆;安徽审计职业学院和淮南师范学院图书馆对学生团队参与高校图书馆管理进行了探索,指出了学生团体存在的普遍性问题,为高校图书馆利用学生团队参与管理服务树立了范本;三联学院对图书馆是高校三全育人的第二课堂进行了阐释;安徽医学高等学校提出图书馆应该对医学生启智健心,植根爱国情怀,使其成为"仁医"。

4 案例大赛的思考和启示

高等教育发展的日新月异、网络技术的飞速发展、智慧图书馆的建设、大数据和区块链技术的迅猛发展,不断推动着图书馆进行服务的创新。服务创新是一个系统工程,需要政府、高校、图书馆、馆员和读者群体的共同作用来完成。第四届安徽省高校图书馆服务创新案例大赛,是对本省高校图书馆工作的一个检视,也是对2018年以来安徽省高校图书馆创新发展情况的总结和展示。

4.1 坚守阵地,引领先进思想,持续开拓创新

2021年12月24日召开的"教育部高校图工委成立40周年纪念大会"上,图书馆界多位权威专家引用哈佛前校长艾略特教授的话"图书馆是大学的心脏",来定义图书馆在高校的地位。作为图书馆人,要始终坚守和维护图书馆在高校的核心地位。首先,要坚持思想和文化引领。持续加大社会主义核心价值观、新时代中国特色社会主义思想、民族传统文化等方面的文献信息资源建设力度。努力成为思政育人平台,传承红色基因,有力服务立德树人根本任务。时刻保持图书馆思想、文化阵地的光荣传统,加强图书馆文化建设,引领师生读者汲取文化精华,实现文化传承。其次,要主动作为,开拓创新,不断寻求发展机遇。持续提高图书馆的信息服务能力,助力高校的高质量、内涵式发展,才能不断巩固自身的核心地位。比如安徽师范大学图书馆自主研发馆藏数字化平台,中国科学技术大学图书馆工作人员通过三方协作模式参与完成国家知识产权局专利专项研究项目"量子计算技术领域专利分析研究",团队多次受邀做报告并参与合肥市量子产业专利导航项目。他们在推动文化传承、开拓图书馆服务范围、创新服务方式等方面为图书馆人树立了榜样,用创新实践维护了图书馆信息知识服务的中心地位。无论环境如何变化,我们要始终坚持做好核心业务,并将新的技术和方法应用到相关服务中去,不断创新,持续提高服务能力[9,10]。

4.2 依托资源,致力数据挖掘,支撑服务创新

在当前发展背景下,高校图书馆不再是功能单一的书刊集合库,而是文献、信息、数据、读者、馆员的融合体。文献资源既包括传统的纸质书刊,更包括以信息和数据为主的海量数字资源。这些信息和数据是图书馆的"看家宝",是现今学校教学和科研支撑的重要"原材料"。数据,将是图书馆开展高层次服务的最有力支撑。图书馆唯有不断拓宽文献信息资源的种类和结构、深入挖掘文献资源里面蕴含的信息和数据、积极提供更多深层次多元化数据分析综合服务、主动跟踪学科动态为学校学科建设和人才引进提供数据咨询服务、持续将不同学科的数据和信息进行加工组合,才能方便师生掌握相应研究的前沿和动态,适应现今学科交叉研究的新需求,从而实现服务创新。合肥工业大学图书馆数据驱动的数字资源量化评价,以翔实精确的数据来论证数据库的使用绩效,为资源采购提供数据支持,是通过数据说话,创新服务的有力案例。

4.3 以人为本,分析读者需求,提供精准化服务

大学图书馆的服务创新永远是围绕读者需求展开的,可以说创新是为了更好地服务读者,任何创新都不能脱离读者需求而独立存在[11]。不考虑读者需求的创新,是空中楼阁,是没有意义的创新。未来的图书馆一定是人、资源、空间交互融合的整体,高校图书馆的所有工作都必须以读者需求为中心,以满足读者精准化和可视化的信息需求为目标。因此,高校图书馆要研究用户需求,根据专家学者群、青年教师群、研究生群、本科生群以及他们的学科背景和学习及研究方向,进行分众研究。主动深度挖掘用户需求,深入思考服务对策,针对图书馆用户需求的差异提供个性化定制服务和场景式体验服务。这样,我们的创新服务才可以做的更好,走的更远。

4.4 借鉴典型,结合本馆实际,推广创新元素

创新案例是图书馆工作的点,是一个小部分或某个工作环节的展示。它不是与其他工作隔离而单独存在的,案例的创新元素可以在图书馆其他业务中变通使用,从而扩大创新案例的影响力。通过对案例的研读发现,不同的案例之间有相同创新点的交叉重叠。第一,创新有共同的落脚点。除中国科学技术大学图书馆的知识产权服务实践案例外,其余37个案例基本上都提到了图书馆参与"三全育人"教育实践,符合当前高等教育的发展背景。图书馆工作的创新,是为学校人才培养服务的,理所当然最后都可以落脚到育人实践上来。后续,高校图书馆可以重点挖掘和培育"三全育人"视角的创新服务案例。第二,创新有良好副产物。提高蒙尘图书利用率案例包含了打破原有存储模式,高效利用馆藏空间的创新元素,也属于对空间再造工作的思考。此外,在

整理加工蒙尘图书的过程中,挑选出特色文献资源,实现了资源再整合,一次创新,三种收获。第三,创新元素可以推广运用到诸多业务中。亳州学院图书馆的《大学生活动内卷化下的动员大学生参与活动的途径创新》案例提到:对动员学生参加图书馆系列的非教育部规定的A类赛事活动的方法进行的创新之一是根据活动内容,对学生读者进行分类动员,提高活动的针对与实效性。这一点同样可以类比应用到阅读推广中:并不能用统一的步调和方法把同样的内容面向全校读者进行推广,而是需要根据读者的知识储备、学科专业背景、年级层次、个人爱好进行分众推广。此外,绕开院系负责人,直接与活动动员者或组织者沟通的创新元素,适用于图书馆组织的其他活动。

4.5 多方联动,调动读者积极性,提升育人效果

图书馆开展服务活动存在缺乏号召力、读者动员难的问题。鉴于图书馆教辅服务机构的校内定位,我们只有馆舍、资源和馆员,没有学生,因此缺乏对学生的约束力和号召力。在行政级别上图书馆和教学单位平级,但因教学机构的事务繁杂且图书馆业务工作的读者参与度一般不纳入对教学单位的工作绩效考核,因此图书馆活动一般不能受到教学单位的重视,他们也不会就这方面对学生做过多的引导。读者参与意愿较弱:只有少数对图书馆工作比较了解的读者比如读者协会会员们能够积极主动参与活动,大部分读者忙于学业或者发展业余爱好,对图书馆的活动不感兴趣。因此,图书馆还要想办法吸引大众读者参与活动。通过举办内容丰富、特色鲜明的活动来提升学生群体的阅读能力、信息素养,实现资源推广。如何破解困局,提升读者参与意愿,扩大服务的影响力? 首先,花若盛开,蜂蝶自来。图书馆应主动作为,提升自身服务能力,以契合读者需求和方便读者参与为活动设计原则。其次,为了实现服务人才培养和科研进步的共同目标,与校内相关部门开展深度合作。根据相关创新服务的受众,图书馆可以选择与人事处、教务处、团委、学生处、研究生培养中心等其中一个或多个行政部门合作。多部门联合发布通知,可以确保活动通知能够迅速地层层传递到特定读者群,提高工作效率。通过部门联动,提升激励层次,激发读者参与动力。与职能部门合作开展服务,活动的获奖证书一般会有图书馆和这些机构共同的印章,对读者的学业和就业有一些显性好处,读者参与积极性会大大提高。另外,要有制度保证。建议将读者参与图书馆服务活动情况加入学业综合评价系统。评价方式可参照黄山学院案例,将"第二课堂成绩单"制度进行推广。对图书馆组织的活动,全部参与学生都可以获取一定的积分,然后对表现突出的再给予获奖积分二次奖励的双重激励机制。特别优秀者推到校外在省级或者国家级比赛中获奖的,除可以拿到主办机构的奖项,校内也再次给予积分奖励。

5 结语

本次大赛是一次展示各个高校图书馆创新服务风采的群英盛会,体现了安徽省高校图书馆实现转型发展、内涵发展的趋势和决心。这次案例大赛将会对落实与推广图书馆典型服务案例,创新图书馆的服务形式与内容,提升全省高校图书馆服务水平和质量起到积极的推动作用。希望广大的高校图书馆人坚守大学图书馆的初心和使命,进一步把握新时代背景下图书馆面临的新机遇和新挑战,以不同层次读者的需求为出发点,运用新理念、新思路、新方法,创新图书馆的服务形式与内容,全面提升自身的服务水平和能力,为学校教学科研等各项事业发展做出更大贡献。期待第五届安徽省高校创新服务案例大赛的更精彩表现。

参考文献

[1] 吴建中.图书馆事业进入高质量发展的时代[N].国际出版周报,2018-12-10(89).
[2] 程焕文,刘佳亲.挑战与回应:中国高校图书馆的发展方向[J].中国图书馆学报,2020,46(04):39-59.
[3] 安徽省图书情报委员会.阜阳师范大学成功承办第四届安徽省高校图书馆服创新案例大赛[EB/OL].[2021/12/25].http://tgw.ahu.edu.cn/2021/1221/c12698a277590/page.htm.
[4] 武占江.脚踏实地守正创新:第三届"知网杯"河北省高校图书馆服务创新案例大赛评析[J].河北科技图苑,2019,32(05):37-52+66.
[5] 普通高等学校图书馆规程[J].大学图书馆学报,2016,34(02):5-8.
[6] 贾裕娇,于军生.高校图书馆学科服务支撑"双一流"建设实证研究[J].江苏科技信息,2021,38(35):22-24+4.
[7] 沈林林,张畅斌.高校图书馆"植入式"知识产权学科服务模式探索[J].天津科技,2021,48(11):83-86+89.
[8] 刘萍,田增润.后疫情时代高校图书馆智慧服务策略探析[J].图书馆工作与研究,2021(10):105-109.
[9] 鄂鹤年,田磊.新环境下高校图书馆的坚守和变革[J].图书情报知识,2021,38(04):62-71.
[10] 季梵,刘宇初,徐月,徐茹雪,李峰.数字时代图书馆的坚守、创新与融合:"牛津大学图书馆700周年研讨会"的启示[J].大学图书馆学报,2020,38(05):5-10.
[11] 社会转型背景下高校图书馆服务创新路径研究[J].山东图书馆学刊,2021(04):56-62.

数据驱动的数字资源量化评价
——以合肥工业大学图书馆数据库采购流程中的量化评价为例

刘荣清　王磊　周玉艳
（合肥工业大学图书馆）

1　案例背景

随着5G、人工智能等信息技术的迅猛发展，许多高校图书馆将"智慧图书馆"作为发展的方向。这就要求图书馆管理系统应朝着数字资源管理系统、智慧图书馆服务平台的方向发展，要求图书馆以数据驱动流程管理。

在数字图书馆快速发展大背景下，数字资源在图书馆资源中占据了主导地位，成为高校图书馆资源建设的重点。2020年以来，受新冠肺炎疫情影响，高校图书馆的师生越来越倾向使用数字资源。用户对数字资源的需求是图书馆数字资源建设和相关政策制定的主要依据，也是数字资源采购最根本的驱动力，因此图书馆数字资源建设需要实现精准对接用户需求。同时，全国各地高校图书馆也面临着经费大幅缩减的现实状况。由于经费拐点的出现，数据库续订的经费难以保证，图书馆需要建立一种机制，以争取在有限的经费预算范围内，最大程度地满足高校师生科研、学习的资源需求。此外，数字资源中的期刊数据库多采用单一来源的采购形式，目前还存在采购制度不够科学规范、细节优化不到位等问题，需要通过完善数字资源采购制度，以规范采购流程。

基于以上三个原因，合肥工业大学图书馆将数字资源采购流程分为以下七个步骤：

（1）试用，即调研试用新数据库。通过调研分析新数据库的基本情况，就我校学科教学发展等需求情况进行判断，提出试用申请，经分管领导同意后方可试用。

（2）评估，即评估已购及已试用数据库。采购人员对数据库基本情况、支撑学科、适用学院及团队、内容质量、使用情况、服务水平、读者需求等多方面进行调研与统计。根据统计结果，依据合肥工业大学图书馆自主设计的数据库评分体系，就采购的期刊全文数据库的馆藏保障、学科配置及利用率情况等形成整体资源使用评估报告和单体数据库评分报告。(3)分析，根据评估报告的评估结果，组织"数据库使用绩效提高"座谈会，通过数据库自评、读者测评和馆员测评综合评定数据库使用绩效，数据库供应商应对绩效不佳的原因进行分析，并提出解决方案。(4)制定整体方案，依据数据库评估报告，与各数据库供应商针对方案价格、服务内容等进行初步谈判，最终制定数据库采购方案。(5)论证，即组织馆内小组、校内外专家论证，将数据库采购方案提交至馆内文献建设工作组，形成保障采购的中文和外文数据库列表、停订数据库列表、续订数据库优先采购排序表、新增数据库优先采购排序表。组织校内外专家论证，由专家对所列数据库进行评分。(6)党政联席会议决策，将方案及专家论证意见提交至图书馆党总支委员会审议，再交由党政联席会议做出最终决策。(7)招标。

其中，在第二步评估中，依据数据库保障、使用数据和本馆设计的单体数据库评分表进行评估，可以强化数据在数字资源采购中的作用，从客观的角度，进行多层次、多维度综合评价，以揭示数字资源保障情况和高校师生的真实需求，辅助图书馆数字资源采购决策。

2 案例内容

整个数字资源量化的评价主要分为四个部分，分别是量化评价分析报告、外文数据库保障情况量化评价、中文数据库保障情况量化评价、单体数据库综合评价体系。

2.1 量化评价分析报告

合肥工业大学图书馆共撰写2020年电子资源利用绩效分析报告、数据库情况分析评分、图书馆试用中文数据库分析(2020—2021年)、图书馆试用外文数据库分析(2020—2021年)等8份数据库量化评价分析材料，如表1所示。这些报告支撑着整个采购流程的各个环节，辅助采购决策。

表1 合肥工业大学数据库量化评价分析材料

序号	材料名称
1	合肥工业大学2020年电子资源利用绩效分析报告
2	合肥工业大学数据库情况分析评分——外文期刊数据库/外文图书数据库/中文期刊数据库
3	合肥工业大学图书馆2022年中文数据库采购方案(讨论稿)
4	合肥工业大学图书馆2022年外文数据库采购方案(讨论稿)

续表

序号	材料名称
5	图书馆试用中文数据库分析报告(2020—2021年)
6	图书馆试用外文数据库分析报告(2020—2021年)
7	提高数据库使用绩效座谈会相关资料
8	2021年文献资源建设小组会议纪要

2.2 外文数据库文献保障情况量化评价

在经费缩减的现实背景下,图书馆应将经费尽量集中使用在高价值资源上,合肥工业大学图书馆统计分析了数字资源的文献保障情况,包括馆藏核心期刊保障情况、重点学科保障情况、合肥工业大学外文期刊发文和引用保障情况等。通过文献保障情况反映图书馆数字资源建设质量情况,分析目前存在的问题,为确定今后的建设方向提供参考。

合肥工业大学图书馆馆藏外文核心期刊保障分析以 JCR 核心期刊保障情况为主,通过把本校保障的 39 441 种期刊与 JCR 核心期刊进行对比,分析本校核心期刊保障情况,发现 2020 年本校核心期刊保障率已达 71.66%;并对 2019 年和 2020 年的保障率进行对比,发现 2020 年核心期刊保障率较 2019 年提升了 4.25%。

表2 外文核心期刊保障情况

来源刊标准	2019年核心期刊保障数量(种)/保障率	2020年核心期刊保障数量(种)/保障率%
JCR 合计	8 004 / 67.41%	8 718 / 71.66%
Q1 匹配	2 386 / 74.24%	2 526 / 76.75%
Q2 匹配	2 757 / 74.43%	2 995 / 78.42%
Q3 匹配	2 646 / 70.96%	2 839 / 74.36%
Q4 匹配	2 020 / 55.01%	2 281 / 60.99%

ESI 共涉及 22 个学科,我校目前已进入 ESI 前 1% 的学科为 7 个,分别是农业科学、化学、计算机科学、工程学、环境生态学、地球科学、材料科学。这 7 个学科的平均保障率为 84.03%,明显高于 ESI 期刊总保障率,可以看出资源建设侧重于重点学科。但这 7 个学科领域仍有合计 542 种期刊尚未得到保障,我们分析了未保障的期刊所在数据库,为后期提升效率和继续采购提供参考。

表 3 ESI 学科期刊保障情况

ESI 学科	2019 年学科期刊保障数量(种)/保障率	2020 年学科期刊保障数量(种)/保障率
ESI 22 个学科总保障率	7 889 / 67.28%	8 755 / 71.77%
ESI 前 1% 的 7 个学科合计	2 294 / 78.99%	2 851 / 84.03%
Agricultural Sciences	240 / 69.77%	278 / 77.87%
Chemistry	403 / 76.18%	425 / 78.41%
Computer Science	353 / 89.14%	367 / 91.29%
Engineering	718 / 83.88%	778 / 86.93%
Environment/Ecology	250 / 82.02%	339 / 91.13%
Geosciences	323 / 78.02%	359 / 83.49%
Materials Science	257 / 70.41%	305 / 77.22%

ESI-2020 共计收录期刊 12 199 种,其中本校共计收录期刊 8 755 种。ESI 学科下载期刊 6 556 种,共计下载 1 963 134 次。有引用刊 5 319 种,共计引用 80 711 次。从下载和引用情况分析排名前 3 的学科分别是:Engineering、Chemistry、Materials Science,均为本校重点学科。

通过运用 Web of Science 数据库收集合肥工业大学发文量、引文量,对外文期刊的发文和引用保障情况进行评估。合肥工业大学 2020 年对于发文的保障率为 92.78%,对于发文刊的保障率则为 89.00%,如表 4 所示。据分析可知,发文的整体保障程度较高,且较之往年有明显的提升,同时也带来了发文量持续上升带来的保障难度不断增大的问题。

表 4 本校 Web of Science 数据库收录期刊发文情况

年份	2020 年
发文量(篇)	2 701
保障刊发文量(篇)/占总发文量(%)	2 506 / 92.78
发文刊量(篇)	1 091
保障发文刊量(篇)/占总发文刊量(%)	971 / 89.00

Web of Science 数据库 2020 年共计收录合肥工业大学发文 2 701 篇,共计引用量(参考文献频次)88 982 次,产生在 7 598 种期刊上。对于 7 598 种有引用期刊通过引用量的不同进行分级汇总,分布到各个区间情况如表 5 所示。

表 5　外文期刊引用量分级汇总

期刊引用量分级	引用量合计(篇)	引用量比例	期刊数量(种)	期刊比例	馆藏匹配期刊数量(种)	馆藏保障比例
245 以上	17 631	19.81%	47	0.62%	44	93.62%
154—244	11 266	12.66%	59	0.78%	57	96.61%
87—151	10 346	11.63%	92	1.21%	90	97.83%
44—86	12 888	14.48%	211	2.78%	192	91%
1—43	36 851	41.41%	7 189	94.62%	4 850	67.46%
合计	88 982	100.00%	7 598	100.00%	5 233	68.87%

合肥工业大学 2020 年引用量达到 43 次以上的期刊为 409 种,占总有引用刊量的 5.39%,而这部分期刊的引用量为 52 131 次,占期刊总引用量的 58.59%。从引用保障情况来看,合肥工业大学对于引用量较高的期刊保障率相对较高,较好地满足了本校学者发文的文献需求。而有引用未保障期刊仍有 2 365 种,可根据引用量进行排名,这部分数据库及期刊可作为下一步优先考虑订购的数据库,以更好地满足学者的文献需求,为学校学术水平提升提供支撑力。

合肥工业大学 2020 年共计保障外文图书数量为 147 003 种,其中重复图书量仅为 1 442 种,重复数量占总图书量比例为 0.98%,整体重复率很低,去重后实际净图书量为 145 561 种。对比目前国际上通用的 2 种核心图书标准(BKCI、BCR),分析目前本校对于核心图书的保障情况,具体如表 6 所示。

表 6　外文核心图书保障情况

核心图书标准	来源数量(种)	本校保障数量(种)	所占比例
BKCI-2020	110 808	20 451	18.46%
BCR-2020	154 834	29 233	18.88%

从上表可知,合肥工业大学对外文图书的保障仍相对薄弱,整体核心图书的保障率较低,未来需进行针对性保障,加快提高核心图书保障率。

除核心图书保障情况分析外,还对馆藏图书保障学科分布情况、数据库重复情况、数据库核心资源比例、数据库利用情况等开展了分析。从外文图书保障的学科分布情况来看,其分布与合肥工业大学学科建设情况较为吻合,理工科类的图书数量较多,但人文社科类图书也有一定的保障量。通过对比各数据库图书重复率、利用情况等,我们掌握了各外文图书数据库资源的数量与质量,可为后续采购工作提供参考。

2.3 中文数据库保障情况量化评价

合肥工业大学中文电子期刊目前保障数量为 32 199 种,去重后实际期刊量为 16 848 种,期刊重复率为 47.68%,整体重复率仍较高。对比国内通用的 4 种中文核心期刊标准(要目总览、引证报告、CSSCI、CSCD),合肥工业大学 2020 年中文核心期刊保障率分别为:98.18%、99.32%、100.00%、98.05%,很好地满足了本校对于中文期刊的文献需求。从学科分布来看,中文期刊保障率最高的为合肥工业大学重点学科——工学,但对人文社科等学科也有一定数量期刊的保障,达到了"全面发展,保障重点"的目标。2020 年,合肥工业大学中文期刊下载量共计 2 842 453 次,产生在 13 673 种期刊上,期刊引用量共计 17 031 次,产生在 3 201 种期刊上,从整体利用情况来看,少量期刊满足了大部分使用需求。根据分析结果,我们停订了某中文期刊数据库,降低了期刊重复率,而净刊量及核心期刊保障率并无明显降低。根据数据,可以看出目前中文数据库建设有效支撑了本校的文献需求,如表 7—表 9 所示。

表 7 中文期刊馆藏概览

指标	2019 年数量(种)/占比	2020 年数量(种)/占比
馆藏总量	37 956 / 100.00%	32 199 / 100.00%
净刊量	16 892 / 44.50%	16 848 / 52.32%
重复刊量	21 064 / 55.50%	15 351 / 47.68%

表 8 中文核心期刊保障情况

中文核心期刊标准	2019 年本校保障数量(种)/保障率	2020 年本校保障数量(种)/保障率
中文核心期刊要目总览	1 952 / 98.44%	1 947 / 98.18%
中国科技期刊引证报告	6 563 / 99.64%	6 542 / 99.32%
中文社会科学引文索引(CSSCI)	566 / 99.65%	568 / 100.00%
中国科学引文数据库(CSCD)	1 204 / 97.89%	1 205 / 98.05%

表9　中文保障期刊学科分布(教育部13大学科门类)

学科	学科保障期刊数量(种)	占总保障期刊量比例
合计	9 935	100.00%
工学	2 730	27.48%
法学	1 438	14.47%
医学	1 350	13.59%
教育学	1 135	11.42%
理学	1 081	10.88%
管理学	1 000	10.07%
经济学	618	6.22%
文学	597	6.01%
农学	579	5.83%
艺术学	210	2.11%
历史学	187	1.88%
哲学	164	1.65%
军事学	99	1.00%

2.4　单体数据库评分体系

在文献保障分析的基础上，合肥工业大学图书馆设计了单体数据库评分体系，对各数据库进行综合评分。在评分体系中，我们首先需要确定各数据库的评价指标。指标筛选原则有4个，分别是：重要性，指标应对采购谈判和决策有重要影响和指导作用；可获取性，指标数据应方便获取，如Counter报告的标准数据；准确性，指标需有明确定义，不同的评价者所获得的数据应该具有一致性；针对性，考虑不同类型的电子资源有其各自特点，指标体系的设计应与评价对象相适应，而不能简单地用统一标准衡量。

针对外文期刊数据库，合肥工业大学图书馆数字资源建设小组选择了单次下载成本、单次引用成本、单位SNIP成本、独有刊比例和单位载文量成本5个指标。单次下载成本，即数据库价格/数据库下载量，以下载量作为数据库使用数据，用于对数据库的使用成本进行评估。单次引用成本，即数据库价格/数据库引用量，以引用量作为数据库产出数据，用于对数据库的产出成本进行评估，其中引用量为本校具体期刊引用量数据,然后计算数据库所收录全文期刊引用量总值,同一种期刊出现在多个数据库时,应依据该期刊在各数据库下载量比例进行分配。单位 SNIP 成本,即数据库价格/数据库 SNIP 值,需要获取 SNIP 收录期刊的相关数据,然后计算数据库所收录全文期刊 SNIP 总值,以 SNIP 值作为数据库资源质量数据,用于对数据库的资源质量成本进行评估。独有刊比例,即数据库独有刊数量/数据库总刊量,用于对数据库的独有性进行评估。载文量成本,即数据库价格/数据库 JCR 期刊载文量,需获取 JCR 收录期刊的载文量数据,然后计算数据库所收录全文期刊载文量总值,用于对数据库的文献获取成本进行评估。根据各指标对外文期刊数据库的重要性程度,分配指标权重,5 个指标各占 20%。

针对外文图书数据库,合肥工业大学图书馆数字资源建设小组选择下载量、Scopus 收录比例、独有图书比例和图书数量 4 个指标。下载量,即以下载量作为数据库使用数据,用于对数据库的使用情况进行评估。Scopus 收录比例,即数据库 Scopus 收录图书数量/数据库图书总量,以 Scopus 收录作为数据库资源质量数据,用于对数据库的资源质量进行评估。独有图书比例,即数据库独有图书数量/数据库图书总量,用于对数据库的独有性进行评估。图书数量,即数据库图书总量,用于对数据库的资源数量进行评估。根据各指标对外文图书数据库的重要性程度,分配指标权重,下载量和 Scopus 收录比例各为 30%,独有图书比例和图书数量各为 20%。

针对中文期刊数据库,合肥工业大学图书馆数字资源建设小组选择单次下载成本、单次引用成本、引证报告收录数量成本和独有刊比例 4 个指标。其中引证报告收录数量成本,即数据库价格/数据库收录中国科技期刊引证报告期刊数量,以中国科技期刊引证报告收录作为数据库资源质量数据,对数据库的资源质量成本进行评估。根据各指标对中文期刊数据库的重要性程度,分配指标权重,各为 25%。

再根据各类型数据各指标计算指标数据,对已购数据库进行排名。以某外文期刊数据库为例,合肥工业大学 2020 年保障 28 个外文期刊数据库,从 Counter 报告的标准数据中提取 28 个期刊数据库下载量、引用量等数据,并按照 5 项指标进行计算。确定某外文数据库数据在 28 个数据库中的排名,如表 10 所示。

表 10 某外文期刊数据库各指标排名

指标(权重)	a:单次下载成本(20%)	b:单次引用成本(20%)	c:单位 SNIP 成本(20%)	d:独有刊比例(20%)	e:单位载文量成本(20%)
某外文数据库排名	1	23	6	16	5

根据排名,计算各指标得分,计算公式为 $Z=100/X\times(X-名次+1)$,其中 X 为数据库数量,X-名次+1 为排名倒序,排名越前,分数应越高,因此选择使用排名倒序计算。最高为 100 分,最低为 100/28(数据库数量)分。根据计算,某外文期刊数据库各指标得分情况如表 11 所示。

表 11　某外文期刊数据库各指标得分

指标得分 Z	计算公式	分数
Za	$100/28 \times (28-1+1) = 100/28 \times 28$	100
Zb	$100/28 \times (28-23+1) = 100/28 \times 6$	21.43
Zc	$100/28 \times (28-6+1) = 100/28 \times 23$	82.14
Zd	$100/28 \times (28-16+1) = 100/28 \times 13$	46.43
Ze	$100/28 \times (28-5+1) = 100/28 \times 24$	85.71

将各指标得分乘以各指标分配的权重,计算综合得分,即综合得分 S = Z1(指标得分)×Q1(指标权重)+ Z2×Q2 + Z3×Q3 + Z4×Q4 + …。某外文期刊数据库的综合得分 $S_{某外文期刊数据库}$ = Za×Qa + Zb×Qb + Zc×Qc + Zd×Qd + Ze×Qe = 100×20% + 21.43×20% + 82.14×20% + 46.43×20% + 85.71×20% = 67.14。

表 12　某外文期刊数据库综合得分

指标	权重后分数
a	100×20%
b	21.43×20%
c	82.14×20%
d	46.43×20%
e	85.71×20%
$S_{某外文期刊数据库}$	67.14

将数据库综合得分划分为 A(80—100 分)、B(60—80 分)、C(40—60 分)、D(20—40 分)、E(0—20 分)5 个等级,根据综合得分对数据库进行排名分类,某外文期刊数据库综合得分为 67.14,即属于 B 类。

通过该方法分别对 28 个外文期刊数据库、12 个外文图书数据库和 4 个中文期刊数据库计算评分,确定等级,结果如表 13—表 15 所示。

表 13 外文期刊数据库评分情况

序号	数据库	下载成本得分	引用成本得分	单位SNIP成本得分	独有刊得分	载文量得分	综合得分	分类
1	S1 期刊	96.43	89.29	89.29	53.57	89.29	83.57	A
2	P1 期刊	85.71	92.86	92.86	14.29	92.86	75.71	B
3	R 期刊	92.86	96.43	35.71	60.71	71.43	71.43	B
4	P2 期刊	60.71	100.00	14.29	100.00	64.29	67.86	B
5	I1 期刊	100.00	21.43	82.14	46.43	85.71	67.14	B
6	E1 期刊	75.00	64.29	60.71	67.86	53.57	64.29	B
7	A1 期刊	78.57	75.00	17.86	100.00	50.00	64.29	B
8	E 库	7.14	85.71	100.00	3.57	100.00	59.29	C
9	W1 期刊	71.43	60.71	67.86	32.14	60.71	58.57	C
10	A2 期刊	42.86	46.43	57.14	100.00	42.86	57.86	C
11	T 期刊	50.00	57.14	75.00	50.00	57.14	57.86	C
12	E2 期刊	7.14	78.57	96.43	7.14	96.43	57.14	C
13	N 期刊	89.29	67.86	21.43	100.00	7.14	57.14	C
14	W2 期刊	64.29	50.00	78.57	17.86	75.00	57.14	C
15	S2 期刊	53.57	82.14	28.57	100.00	14.29	55.71	C
16	I2 期刊	67.86	71.43	42.86	42.86	39.29	52.86	C
17	A3 期刊	82.14	28.57	71.43	39.29	28.57	50.00	C
18	O1 期刊	21.43	39.29	85.71	10.71	78.57	47.14	C
19	I3 期刊	25.00	53.57	50.00	35.71	67.86	46.43	C
20	E3 期刊	32.14	35.71	64.29	64.29	21.43	43.57	C
21	A4 期刊	28.57	42.86	39.29	21.43	82.14	42.86	C
22	A5 期刊	35.71	32.14	10.71	100.00	32.14	42.14	C
23	A6 期刊	39.29	14.29	53.57	57.14	35.71	40.00	C
24	A7 期刊	57.14	25.00	46.43	28.57	25.00	36.43	D
25	M 期刊	14.29	7.14	32.14	100.00	10.71	32.86	D
26	O2 期刊	46.43	17.86	25.00	25.00	46.43	32.14	D
27	I4 期刊	10.71	3.57	7.14	100.00	17.86	27.86	D
28	S3 期刊	17.86	10.71	3.57	100.00	3.57	27.14	D

表 14 外文图书数据库评分情况

序号	数据库	下载量得分	Scopus 匹配率得分	独有图书比例	图书数量得分	综合得分	分类
1	S1 图书	100.00	50.00	58.33	100.00	76.67	B
2	E1 图书	66.67	100.00	33.33	83.33	73.33	B
3	E2 图书	83.33	83.33	25.00	75.00	70.00	B
4	P 图书	91.67	41.67	50.00	91.67	68.33	B
5	W 图书	75.00	91.67	16.67	66.67	66.67	B
6	I1 图书	41.67	66.67	100.00	33.33	59.17	C
7	S2 图书	16.67	58.33	100.00	41.67	50.83	C
8	A 图书	50.00	75.00	8.33	50.00	49.17	C
9	I2 图书	25.00	25.00	100.00	58.33	46.67	C
10	E3 图书	58.33	33.33	41.67	25.00	40.83	C
11	E4 图书	33.33	16.67	100.00	8.33	36.67	D
12	S3 图书	8.33	16.67	100.00	16.67	30.83	D

表 15 中文期刊数据库评分情况

序号	数据库	下载成本得分	引用成本得分	单位引证报告收录数量成本得分	独有刊比例得分	综合得分	分类
1	W1 期刊	100.00	100.00	100.00	50.00	87.50	A
2	C 期刊	75.00	50.00	50.00	75.00	62.50	B
3	W2 期刊	50.00	75.00	75.00	25.00	56.25	C
4	H 期刊	25.00	25.00	25.00	100.00	43.75	C

根据上述评分结果，合肥工业大学图书馆数字资源建设小组对综合评分 D 类的 7 个数据库进行再评估，并召开了数据库使用绩效提高座谈会，分析评分较低的原因，为后续论证工作提供参考。

总结合肥工业大学图书馆单体数据库评分体系，即先根据筛选原则确定各类型数据库评分指标，再根据各指标提取数据，按照各指标得分 $Z = 100/$数据库数量 × 各指标排名倒序和综合得分 $S = Z1($指标得分$) \times Q1($指标权重$) + Z2 \times Q2 + Z3 \times Q3 + Z4 \times Q4 + \cdots$ 两个计算公式，计算指标得分，根据综合得分对数据库进行排名分为 A、B、C、D、E 5 个等级。根据分类结果，对排名 D、E 类数据库进行再分析，确定其排名较低的原因,纳入后续论证环节。

3 案例效果

通过对数字资源的基本情况、文献保障情况、单体数据库综合使用情况等进行量化评价,用数据构建高校图书馆数字资源评价体系,辅助图书馆数据库采购决策,这削弱了图书馆数据库采购中的自由裁量权,用数据有力地回答了要买什么内容的数据库,为什么要买某个数据库等问题。

案例创新性地将数字资源量化评价体系嵌入图书馆数据库采购流程的实践工作中,通过评分展示数据库的用户需求、内容质量和使用需求,辅助采购决策。

在可操作性方面,各层次量化评价充分考虑了数据的可获取性和准确性,确保数据真实、有效、获取方便,使得整个量化评价过程具有可操作性与推广性。在后续工作中,图书馆应从技术层面不断改进数据的获取方法与途径,掌握数据统计的主动权,以更好地保证数据的可靠性,为高校图书馆在数据库评价与数据库采购工作实践提供一定的参考。

在可持续性方面,图书馆数字资源建设采购工作是一项持续性的工作,将数据库量化评价嵌入采购流程,用数据支撑资源建设也是要在未来继续推进、不断完善的工作。同时,由于数据资源种类丰富,存在部分数据库图书馆难以获取使用数据、难以评价使用情况等问题,对各类型数据库的评价指标和权重分配还在持续研究中,以不断提升评价体系的科学性。

在推广效果方面,形成的量化评价体系对不同类型的数据库设计适合的评价指标,充分考虑评价指标的针对性和重要性,基于学校学科发展方向,紧密契合数据库的师生需求和使用情况,优化数字资源结构,确保重点学科专业做到全覆盖,在有限的经费预算内最大限度地挖掘最适合师生用户的数字资源,以优化图书馆的服务水平,提升图书馆数字资源的用户使用体验,提升高校新工科、新文科等建设背景下的图书馆形象。

同时我们将数字资源量化评价、专家评议与民主决策相结合,推动图书馆数字资源采购流程的制度建设,使得流程更加科学化、规范化。

4 案例改进方向

由于数字资源量化评价嵌入实践工作较为创新,合肥工业大学图书馆仍在不断探索,案例中仍存在一些不足,如单体数据库评价体系中的评价指标权重目前是依据评价维度、各指标对数据库的重要性和数字资源采购与评价的经验进行分配的,虽然结合了工作实际,但缺乏一定的科学性。针对这个不足,数字资源建设小组正在对指标权重进行重新计算和设计。以外文期刊数据库为例,使用 AHP 层次分析法,将采购决策按评价准则和具体指标的顺序分解为 3 个准则层和 13 个指标的层次结构,其中增加了非 OA 期刊比例,即数据库的非 OA 期刊数量占期刊总数的比例,用于对数据库的文献获取成本进行评估;SNIP 期刊比例,即数据库中有 SNIP 指数的期刊数量占期刊总数的比例,用于对数据库的文献获取成本进行评估;现刊比例,即数据库的现刊数量占期刊总数的比例,用于对数据库的文献获取成本进行评估;下载比例,即数据库使用统计报告中,被下载的期刊数量占期刊总数的比例,用于对数据库的文献获取成本进行评估;服务响应速度,即数据库商的业务响应、故障响应和处理能力;宣传培训服务,即数据库商开展的宣传培训活动;永久使用与存档,即数据库的订购期刊是否可以永久访问,是否提供存档。然后用求解判断矩阵特征向量的办法,求得每一层次的各指标对上一层次某指标的优先权重,最后再加权和的方法递阶归并各指标对数据库评价的最终权重。

表 16　外文期刊数据库指标体系

	准则层	指标
外文期刊数据库使用	数据库内容质量	独有刊比例
		非 OA 期刊比例
		SNIP 期刊比例
		现刊比例
		下载比例
	成本效益	单次下载成本
		单次引用成本
		单位 SNIP 成本
		单位载文量成本
	数据库服务质量	服务响应速度
		宣传培训服务
		永久使用与存档

表17　1-9级判断矩阵标准度表

重要性标度	含义
1	表示两元素相比,具有同等重要性
3	表示两元素相比,前者比后者稍微重要
5	表示两元素相比,前者比后者明显重要
7	表示两元素相比,前者比后者十分重要
9	表示两元素相比,前者比后者极其重要
2,4,6,8	表示上述两相邻判断的折中
倒数	若元素 i 与元素 j 的重要性之比为 a_{ij},则元素 j 与元素 i 的重要性之比为 $a_{ji}=1/a_{ij}$

表18　一级指标各指标的权重及一致性检验结果(AHP分析)

	数据库内容质量	成本效益	数据库服务质量	权重
数据库内容质量	1	3	5	0.636 985 57
成本效益	1/3	1	3	0.258 284 99
数据库服务质量	1/5	1/3	1	0.104 729 43
一致性检验	最大特征值 3.038 511,$CI=0.019\,256$,$CR=0.021\,395$,检验通过			

但根据计算得出的各指标权重目前尚未全部通过一致性检验,后续会继续进行研究,以使数据支撑的量化评价体系更具科学性,更好地辅助图书馆数字资源采购决策,推动采购制度不断完善。

描绘量子技术图谱　助力量子专利导航
——协同创新的图书馆知识产权服务实践

党贵芳　樊亚芳　张雪娟
（中国科学技术大学图书馆）

随着国际经济新形势的出现，我国越来越重视知识产权建设。创新是引领发展的第一动力。近日，中共中央、国务院印发了《知识产权强国建设纲要（2021—2035年）》，指出，全面提升知识产权创造、运用、保护、管理和服务水平。基于我校图书馆丰富的专利文献数据库和非专利文献数据库资源，以及具备专利代理人资格的专业馆员，积极推进我校图书馆的知识产权服务工作。2020年我校图书馆通过三方协作方式参与完成了国家知识产权局专利专项研究项目——"量子计算技术领域专利分析研究"。

1　案例实施背景

1.1　量子科技已成为多国战略布局重点领域

创新是引领发展的第一动力，保护知识产权就是保护创新。量子科技作为重大颠覆性技术创新，已成中国及世界科技强国的战略布局重点领域。

习近平总书记在中央政治局第二十四次集体学习时强调：深刻认识推进量子科技发展重大意义，加强量子科技发展战略谋划和系统布局。安徽省高度重视量子科技产业发展，在该领域取得了不少具有国际影响力的世界首创级成果。2021年11月26日，合肥高新区发布了《未来产业发展规划》，提出：到2035年，合肥高新区将建设"世界量子中心"，代表国家参与国际竞争的未来产业高地。

1.2 图书馆为知识产权服务做多方储备

我校图书馆具有丰富的数据库资源,且内容也在不断更新扩展。目前已有三人获得"专利代理师"资格,且同时具备理工科博士学位。相应的人才储备正在进一步壮大中。我馆已获批成为"全国专利文献服务网点""世界知识产权组织 TISC 中心"和"中科大知识产权信息服务中心",为开展知识产权服务充分做好保障工作。

1.2.1 资源储备

图书馆通过构建高水平的数字化文献体系保障学校的教学科研需要,已引进和共享 180 多个中、外文数据库(平台),包括主流的国内外权威学术数据库和检索工具,其中,中文电子图书 246 万种、外文电子图书 40 万种、中外文电子期刊 6 万余种、国内国外硕士博士学位论文 1257 万份,还有大量的会议论文、专利文献、科技报告等资料。国际综合数据库和权威专利数据库储备情况如图 1 所示。

图 1 国际综合数据库和权威专利数据库储备情况

1.2.2 人才储备

我校图书馆信息咨询部约 90%人员具有备硕士、博士学位,其中 50%以上具有理工科博士学位人员占比达 50%以上,且学科背景覆盖范围广,如图情、物理、化学、生物、工程、外语等。为了充分发挥馆员的专业特长,推进知识产权服务,图书馆领导鼓励馆员积极参加各种专利知识培训,拓宽视野、增长知识。樊亚芳率先于 2019 年参加国家知识产权局举办专利代理人资格考试,取得了"专利代理师"资格证书。随后,张雪娟、党贵芳于 2020 年同时通过该项考试并取得了资格证书。今年又有新的馆员报名参加了该项考试。此外,樊亚芳还被评为全国专利信息实务人才(见图 2)。

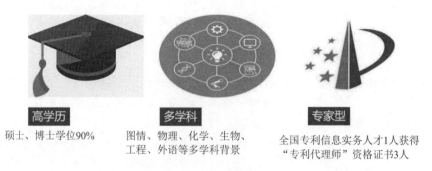

图 2 人才储备情况

1.2.3 平台储备

我校图书馆践行"服务社会"的服务理念,陆续获批"中国科学院文献情报中心特色分馆""中国科学院中国科学技术大学科技查新咨询中心""CALIS 安徽省文献信息服务中心""安徽省高等学校数字图书馆总馆""全国专利文献服务网点""世界知识产权组织 TISC 中心""中科大知识产权信息服务中心",为安徽省乃至全国的科研和学术创新提供文献保障和信息服务(见图3)。

图 3 平台储备情况

2 案例实施的基本思路

以图书馆丰富的数据库资源为基础,结合馆员的量子信息、量子计算专业背景,储备具有"专利代理师"资格馆员,充分发挥专业的信息获取与分析技能,通过三方协作模式参与完成国家知识产权局专利专项研究项目——"量子计算技术领域专利分析研究"。以此为起点,逐步推进图书馆知识产权服务工作。

3 案例实施的内容——三方合作协同创新

中科大图书馆、中科大公共事务学院和合肥本源量子公司三方共同承担完成了国家知识产权局"量子计算技术领域专利分析研究"项目。

3.1 项目研究内容

"量子计算技术领域专利分析研究"项目主要内容包括4部分：量子计算产业分析、量子计算专利分析、量子计算非专利文献分析、结论与建议（见图4）。

图4 项目研究内容

3.2 项目进展情况

"量子计算技术领域专利分析研究"项目于2020年5月启动。项目进展情况如图5所示。6月份，项目组通过会议讨论并制订了研究计划；随后本源量子完成技术分解表。7月份，公共事务学院完成行业调查报告。8月份，图书馆根据技术分解表进行检索，并完成"量子计算分析检索报告"。9月份，本源量子完成专利检索结果标引和重点技术解读；项目组于9月底前完成专利分析报告初稿。由于量子计算技术领域尚处于起步发展阶段，为了更加全面地反映量子计算技术领域的发展情况，图书馆于10月份补充完成了量子计算领域非专利文献的检索和分析工作,并形成项目报告的一个章节——"量子计算非专利文献分析"。11月份,项目组完成"量子专利分析"项目报告,并通过国家知识产权局的初审。12月10日,项目组成员代表在国家知识产权局参加现场答辩(见图6),"量子计算技术领域专利分析研究"项目顺利结题。2021年1月,项目组对项目报告进行了统稿,为项目报告的出版做好准备工作。

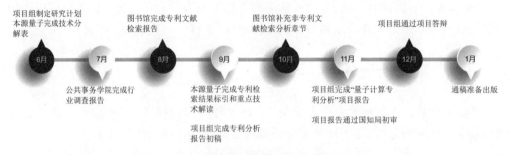

图5 项目进展情况

图6 项目组成员代表在国家知识产权局参加现场答辩留影

3.3 项目实施情况

3.3.1 检索使用数据库

在"量子计算技术领域专利分析研究"项目中,专利文献的获取主要来自 incoPat 专利数据库(见图7),年代范围为1900年至2020年8月31日。

图 7 incoPat 数据库界面

非专利文献分为期刊论文和会议论文,期刊论文数据主要来自 Web of Science 核心合集中的 Science Citation Index Expanded(SCI-EXPANDED)数据库,年代范围为 1900 年至 2020 年 8 月 31 日;会议论文数据来自于 Web of Science 核心合集中的 Conference Proceedings Citation Index-Science(CPCI-S) 数据库,年代范围为 1990 年至 2020 年 8 月 31 日。Web of Science 数据库平台界面如图 8 所示。

图 8 Web of Science 数据库平台界面

3.3.2 检索策略

根据本源量子提供的量子计算技术分解表(见图 9),各技术领域分支的平行独立性,我校图书馆针对 63 个技术分支,采用"分—总"式检索策略,对技术分解表中的各技术分支逐一完成检索,最后对检索结果进行合并处理。

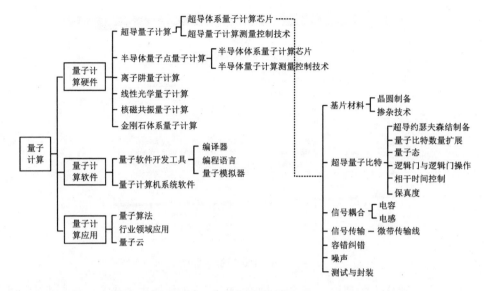

图 9　量子计算技术分解表

3.3.3　项目研究报告

专利检索完成后，对采集的数据进行加工整理，并在此基础上完成了"量子计算技术领域专利分析研究"项目报告。首先，全面分析了量子计算全球和中国专利的申请趋势、申请地域分布、主要申请人、法律状态等。其次，分别从量子计算硬件、软件及应用方面，研究分析了量子计算专利的申请情况和关键技术，并对重点申请人进行了分析，包括专利态势分析、技术发展脉络、技术布局分析、重要专利分析、技术合作网络等。最后，对量子计算非专利文献进行了检索和分析，分析内容主要包括文献发表的趋势，国家、地区的分布情况，主要作者、资金资助情况以及国际、校际合作情况；并且进一步分析了量子计算领域的高被引论文和热点论文。项目报告目录如图 10 所示。

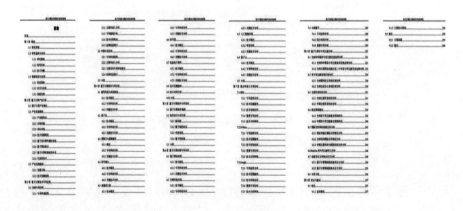

图 10　项目报告目录

4 案例创新点

第一,充分发挥图书馆员专业特长,积极参与国家知识产权局"量子计算技术领域专利分析研究"项目。

第二,三方合作协同创新的工作模式获得了国家知识产权局评委的高度评价。

第三,图书馆资源服务老师、学院、企业、政府部门,拓展了服务的深度和广度,使服务实现可持续性发展。

5 案例实施效果

知识产权服务充分利用了我校图书馆的资源,发挥了专业馆员的特长,拓宽了服务范围,扩大了图书馆的影响力。

5.1 国家知识产权局高度认可

"量子计算技术领域专利分析研究"项目实施得到了国家知识产权局评委的高度认可,服务的效果和影响力显著提升。国家知识产权局评委高度评价了图书馆、公共事务学院和本源量子三方协作的工作模式;高度评价项目结题报告,并进一步请项目组撰写并提交《量子计算产业发展建议》内参。

5.2 新起点——助力量子专利导航

"量子计算技术领域专利分析研究"项目的顺利结题成为了我校图书馆知识产权服务新的起点。图书馆团队三人受邀参加合肥高新区《量子产业专利导航》项目。合肥市专利导航项目拟立项目名单如图11所示。

附件

合肥市专利导航项目拟立项项目名单

序号	导航分类	导航项目名称	申报单位
1	区域规划类	高新区区域专利导航	合肥高新技术产业开发区管委会
2		经开区区域专利导航	合肥经济技术开发区管委会
3		合肥新站高新技术产业开发区管委会	新站高新区区域专利导航
4		中科院合肥物质科学研究院区域专利导航	中科院合肥物质科学研究院
5	产业规划类	节能环保产业专利导航	合肥市蜀山区人民政府
6		光伏设备及元器件制造产业专利导航	肥高新技术产业开发区管委会
7		量子产业专利导航	
8		网络与信息安全产业专利导航	
9		智能消费相关设备制造产业专利导航	
10		新型计算机制造产业专利导航	
11		高端装备制造产业专利导航	肥经济技术开发区管委会
12		新能源汽车制造产业专利导航	
13		新能源汽车储能装置制造产业专利导航	合肥新站高新技术产业开发区管委会

图 11 合肥市专利导航项目拟立项目名单

5.3 受邀参加专利相关讲座培训

团队成员受邀参加多个专利相关讲座培训（见图 12）。樊亚芳、张雪娟先后被邀请在 2020 年和 2021 年"专利代理人培训"中做经验分享报告，2021 年樊亚芳受邀在中科院等离子体物理研究所做专利培训讲座。

图 12 团队成员受邀参加专利相关讲座培训

弘扬国粹经典，潜心立德树人
——图书馆文化服务创新[①]

丁菁梅　冯梅　侯虎旺

（中国科学技术大学图书馆）

中华文化源远流长、博大精深。党的十八大以来，习近平总书记多次强调中华传统文化的历史影响和重要意义，赋予其新的时代内涵。在中央党校建校 80 周年庆祝大会暨 2013 年春季学期开学典礼上，习近平总书记指出："中国传统文化博大精深，学习和掌握其中的各种思想精华，对树立正确的世界观、人生观、价值观很有益处。"在庆祝澳门回归祖国 15 周年大会暨澳门特别行政区第四届政府就职典礼上，习近平主席提出："中华民族在几千年历史中创造和延续的中华优秀传统文化，是中华民族的根和魂。"在中共中央政治局第十三次集体学习时，习近平总书记强调："培育和弘扬社会主义核心价值观必须立足中华优秀传统文化。牢固的核心价值观，都有其固有的根本。抛弃传统、丢掉根本，就等于割断了自己的精神命脉。""博大精深的中华优秀传统文化是我们在世界文化激荡中站稳脚跟的根基。"高校作为继承和发扬民族传统文化的重要阵地，应当积极主动地组织面向学生的文化传承活动，通过切实的示范和引导，使中华传统文化的经典和精华部分"润物细无声"地浸润到学生的心灵深处。高校图书馆是高校重要的文化组成部分，肩负着集成智慧高校传播的职责。如何将优秀的传统文化切实地融入到当代大学的教育实践中，如何让优秀的文化精神濡染和塑造青年学子的心灵与人格？如何引领启发大学生敢于创新的思维？这些都是高校图书馆需要挑战的重大问题。中国科学技术大学图书馆从 2017 年开始研究文化服务育人项目，积极建立文化服务育人机制，以举行书画大赛为形式，以传承和弘扬国粹经典文化为出发点，展开了一项具有高效传播力的文化服务育人项目，成为学校传承和弘扬中华传统文化的主要力量，并在探索和发展的过程中日益完善、不断创新。

[①] 本文系安徽省高等学校图书情报工作委员会 2020 年度基金项目"空间转型时代高校图书馆功能构建和人才培养研究"（项目编号：TGW20B01）研究成果之一。

1 案例实施背景

2016年4月26日,习近平总书记来到中国科学技术大学考察,勉励科研人员"增强使命感,把创新作为最大政策,奋起直追、迎头赶上",勉励同学们肩负时代责任,高扬理想风帆,做有理想、有追求的大学生,做有担当、有作为的大学生,做有品质、有修养的大学生。学校高度重视"六有"大学生的培养工作,制定培养"六有"大学生的多个方案(涉及班集体、团支部),将"六有"要求贯穿于从入学到毕业的各个环节、从课堂到实践的各个场景。我馆作为学校最重要的人才培养平台,始终坚持"六有"要求,以培养"六有"大学生为目标和动力,积极研究支撑人才培养的多种文化服务项目方案,力求充分发挥图书馆服务育人的作用。

习近平总书记在此次考察中首次提出了文化自信,他勉励科大学子:"我们要文化自信,教育也不要妄自菲薄",他强调:"中国人民取得的成就是很了不起的,不要妄自菲薄,同时要自强不息"。2017年,习近平总书记在党的十九大报告中强调:"文化自信是一个国家、一个民族发展中更基本、更深沉、更持久的力量""文化是一个国家、一个民族的灵魂。文化兴国运兴,文化强民族强。没有高度的文化自信,没有文化的繁荣兴盛,就没有中华民族伟大复兴""要更加自觉地增强道路自信、理论自信、制度自信、文化自信""文化自信得到彰显,国家文化软实力和中华文化影响力大幅提升,全党全社会思想上的团结统一更加巩固"。在新时代背景下,图书馆既是优秀经典文化的继承者,又是优秀经典文化的传播者,随着社会主义实践的不断深入发展,图书馆所承担的传播使命和责任也日益突显出来。

学校以培养"六有"大学生为目标和要求,努力培养有理想、有追求、有担当、有作为、有品质、有修养的大学生,全面推进素质教育。素质教育注重多渠道全面发展,学生不仅要接受课堂上、实验室里的知识,更要接受来自课堂、实验室之外的丰富信息;不仅要培养课堂上、实验室里的逻辑思维,更要提升课堂、实验室之外的创新思维。课堂教学的延伸教育,被称为"第二课堂"。图书馆具备课堂教学的延伸性,是大学里能够开展素质教育的较为合适的场所之一,是学校培养"六有"大学生的不可缺少的第二课堂。教育部颁布的《普通高等学校图书馆规程》指出:图书馆应全面参与学校人才培养的工作,充分发挥第二课堂的作用,采用多种形式提升学生的综合素质。拓展和充分发挥图书馆第二课堂的服务功能,成为图书馆发展的必然要求。高校图书馆不仅要提供最便捷的信息获取方式来支撑学校人才培养和科学研究,更要积极开发灵活的教育形式和丰富的服务项目来弥补课堂教学的不足。

在这样的背景之下,中国科大图书馆开展了以"书画大赛"为形式、以传承和弘扬国粹经典文化为初心,以"潜心立德树人"为目标的文化服务项目,联合校内多个单位,探索文化服务创新方案,连续多年推出不同文化主题的书画大赛和展览活动,致力于传承和弘扬中华传统文化,培养"六有"大学生,引导师生坚定文化自信,力求更好地发挥图书馆思想引领和服务育人的作用。

2 案例实施的基本框架

2.1 案例的发展历程

2017年,我馆开展第一届校园书画大赛。为加强宣传,吸引校内师生广泛关注项目,实施小组在2017年并未设立具体的文化主题。随后的几年,依据当年的形势和时代精神,案例实施小组将两者结合设立了不同的文化主题,如2018年的主题为"古韵流芳,翰墨传魂";2019年结合主题教育,设立文化主题"牢记使命,不忘初心";2020年结合举国上下同心抗疫的时代背景,制定文化主题"四方同心,齐力抗疫",开展线上线下相关活动;2021年结合中国梦,设立主题"弘扬社会主义核心价值观"。主题的设立与每一年的时代背景遥相呼应,项目开展的初心是引导师生在传承中华优秀传统文化的同时能够将当年的时代精神广泛传播开来。

截至2021年底,我馆已在校内举办5场大赛、8次展览。大赛自开展以来,实施小组积极地开展线上线下广泛宣传,越来越多的参与者给予有力点评,项目也受到更多校内外师生的关注,大量的师生积极参与投稿和线上评选。2017年,举办第一届书画大赛时,只有50人投稿;时至2021年第五届书画大赛,5年间最高投稿人数已达2017年投稿人数的3倍之多(见图1)。累计投稿作品达459件,展出作品253件,创作者及活动组织参与人数总计600余人。

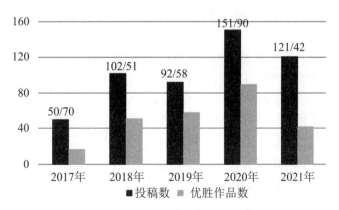

图1 2017—2021年投稿数与优胜作品数

2.2 案例的实施方式

每年的书画大赛通常是 9 月初启动至 12 月初结束,历时 3 个月。实施小组为保障项目进展顺利、未来工作有所创新,总结出 5 个必不可少的实施环节,包含前期宣传、稿件征集与评选、活动颁奖、书画展览以及跟进采访(见图 2—图 4)。

图 2 案例实施经历的宣传、征集稿件与评选、颁奖和展览环节

案例实施组通过线上线下相结合的方式宣传。线上,主要以图书馆网站、电子屏、微信公众号、社团公众号及学校其他线上平台为主进行推广;线下,在校区人员流动聚集的食堂门口和校园广场前,进行现场的推广宣传。现场的推广活动是树立书画展文化品牌的最佳机会,开展现场的书画临摹创作及观众互动体验环节,能够更加直接地吸引和带动观众深入了解此文化服务项目。

实施组由教师团队和学生团队组成。教师团队包含活动指导老师和专业的评委老师;学生团队则负责线上线下征集稿件、与指导老师一起保障活动顺利开展、圆满收官。学生团队将征集的稿件先汇总统计,再根据作品类别严格筛选分类。分类出的作品将会被转交给专业的指导老师进行评审,他们会以内容与主题契合度、形式完整性和艺术技巧性为考核标准进行专业的评审。征集的作品也接受线上师生的投票评选,线上线下结合,最终评选出优秀的作品。

图 3　案例实施的颁奖和展览环节

图 5　案例实施的跟踪采访环节

颁奖与展览环节对参与者来说具有很重要的意义。实施组在大赛收官时会举办一场大型的颁奖大会,用于勉励参与者与获奖者、鼓励师生敢于展示各自的才华、增强参赛者之间的互动与交流。获奖的作品将被置于图书馆人流量最多的公共区域进行展览。2021年,图书馆与上海上业信息科技股份有限公司建立合作,在安徽省数字图书馆线上虚拟展厅,通过三维虚拟展览的形式,实现了无时间、空间限制的云上展示。在后疫情时期,虚拟空间的云上展示可以让师生随时随地欣赏书画作品,既带来了空间和时间方面的便利,又能够有效地促进案例的推广。项目成立初期,实施组设置了线上和线下的信息反馈渠道,线上来自社团公众号评论区,线下则制作参赛留言簿。这些渠道的信息能够清晰地反映出参与者、观察者以及评选者的真实感受。除此之外,为促进项目的不断完善,实施组在线下的模式中建立了"跟踪采访"的环节。这一环节的作用不仅可以获取参赛者最真实的感受,更是希望以语言的影响力来激励更多的师生喜爱传统文化、深受感染而坚定文化自信。

采访发言1:在科大,虽然学习繁忙,但是还是有时间去追求一些自己喜欢的东西。有空闲的时候我就会去写毛笔字,临古代碑帖或者自己创作;如果比较忙的话,就在手机上面看一看书法作品。

采访发言2:在校研究生学习中,科学研究是我前进的方向、动力的来源;而在婆婆世界里,诗词书画总能给予我心灵上的慰藉。风雨常伴的人生路上,它为我打开晴窗一扇。

采访发言3:此次书画展提交了油画及板绘类型的5幅作品,表达了我对美的一种执着,美之于我是一种比呼吸更浓稠的生存需要。在画中见天地、见人心、见自己,便是我一生的追求。

3 案例的实施效果

3.1 参赛作品内容丰富

实施组对投稿的作品种类没有具体要求。分析2017年至今的作品,种类主要为软笔书法、硬笔书法和国画3种(见图5—图7)。书法作品覆盖篆、隶、楷、行、草等各种书体,国画则包含山水、人物、花鸟等各种题材。师生投稿多为仿书、仿画,内容丰富,体裁多样。对于一些自加创意的作品,实施组会优先筛选出来,加以关注和点评。

图 5 软笔书法作品

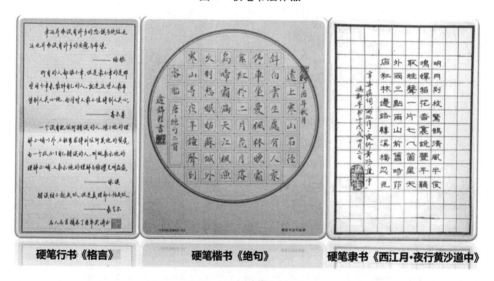

图 6 硬笔书法作品

开展书画大赛,旨在展现我校师生的青春风采和精神面貌,发掘其潜力、发挥其特长,更深地促进师生素质教育深入发展。这些丰富的投稿作品,恰是宗旨的体现。统观截至目前的书画艺术作品,无论是内容、线条和颜色都表达了师生丰富的想象力和生动的创造力,富于智慧和活力。

| 山水·仿渐江《黄海松石》 | 花鸟·仿吴昌硕 | 人物·毕业季 |

图 7　书画作品

3.2　深受好评、广泛参与

实施组通过收集的线上线下的反馈信息,能够了解每一次大赛中有趣的评论信息,也能了解实施过程中的不足之处,这为项目的改善与创新提供了充足的素材。因为深受师生们的喜爱,所以在之后的几年里投稿人数猛增,有些参赛者甚至会一次提交多个参赛作品。因为深受师生的好评,所以截至目前参赛者已覆盖至全校 16 个学院、40 多个专业(见图 8)。

评论摘选 1:没想到科大也有这么多能书善画的人才,希望科大人文氛围越来越浓!

评论摘选 2:投帅阳一票,诸同学书才皆佳,唯此人在章草(汉代流行的草书)上有创新,棒!

图 8　部分参赛师生合影

3.3　校内多单位认可支持

项目开展初期,实施组积极争取与校内单位建立联系与合作。随着影响力的增加,目前已获取社团管理指导委员会、校团委、学生工作部(处)、人文学院、国际合作交流部等多个单位的认可,同时也获得多个学生社团,如芳草青协图书馆志愿服务分队、校学生双馨书画协会和舞蹈协会等的融入与支持(见图9)。

图 9　校内各单位给予认可与支持

3.4 弘扬中华文化

近年来,我校留学生人数逐年增加,留学生逐渐成为图书馆读者中较为特殊且十分重要的用户群体。图书馆作为学校最重要的文化阵地,除了提供有力的学习与科研支撑保障之外,还肩负着文化引导与传播的职能。2021年,实施组在图书馆语言学习中心的帮助下与国际合作交流部建立了合作关系,并于暑期为留学生开设了为期一个月的书法兴趣班,举办了书法夏令营(见图10)。中华优秀传统文化博大精深,是我们在世界文化激荡中站稳脚跟的根基。实施组希望通过"讲好中国故事",向外国友人展现汉字和书法的独特魅力,让更多的外国友人感受到中华优秀传统文化的丰厚底蕴和文化自信。

图10 图书馆开展留学生书法兴趣班和书法夏令营

4 案例创新点与总结

4.1 传承国粹经典

文化代表一个国家的身份和民族形象。习近平总书记指出,"中华优秀传统文化是我们最深厚的文化软实力,也是中国特色社会主义植根的文化沃土。""中华优秀传统文化是我们在世界文化激荡中站稳脚跟的根基,是中华民族生生不息发展壮大的丰厚滋养,是中国特色社会主义植根的文化沃土,对延续和发展中华文明、促进人类文明进步,发挥着重要作用。"我们应当全面认识传统文化,充分认识其价值和精髓。书画艺术作为中华民族的优秀传统文化,有着悠久的历史和丰厚的底蕴,承载着古人的思想与审美,体现着我国劳动人民的智慧和对美好生活的向往与追求,铸就了光辉灿烂的中华文化文明史。我馆举办的一系列书画比赛,让更多的师生接触和了解中华优秀的传统文化,了解书画艺术的价值所在。实施小组付出努力为国粹经典在校园里的传承和弘扬创造了良好的氛围与条件,这对高校文化服务项目的推广和内容创新提供了很有力的参考价值。

4.2 服务育人、文化引领

在信息技术高度发达的时代背景之下,面对各个国家综合国力的竞争,文化逐渐成为促使民族凝聚、发挥创造力的重要源泉。大学是我国社会主义文化建设的重要阵地,肩负着两项重要职责——创造先进文化和向社会传播先进文化。随着高等教育越来越大众化,大学作为人才培养的主要基地,创造和传播先进文化的功能需求越来越明显。为配合学校事业发展,做好人才培养工作,图书馆作为文化继承和传播的主要阵地,其服务育人和文化引领的功能就需要被突显并不断加强。大学图书馆在发展中,其任务不再是简单地提供信息资源检索的服务,更需要将各种资源加以整合,共同推动文化建设、发展社会主义先进文化、促进文化大发展和大繁荣、丰富和创新文化服务内容、提高整体的文化服务水平。也就是说,图书馆是保存、传承、传播和创造先进文化的重要场所,更应该凭借其得天独厚的资源优势,既要为学生保障无时差的文献资源支持,又要为师生的文化活动提供充足的空间资源。通过吸引学生在图书馆使用资源,从而充分发挥其服务育人和文化引领的作用。

我馆项目实施组在做了大量调研后,了解到学校师生对图书馆资源的使用需求,积极策划融合馆内各种资源,联合多部门组织开展一系列书画大赛,意在向师生广泛推广我馆资源,充分展现我馆服务育人的初心。在项目的开展过程中,我馆通过设立与时代精神相契合的文化主题,将传统文化与时代精神相融合,促进文化大发展;引领学生创新思维,积极表达传统文化和时代精神,从而创造出具有强大生命力的新鲜的文化产品,推动了文化建设和先进文化的发展,充分发挥了我馆服务育人、文化引领的作用。

4.3 坚定文化自信、弘扬中华文化

"文化是一个民族的精神和灵魂,一个强大的民族往往具有强烈的文化自信和民族尊严,从而增强民族凝聚力,使这个民族焕发出强烈的创造力。""文化自信,是更基础、更广泛、更深厚的自信。"中华文化历时悠久、内容广博、底蕴丰厚、思想深邃、影响深远,它是中华民族内在精神的传承与创新的总和,是中华民族安身立命的基础,世界上任何一个民族的任何一种文化都无法与之比肩。我们坚定文化自信,既是对我们民

族历史文化成就的崇敬,也是一种自豪;是尊重历史、尊重传统、尊重民族智慧的最坚定的决心。

书画活动的举办,从最初的 50 人增长到近两年的 100 多人参与,足以体现出校内师生对优秀传统文化的认可与希望。有越来越多的师生希望接触和了解中华传统文化,切身地领略到中华优秀传统文化的丰富内涵,参与进来,这是文化自信;实施组通过严格评选,组织大型的颁奖仪式和线上线下展览,让越来越多的师生优雅地展现自己,真实地表达自己,这也是文化自信;通过建立书画工作社,为留学生举办书法兴趣班、开展书法夏令营,实施组引导学生向外国友人"讲好中国故事",不仅向外国友人弘扬了中华优秀传统文化,更是让学生从内心感受到中华文化的优越与自豪,从而更加坚定民族文化的自信。

4.4　培养六有大学生

"潜心立德树人,执着攻关创新"是我校两大核心任务,培养"六有"大学生是我校人才培养工作的目标指向和行动要求。《光明日报》在 2016 年指出,做"有理想、有追求"的青年,就是要增强对中国特色社会主义道路、理论、制度和文化自信,树立实现中华民族伟大复兴中国梦的信念,以弘扬国家至上的报国情怀凸显大学使命;做"有担当、有作为"的青年,就是要自觉践行社会主义核心价值观,加强学习、增强本领,在全面建成小康社会中敢做先锋,以勤学笃实的实干精神彰显"空谈误国、实干兴邦"的时代旋律;做"有品质、有修养"的青年,就是要增强中华优秀传统文化底蕴,注重思想道德修养,将正确的道德认知、自觉的道德养成、积极的道德实践紧密结合,自觉将社会主义核心价值观落实、落细、落小,以遵循情理兼修的学习路径书写"心中有阳光,脚下有力量"的青春年华。"青年成才,关键在学,情理兼修,方成大器。"图书馆作为学校最重要的人才培养平台,将紧密围绕两大核心任务,以"六有"要求为指导,做好"三全育人"的服务工作。

书画大赛的开展正是我馆在人才培养工作中对我校师生的重要文化支持,学生在书画大赛的舞台上充分展示了传承和弘扬中华优秀文化传统的情操,书画大赛也在潜移默化中将"正确的道德认知、自觉的道德养成和积极的道德实践紧密结合",引导着学生注重思想道德修养,同时也丰富了校园文化氛围,是图书馆践行服务育人、培养"六有"大学生的文化服务的创新。

图书馆特色资源通用平台建设
——以安徽师范大学馆藏徽州文书建设为例

王毓铭　张霞云　董家魁
（安徽师范大学图书馆）

近年来，随着大数据、云计算、人工智能等信息技术的不断发展，为图书馆的发展带来了机遇与挑战，业界逐渐开始在数据打通基础上深入挖掘数据的价值。馆藏特色资源数字化建设被大多数图书馆重视，通过对特色资源数据做多维度分析，关联内外部扩展数据和原始数据，可以更有效地服务于学校相关教学科研工作。创新使用特色资源数据，可以拓展丰富图书馆的内涵和外延，带给图书馆全新的思维模式。

1 国内外图书馆特色资源通用平台建设概况

图书馆特色文献资源的定义一般是指以某个学科、专题、人物或历史时期、地域特色等为研究对象，进行文献资源数据的收集、清洗、存储、分析、整理和评价，最后按一定标准和范围进行组织、管理，使其成为图书馆独有或其他馆少有的特色资源[1]。国内外图书馆数字化建设始于20世纪80年代，目前已成为国内外图书馆资源建设和提升服务内涵的热点。

1.1 特色资源数字化建设现状

1.1.1 特色数据库的建设急剧增加

国外关注特色数据库较早，美国国会图书馆于1990年启动了美国记忆（American Memory）工程，随之各大学图书馆陆续建设多个特色数据库，如密西根大学建设的人文与环境科学数据库等。1999年Dempsey R. 提出使用互联网技术和基于Oracle数据库构筑搜索系统，实现了用户实时访问特色资源数据库的功能，并可使用多种搜索方式和自定义方式进行排序[2]，形成特色数据库建设的初步通用架构。

国内特色数据库的建设最早可追溯到上海交通大学图书馆开发的中国高等教育文献保障体系工程[3]。随后，各高校依托本校学术资源纷纷建立特色库，如四川大学巴蜀文化特色库、厦门大学东南海疆研究数据库等[4,5]。目前国内外特色数据库建设的内容不断丰富，功能不断强大。

1.1.2 特色数据库建设技术不断创新

随着特色数据库建设的增加和广泛应用，用户需求不断提高，数据库建设技术不断创新，由最早的 Acess 2003、CGI 等技术，发展到 Microsoft SQL Sever、图数据库等技术。近些年，一些新兴技术，如大数据、云技术、区块链、虚拟现实、知识图谱等，逐渐受到关注并被广泛应用。例如，李政道图书馆在特藏陈展服务中使用了移动视觉搜索技术将有限的实体陈展拓展至无限的网络陈展服务中；陈锋平等对杭州市图书馆和15个市级图书馆运用区块链技术构建统一检索平台实现其资源共建共享[6]；侯国柱基于知识图谱构建吉林省文旅资源融合平台，在特色资源数据建设过程中全面整合文化旅游类的资源[7]。

1.1.3 特色数据库功能不断完善

国内外特色数据库功能的建设受到业界和学者的广泛关注。例如，美国爱荷华州盲人和残疾读者数据库、伊利诺伊州有声读物和盲文服务数据库等，为具有特殊要求的读者提供了阅读资源和阅读交流的平台。近年来，国外对特色数据库的用户交互功能建设更趋于完善，Marzia Loddo 使用 3D 虚拟现实技术实现特色资源的虚拟访问，使其在互动教育项目上可以服务更多用户[8]；美国国家医学图书馆通过虚拟现实游戏技术，以健康素养和健康信息相关特色资源为基础向公众提供健康信息服务，充分利用最新交互技术，使读者的交流学习更为便捷。我国武汉大学图书馆长江资源特色库中的用户交互功能也非常出众。诸如此类，还有岩土在线、科学网、天玑学术圈、CNKI学术圈等。

1.1.4 特色资源建设研究逐渐深入

特色文献资源建设方面的研究主要包括特色数据库建设的标准规范与质量控制、资源共享等方面[9]。总的来说，关于特色文献数据建设的理论、技术、经验案例探讨较多，胡绍军、刘翔在浙江省高校数字图书馆（ZADL）开展的特色资源数据库建设实践，确定了特色资源的建库原则，对数据分级存储、质量控制等管理机制进行了探讨[10]。

近年来，特色数据库建设已成为热门话题，取得了系列成果，这为本课题研究提供了技术支持和文献保障。但在特色资源通用化建设和使用方面仍有较大的研究空间，对于各特色数据库建设发展空间和扩展性考虑欠佳，不同的特色资源库所定义的元数据不同，标准不统一、不规范；数字人文的研究理念尚未引入，大量研究只是直接提供原始数据或简单加工内容，在通用性、兼容性方面有待加强研发。特色文献资源建设在取得跨越式发展的同时,也存在着顶层设计和统筹规划缺乏、联合共建共享的协作机制缺失、资源建设重复、共享程度低、服务功能单一、文献信息价值难以支撑知识服务需要以及资源利用率低下等问题。

2 图书馆特色资源通用平台建设方案

由于特色资源类型不同、元数据加工方式不同、平台结构不同,在充分调研高校图书馆特色建设、特色数据库平台建设技术要求的基础上,我们在元数据规范设计、数据收集存储与加工、数据内容管理、特色资源库发布四个方面分别开展研究设计,以建设图书馆特色资源通用集成平台实现各类特色资源加工建设实例。建设图书馆特色资源通用平台需要进一步开展以下工作:

首先,通过平台化建设的方式,提升建设过程的通用性,在都柏林核心元素集基础上,搜集各类型特色资源元数据,整理并扩展为标准的元数据采集方案,允许在建设过程中通过扩展字段形式,实现对各类特色资源元数据的完整收割。

其次,对于特色资源内容,通过特定标识字段完成与资源元数据的关联,以对文本、图片、音视频等常见资源类型实现内容自动抽取与识别,尽可能地在减少冗余的同时保障资源加工过程的友好性和资源共建共享过程的兼容性,并对现有的资源类型通用标准规范进行兼容。

此外,需设计科学合理的标引字段,通过自动标引与人工干预方式,实现对各类型特色资源的元数据关联、资源内容揭示、资源间发现,进而完成特色资源知识图谱的构建,在特色资源建设过程充分融入数字人文理念[11]。

具体包括以下几个方面的工作:

(1)特色资源数据特征分析,实现对各类型特色资源元数据及数字化资源的采集、分析、处理。

(2)特色数据通用平台的功能分析,详细规划平台功能,包括元数据定义及其标准管理、特色资源数据存储管理、数字化资源关联与加工、特色资源库发布等。

(3)以通用平台实现特色数据建设。

在具体设计上,平台按以下流程实现对特色资源的元数据规范设计、数据收集存储与加工、数据内容管理、特色资源库发布四个部分的开发与管理(见图1)。

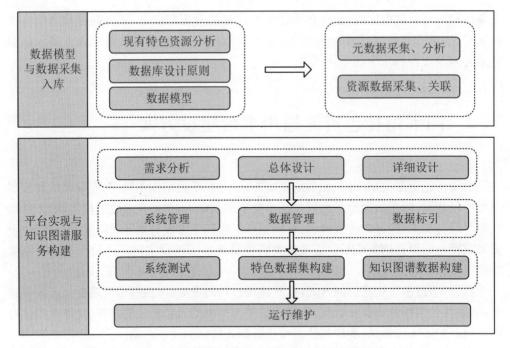

图 1 特色资源通用平台数据模型与实现流程

2.1 构建资源上传、管理平台

2.1.1 平台架构

设计建立基于用户登录授权的权限控制系统,即用户可进入特定功能页面使用制定功能。针对特色资源类型多,数据文件异构情况复杂的问题,通过元数据标准管理、元数据管理、数据集管理三个模块,在用户使用层面使用资源集形式,帮助用户管理特定类型的限定特色资源数据,以此为基础实现添加用户对资源集的创建、查询、修改功能模块,使用户在创建或授权的资源集可使用元数据编辑、电子资源关联上传、资源内容标引、知识点创建等数据加工功能。用户最终可通过数据发布管理模块,实现资源集发布、资源集间的关联展示等功能,展示其特殊资源数据集价值。

2.2 特色资源元数据处理加工

2.2.1 元数据规范

建立标准规范的资源建设标准,是图书馆数字资源建设长期稳定运行的重要保证。各地区在地方特色文献资源建设框架、平台选择、元数据加工、规范控制以及组织协调上需进行统筹思考和规划,避免缺乏建设标准导致人力、物力和财力浪费。

平台设计通过将不同类型特色资源的数据统一到通用平台,形成元数据标准采集方案,以满足不同用户对于各类特色资源数字化和元数据采集的不同需求。通过调研各高校现有特色资源,进行各资源类型元数据格式设计,充分考虑与其他元数据的关联关系。

2.2.2 数据收集

地方特色文献资源不同于常规性资源建设,其范围选取、建设标准、资源价值都具有独特性。另外,在地方特色文献内容搜集上应尽可能考虑实体与虚拟类型相结合。

在特色资源通用平台建设过程中,可通过扫描获取特色文献的高清文本,同时配合实体财产号或其他特定资源唯一 ID,实现数字资源收集并与实体相关联。在数字资源入库后,将资源 ID 与资源元数据信息进行关联,实现元数据发现与多类型、多媒体资源关联。

2.2.3 数据处理

将高校特色资源元数据放入各对应类型元数据池,完成元数据录入后,构建各高校的特色资源数据集,通过唯一资源——ID 进行关联。划分数据质量级别和处理优先级,对高质量、资源内容完整的特色资源优先进行标引和知识图谱构建,逐步完成各类型资源集整合,最终形成安徽省高校图书馆特色资源库整合数据集。

2.3 数据利用

知识图谱是利用计算机存储、管理和呈现概念及概念间关系的一种技术。特色资源通用平台将通过文本挖掘和人工标引方式对特色资源数据进行加工利用。具体来说,是通过设计科学合理的标引字段,通过自动标引与人工干预方式,对特色资源的基本元数据、元数据文本内容进行实体标记,运用自然语言处理、机器学习等知识图谱相关技术,将这些数据跟已有实体资源进行对比、分析并完善其中的映射关系、特色资源的知识单元细粒度化和知识组织关联化,实现对各类型特色资源的元数据关联、资源内容揭示、资源间发现,进而完成特色资源知识图谱的构建,未来甚至可以实现机器理解和一定的机器推理,并通过知识重组的方式最终完成对高校特色资源整合这一目标。

2.4 知识点标引

对于用户上传的电子资源,设计时可进行知识点标引。在平台中通过同时展示电子资源和资源元数据字段、内容字段的编辑器,使用户可在编辑器中完成对特色资源描述性字段和内容字段的补充完善。因特色资源中古籍占有较大比例,所以文本类特色资源内容完善设计需支持横向或纵向文字编辑(见图2)。

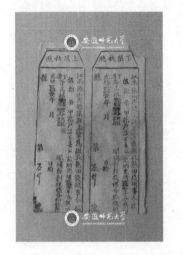

图 2　电子资源内容信息标引操作

2.5　资源展示及可视化

对于已经进行加工并拥有知识点标引的特色资源集,用户可在管理模块中申请对其进行发布,经平台审核后,对应资源集可在系统内供其他用户检索。

3　安徽师范大学图书馆馆藏徽州文书平台建设

安徽师范大学图书馆徽州文书特色资源数据建设加工基于安徽师范大学图书馆馆藏徽州文书数字化建设项目实施。通过对安徽师范大学图书馆馆藏契约文书(主要是徽州文书)进行数字化升级,并建立数据库平台。具体工作包括对徽州文书进行归类、元数据著录、整理、扫描数字化、数字化资源加工,按照文书元数据设置的字段参数进行标目,为用户提供多个检索口,为 CADAL 成员馆分享服务等。

3.1　徽州文书管理平台

徽州文书管理平台使用 MVC 模式开发(见图3)。实现显示模块与功能模块的分离,用一种业务逻辑、数据、界面显示分离的方法组织代码,将业务逻辑聚集到一个部件里面,在改进和个性化定制界面及用户交互的同时,不需要重新编写业务逻辑。

图书馆特色资源通用平台建设

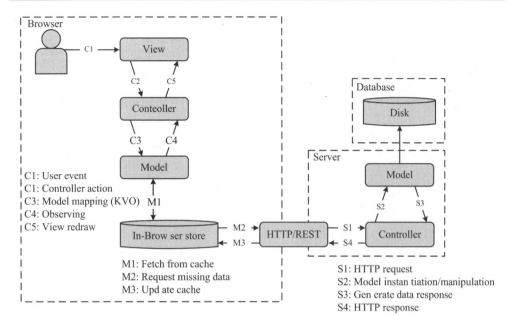

图 3　MVC 系统模式

平台使用了 ThinkPHP5.1+Vue.js 的应用前后端框架,系统数据库使用 MySQL+Redis 方案,应用服务器与数据库服务器使用校园内网通信,这提升了应用响应速度并提高了数据更新操作安全性。

平台数据库使用常规结构化数据存储方式,以小表间通过 ID 互联方式存储徽州文书书目、电子资源、电子资源加工数据等元数据和资源描述数据。徽州文书管理平台支持以指定格式导出元数据和文书电子资源文件,保障本年度资源加工任务的进行,最终实现以本校徽州文书特色资源数据为入口,为用户提供多个检索、分享服务。

平台中对于用户上传的电子资源,可进行知识点标引。在展示电子资源的编辑器中,用户可进行文字编辑,对于任意选中需要编辑的内容,用户可进行添加知识点操作。对于同书籍或同资源集中的知识点将自动构成知识点网络,允许用户对全库知识点进行发现关联,实现馆藏徽州文书资源范围内的知识图谱构建。

3.2　徽州文书数字化加工

3.2.1　徽州文书元数据字段设计

在完成徽州文书实体清点稽查工作后,查明馆藏徽州文书散件数和簿册件数,根据内容可以基本分为七个类别,分别是:元至清代的档案散件,大多为民间山田土地的交易契约(分为红契和白契);清代的契簿、税簿、执照;清代的保甲册、户口环册、易知由单;清代诉讼文书;清代王鼎盛户实征册、明代二十四都四图分装册、明代丈量清册·鱼鳞图册、清初歙县二十七二图丈量鱼鳞图册。

经过大量文献考证,汲取前人和他馆经验[12],为徽州文书的元数据字段设计,其中包括描述字段:财产号/标识符、题名、尺寸、人物及机关团体、主题词/关键词、实物形态、保存状况、馆藏信息、语种、相关资源;内容字段:时间、涉事地点、归户、谱系、金额、赋役、页数。

在具体处理字段上,参照CADAL10103.1-2019标准,优先对财产号/标识符、题名、人物及机关团体、主题词/关键词、时间、页数、馆藏信息进行补充。财产号/标识符以六位递增十进制数字标识,便于配合CADAL10103.1-2019标准中对资源标识符限定为八位数字,且前两位为机构数字代码的需求。题名使用徽州文书成册图书中已有的书口文字。在文字模糊或散件文书无标题的情况下,按文书年代、涉及人物或团体、文书内容类型构建文书题名,如《明洪武二十四年九月初一日祁门谢景春卖山地契约》《明嘉靖十四年十月二十一日(十西都)冯腊梨投身为仆文书》等。人物及机关团体、主题词/关键词、时间均从文书内容中提取标目。馆藏信息以馆藏地点与财产号结合的形式补充完成。

3.2.2 徽州文书电子化资源的加工过程

徽州文书管理平台数据库使用常规结构化数据存储方式,以ID互联方式存储徽州文书书目、电子资源、电子资源加工数据等元数据。

在完成徽州文书数字化资源收割后,需先进行文书数字化图像的质量检测。在本次加工过程中,因使用了拍摄式扫码,对于部分图片需要进行裁剪。同时在初始加工过程中,存在部分成册文书将双页拍摄在一个图像中的现象,对于此类图片需要进行分页并保证每页内容清晰完整。

完成上述质量检查后,为总计8 809份文书图像资源进行文书元数据ID关联和资源集匹配。最终关联匹配的结果中,文书散件790份,多页或成册资源203份。

数字化资源完成元数据关联后,因每份文书都有不同的大小和不同密度的呈现内容,需要对每个资源中的扫描图片进行具体加工。为使资源符合CADAL10103.1-2019标准,需在平台内分别对单条元数据对应的扫描图片进行压缩,压缩过程中应确认图像DPI仍符合标准要求,控制单页图片文件在能够清晰识别内容的同时,容量在200 kb—1 mb之间,以保证加工成发布级资源时可供读者正常使用(如图4所示)。

对压缩后的图片进行整体及独立分页PDF文件生成。对于多页PDF文件,按标准要求,生成资源默认目录信息和封面封底等具体定位信息,并对有需要的图片进行手工修改调整,保证书签定位准确,便于后续读者快速使用(如图5所示)。

图书馆特色资源通用平台建设

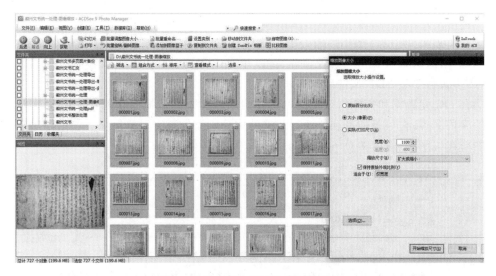

图 4　徽州文书电子化资源加工页面

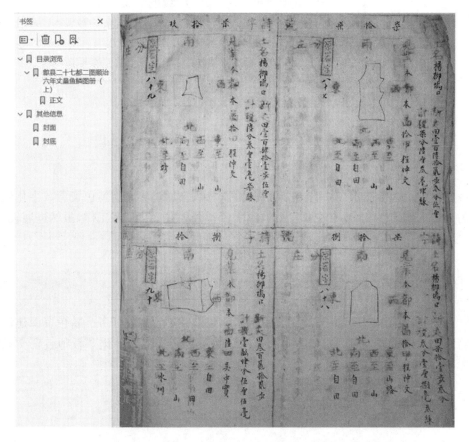

图 5　《歙县二十七都二图顺治六年丈量鱼鳞图册(上)》发布文件

最后，每一份徽州文书资源对应的数字对象都需要包含 6 类文件，分别是：目录数据（catalog.xml）、DC（都柏林核心集）元数据（dc.xml）、资源封装文件（a.opf）、典藏级图像文件（otiff）、发布应用级图像文件（单页 PDF 文件/ptiff）、发布应用级图像文件（即多页含书签 PDF 文件）。

在 DC 元数据和资源封装文件中需分别添加文书元数据并映射至 CADAL 标准中的字段名称；在目录数据和资源封装文件中分别添加数字对象每一页名称与对应的发布应用级图像文件（单页 pdf）地址。整体提交结构如图 6 所示。

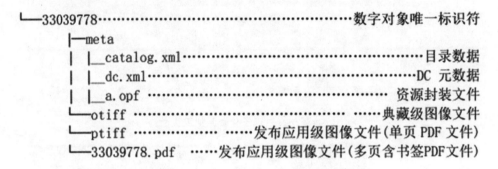

图 6　CADAL10103.1－2019 标准对具体数字对象包含文件的要求

4　图书馆特色资源建设平台的推广

安徽师范大学图书馆一直十分重视特色资源建设，近年来将特色资源数字化建设列为重要工作之一，通过自主研发数据库平台和开展数字化加工工作，虽然进展较慢，但也取得了一些经验，具体表现在以下几个方面。

4.1　推动了特色资源建设

目前完成了馆藏 8809 页徽州文书数字化建设和平台搭建任务。特色资源建设队伍将结合馆藏资源，后续拟再建"师大文库""馆藏古籍文献数字化""教师教育文献数据库"等多个特色资源库。

4.2　产生了系列研究课题

在馆藏资源数字化建设过程中，充分利用各类资源，以申报课题来推动工作。以徽州文书数字化建设为例，我们于 2019 年度申请了教育部 CADAL 项目（子课题)——《安徽师范大学图书馆馆藏徽州文书数字化建设》,获得 50 000 元资金资助。同时申报了安徽省高校图工委 2020 年度研究基金重大课题——《安徽省高校图书馆特色资源库整合策略及集成平台实现》(项目编号:TGW20ZD0),获得 10 000 元资金资助;结合研究生培养,培育了《清诗总集研究文献平台建设与研究》《图书馆特色资源库整合策略及集成平台实现》等研究生学位论文;产生了系列成果,获批《特色资源存储管理通用系统》等 2 项"系统软件著作权"。

4.3 推动了学科服务

在特色资源建设中以馆藏特色资源建设为主,推进了图书馆服务学校学科建设、科研工作,提升了学科服务水平。近年来,将特色资源建设融入学校科研团队,如历史学院汪效驷教授主持的省社科重大项目《新四军暨华中抗日根据地文献整理、翻译和数据库建设》,教务处主持的《安徽师范大学教材教参数据库建设》等。

4.4 推动了文化传承

基于特色资源通用平台建设,本馆将着力于对特色资源数据加工管理流程、服务业务流程开展设计改造;对特色资源文献、发布应用、用户使用体验和相关设备的服务创新。在图书馆海量馆藏中,特色资源相对占比较小,属于小众资源。特色资源的建设最终落脚点在于为资政研究、文化传承等积累丰富的史料。对特色资源进行数字化建设开发,不仅可以提高图书馆的公共服务效能,还可以保护和弘扬地方特色文化[13];为区域公共文化共建共享机制的建立奠定资源基础,促进各馆之间不同资源、不同文化的交流与传播;有助于优化各地资源的合理配置,促进区域经济文化发展[14,15]。

4.5 锻炼了馆员队伍

在特色资源数字化建设过程中,我们整合了全馆工作人员以及部分研究生的力量,提升了团队资源建设能力和服务意识,同时也提升了团队的科研意识和科研能力。

5 案例总结

特色资源建设是一个动态、发展、内容不断充实的过程。特色资源通用平台建设是在系统整理、搜集各类特色资源数据的基础上,对特色资源元数据标准化、规范化和通用化的处理。数字化资源规范化加工具有较大的价值和意义。在特色资源构建到一定规模时,可以将特色资源数据以 API 和可视化网页等形式提供给用户,但需要注意根据用户的意见反馈,及时改进不完善的地方,提升特色资源库使用效能,不断提高数据和服务的质量,实现用户对数据便捷高效的使用。同时对各种特色资源的文献资料和研究成果进行动态的管理,实时跟踪与各种特色资源相关的最新成果,及时更新内容,以保证特色资源建设的连续性和完整性。通过对特色资源的建设和利用促进高校图书馆的职能多元化,能够让更多的用户更方便、更有针对性地获取信息资源,这对整个图书馆管理研究来说是有价值的素材和研究对象。

参考文献

[1] 喻丽.我国高校特色文献资源建设与共享:现状、问题及对策[J].图书情报工作,2014,58(14):63-70.

[2] Dempsey R,Weinstein L. UCMP and the Internet help hospital libraries share resources.[J]. Bulletin of the Medical Library Association,1999,87(3):270.

[3] 王会丽.CALIS 专题特色数据库建设中的元数据研究[J].情报杂志,2009,28(2):72-75;80.

[4] 张丽霞.中国一流大学图书馆"特色资源"跟踪调查与研究[J].图书情报工作,2009,53(19):77-80.

[5] 王波.高校特色资源库构建模式研究[J].图书馆学研究,2009(9):47-50.

[6] 陈锋平,柴玲姬,傅慧敏.论市级公共图书馆特色数据库的共建共享[J].四川图书馆学报,2021(5):71-75.

[7] 侯国柱.试论基于知识图谱构建吉林省文旅资源融合平台[J].吉林省教育学院学报,2021,37(10):179-182.

[8] Loddo M,Boersma F,Kleppe Martijn. Experimenting with 360 degrees and virtual reality representations as new access strategies to vulnerable physical collections:Two case studies at the KB,National Library of the Netherlands[J].Journal-International Federation of Library Associations,2021.

[9] 胡守敏.高校图书馆特色数据库建设研究与实现[D].武汉:华中师范大学,2012.

[10] 胡绍军,刘翔.特色文献资源的范畴与特色数据库建设的原则:基于 ZADL 特色资源库建设分析研究[J].图书馆工作与研究,2011(12):34-37.

[11] 夏翠娟,张磊,贺晨芝.面向知识服务的图书馆数字人文项目建设:方法、流程与技术[J].图书馆论坛,2018,38(1):1-9.

[12] 王蕾,叶湄,薛玉.民间历史文献整理概论[M].桂林:广西师范大学出版社,2020:336.

[13] 徐玮婕,陈雅.公共图书馆特色文化资源数字化建设指标研究[J].图书馆,2021(2):29-35.

[14] 刘佳.安徽省公共图书馆地方特色文献资源建设探析[J].晋图学刊,2020(5):24-29.

[15] 郑丽君.高校图书馆特色资源阅读推广策略研究[J].图书馆,2021(7):64-69.

"1＋KM＋OM"线上线下 ADDIE 企业培训模式：让人人爱上新生入馆教育
——以安徽大学图书馆为例

卢传胜　周清清

（安徽大学图书馆）

当前，在高校全面落实"立德树人"根本任务的时代背景下，高校图书馆作为校园文化建设和信息资源服务的重要载体，在助力学生成长成才过程中发挥的作用日益凸显。在互联网时代的驱动下，信息素养能力的培养业已成为人才培养的基本点和聚焦点。新生入馆教育是高校开启学生信息素养能力培养提升的"启动键"，也是高校图书馆首次向新生展示新时代馆员良好精神风貌和服务能力的重要窗口。面对新时代大学生差异化、个性化以及多元化的需求，如何有效推进新生入馆教育工作是高校图书馆一直关心的重要议题。

新生入馆教育是高校图书馆的一项重要工作，直接关系到图书馆的形象塑造和新生信息素养能力的提升。不少高校采取在线测试、预约培训、预约参观，甚至 VR 虚拟体验或闯关游戏等形式，但各高校新生入馆教育仍然普遍面临多重问题：形式单一死板、内容枯燥乏味、培训效果不佳、参与新生少、培训师资不足、时效滞后以及难以应对突发公共卫生事件等，新生入馆教育很难实现在兼顾深度广度的同时，又深受大多数新生喜爱的目标。

随着新业态、新技术、新模式的不断涌现，高校新生入馆教育形式多种多样，但在具体实施过程中各有利弊。结合新生群体个性化突出、技术变革快和新媒体涌现等现实情况，新生入馆教育培训活动目前仍然被高校图书馆广泛采用。

1　新生入馆教育培训与 ADDIE 模式

高校历来十分重视新生入馆教育培训，也为此投入了大量人力和物力资源。在新生入馆教育培训的组织和实施过程中，广大馆员针对相关问题也进行了积极创新，如采用翻转课堂和情景置换教学模式等。但新生入馆教育培训效果往往不尽如人意，常常存在重形式轻内容、多讲授少互动、偏执行缺评估等问题。

1.1 新生入馆教育培训现状及分析

第一，培训前缺少需求调研，对新生需求分析不足。对于绝大多数新生而言，大学的生活和学习方式都是十分陌生的，刚从以往多年的应试教育中走出来，很多新生会感到十分迷茫，一方面对今后的学习生活兴奋不已，另一方面对未知挑战如履薄冰。高校在组织实施新生入馆教育培训时很少针对新生开展相关需求调研，基于调研结果而做出的需求分析更无从谈起。广大高校未能针对新生进行需求调研的原因是多方面的：第一，新生尚未进校这一现实为需求调研带来了硬性障碍；第二，新生入馆教育已经成为了一项常规性工作，年年都在做，部分馆员重视程度不足，自然而然将其仅视为一项必须完成的任务，缺少改革创新的驱动力；第三，受传统课堂的影响，主讲人缺乏课前调研学员需求的主观意识。

第二，培训课程设计脱离实际需求，偏离"症结"。因缺少新生需求调研，馆员就无法知晓新生对入馆教育培训的具体需求，也就无法有针对性地设计培训的内容和形式。在此背景下，设计的培训课程就会缺乏针对性，那么后期无论执行得多好，也会偏离初衷。例如，不少新生对图书馆的认识明显不足，还停留在原始层面，仍然单纯地认为图书馆就是借书看书的地方，殊不知随着社会的发展，图书馆的内涵发生了很大变化，远远超出了单纯纸本借阅的范畴。简而言之，培训课程设计首先应该定位于要打破新生对图书馆传统认识的思维束缚，这也是问题的根本"症结"所在，从而激发学生对重新认识和有效利用图书馆的兴趣。

第三，培训内容枯燥乏味，形式单一死板。通常来说，目前新生入馆教育培训的内容和形式都比较单一，主讲人一般都是通过"填鸭式"的讲授对新生进行灌输教育，主要内容涉及馆舍概况、馆藏资源、规章制度和相关服务等内容，而这些未必是新生感兴趣的内容。培训课一般利用多媒体课件进行讲授，与新生以往接受的课程形式无异，缺乏新鲜感，吸引力比较差；加之新生尚不能正确认识到新生入馆教育培训的意义，因此可能导致新生对这样的培训内容和形式感到反感，从而造成更大负面影响。

第四，培训组织实施乏力，互动明显不足。新生入馆教育培训的主讲人往往习惯于传统的授课方式，无论是语言表达还是举止动作等方面都很难有较大突破，照本宣科的现象比较普遍。培训课堂感染力不强，师生互动不足，无法引起新生的共鸣，激发不了新生自主学习的兴趣。

第五，培训效果评估单一，缺乏全面性。新生入馆教育培训效果评估的方式比较单一，而且往往是自我评估。常见的效果评估数据往往聚焦于参与课程的人数、考试合格的人数、举办课程的场次等。笔者认为从用户体验的角度出发，让新生作为评价主体来对新生入馆教育培训效果进行评估才会更全面，这种从用户视角进行的评估具有十分重要的实践意义。

之所以出现上述问题，究其原因主要是高校图书馆在开展新生入馆教育培训活动时缺乏系统性顶层设计，从而导致对新生需求把握不精准，对新生学习方式了解不充分，对培训课程设计不新颖，对培训效果评估不全面等问题。

若想改变现状，图书馆应将单纯的"填鸭式"入馆介绍转变为情景体验式，从传统的教师讲授式转变为师生朋辈互动式和案例启发式，从传统的线下方式转变为线上线下相结合的方式。教学语言生动有趣，教学形式灵活多样，教学内容轻重得当。打破新生对图书馆的传统印象，使其意识到图书馆与自己过去、现在和未来的紧密联系，激发其了解并重新认识图书馆的兴趣，进而学会充分利用图书馆甚至参与图书馆建设，为提升自身信息素养能力奠定基础。

鉴于此，笔者在实际工作中引入了 ADDIE 模式，并以此指导新生入馆教育培训实践，取得了显著效果。采用"1＋KM＋OM"线上线下 ADDIE 企业培训模式，坚持面对面培训，做到师生互动沟通，朋辈指导，全覆盖深赋能式情景体验，讲练结合有反馈，短时高效，线上线下相结合地开展新生入馆培训暨新老生交流会，塑造好新生对图书馆的第一印象。

1.2 ADDIE 模式

ADDIE 是一种经典的培训系统模型，其最早在 1975 年被提出，是美国弗罗里达州立大学的教育技术研究中心专门为美国陆军定制的培训模型。ADDIE 分别取自 5 个单词的大写首字母，具体表示此种培训模型的五个阶段，分别是：analysis（分析）、design（设计）、development（开发）、implementation（实施）和 evaluation（评价）。在 ADDIE 模式的五个阶段中，分析与设计是前提基础，开发与实施是根本核心，评价是进阶保证，三者互联互通、相互作用，如图 1 所示。

ADDIE 模式的突出优点是将培训分析、培训设计、培训开发、培训实施和培训评价形成一个整体的闭环系统，而且评价是贯穿始终的，这样对整个过程中的各个阶段都可以反复地进行评价和优化，以便及时提升对应阶段的培训效果，真正体现了"以学员为中心的"培训理念。高校图书馆运用 ADDIE 模式开展新生入馆教育培训能够精准把握新生需求，充分了解新生学习方式，创新设计培训课程，全面评估培训效果。

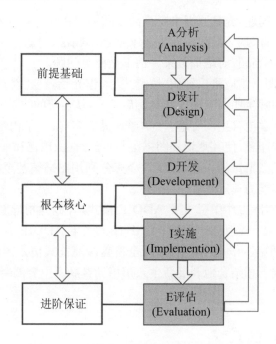

图1 ADDIE模式及其不同阶段之间的作用关系

1.3 "1+KM+OM"线上线下ADDIE企业培训模式

"1+KM+OM"线上线下ADDIE企业培训模式(见图2),即1(1名馆员)+KM(key minority 关键少数学生培训师)+OM(ordinary majority 普通多数新生)",以学生为中心,1名馆员指导十余名学生培训师,学生培训师培训新生,在ADDIE模式指导下对新生入馆教育工作各环节进行合理优化分解,即"analysis(分析)—design(设计)—development(开发)—implementation(实施)—evaluation(评价)"。遇到突发重大公共卫生事件时,可采用线上线下相结合的方式,做到教学形式和方法并重,提升新生的参与度和体验感。

安徽大学新生入馆教育工作时间紧、任务重、强度大,平稳有序高效地开展新生入馆教育工作一直是一项重大挑战。从2016年开始至今,6年时间里,安徽大学图书馆就新生入馆教育进行专题研究并扎实开展工作,取得了一系列丰硕成果。

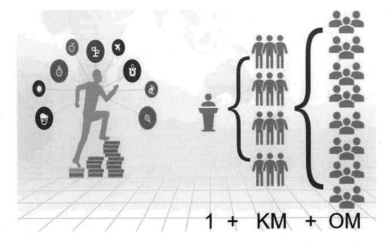

图 2　新生入馆教育"1＋KM＋OM"企业培训模式

2　安徽大学图书馆在"1＋KM＋OM"线上线下 ADDIE 企业培训模式下的新生入馆教育服务创新实践

　　从 2016 年开始,安徽大学图书馆结合现实情况引入了 ADDIE 企业培训模式,用于指导新生入馆教育培训实践,该实践创新曾于 2016 年荣获安徽省第二届高校图书馆服务创新案例大赛最佳创意奖。该实践对新生入馆教育培训各环节进行合理优化分解,重点围绕"培训分析与设计、培训开发与实施、培训效果评估"三大模块进行展开。通过这样的闭环系统可以有效地获取新生的学习需求,在内容和形式上有针对性地进行培训课程设计,进而利用现代教育技术手段进行培训课程开发,馆员身体力行地进行课程实施,最后将新生视为用户,从用户体验的角度对培训课程的组织实施等进行效果评估。ADDIE 企业培训模式下的新生入馆教育培训因其互动闭环系统和反复评价优化的独特优势进一步激发了学生发现问题、分析问题和解决问题的兴趣。

　　从 2018 年开始,在巩固前述成果的基础上,安徽大学图书馆又提出了采用"1＋KM＋OM"ADDIE 企业培训模式开展新生入馆教育。一名馆员在数十名学生培训师的配合下,新生入馆教育工作横跨 2 个校区,全覆盖本专硕博新生近 9 000 人,开学一周内仅用 2 天 4 晚便全部完成了 42 场次的入馆教育工作,期间还设置了有奖竞答和在线测试环节,师生互动和新老生交流气氛热烈,进一步拉近了图书馆与新生之间的距离。

　　从 2020 年开始,受突发重大公共卫生事件(新冠疫情)影响,新生开学一段时间不聚集,在巩固前述成果的基础上,安徽大学图书馆快速响应成立专班,采用线上线下相结合的方式组织实施新生入馆教育。尤其是在 2021 年新生开学季,惠及了 1 万多名不同类型层次的新生。面对3个校区办学以及扩招2 000人的现实情况,利用线上线下多渠道全链路调研摸排新生需求助力培训分析与设计,除了像以往一样顺利开展培训以外,还引入了数据库企业培训师为硕博研究生提供了线上定制化培训。

六年匠心磨一剑,三招破局逢蝶变。现如今,安徽大学图书馆新生入馆教育已经走出了一条"'1+KM+OM'线上线下 ADDIE 企业培训模式"服务创新之路,于学校、馆员、学生培训师和新生而言,让人人爱上新生入馆教育。

2.1 培训分析与设计模块

安徽大学图书馆新生入馆教育培训对象以本科新生和硕士新生为主,以博士新生和留学生新生为辅,其中本科新生和留学生新生对大学图书馆的了解较少,而硕士新生和博士新生在之前的求学经历中对大学图书馆或多或少都有些了解。无论面向哪类培训对象,新生入馆教育培训目标都以"提升学生信息素养"为目的,引导新生充分利用图书馆资源和服务来促进自身的学习成长。在相同培训目标要求下,面对不同的培训对象,在培训内容的广度和深度方面做到了"分类分层设计",设计培训内容时更多地注重创新性、综合性和普适性;在培训过程设计时注重循序渐进和过程情景体验。在培训教学刺激度设计方面尤其注重加强培训前期的教学刺激度,重点关注教学形式和方法并重,提升新生的参与度和体验感。

安徽大学图书馆逐步建立了完善的新生入馆教育培训体系,以中、英文两种语言表现形式为主,面向本科生、研究生和留学生3类新生群体,重点满足其日常学习、兴趣拓展和科学研究3个层次的入馆教育培训需求。比如,面向本科新生的"朋辈指导基础扫盲"活动,面向留学生的"图书馆掘宝",面向研究生的专业数据库使用技巧以及学术规范与学术道德辅导报告等(见图3)。学生培训师是新生的学长学姐,他们可灵活把握"90后"甚至"00后"新生代大学生追求个性和重视参与感的特性,贴近其生活实际,容易引起新生共鸣,加强课程互动,多种教学方法并用,提高了新生入馆教育课程的体验度,优化了服务水平,提升了图书馆形象,展现了新时代图书馆馆员的良好素质。

图3　新生入馆教育师生朋辈指导互动课堂

2.2 培训开发与实施模块

培训开发主要是新生入馆教育培训素材的收集、整理和呈现,主要包括多媒体PPT课件、视频动画、实物展示和直播展示等形式。培训实施主要将培训课程分为上篇(前言)、中篇(关于图书馆)、下篇(视频动画)3部分,上篇(前言)通过启发式教学引导新生认识图书馆与自己的过去、现在和未来的紧密联系,激发新生对入馆教育培训的兴趣;然后过渡到中篇(关于图书馆),进而讲述图书馆相关情况;最后以下篇(视频动画)收尾,通过视频动画介绍了图书馆的相关规章制度等。培训全程通过案例启发式、PPT讲授介绍和视频播放等多种教学形式并用,极大地丰富了培训课堂形式,使课堂充满新鲜感。

安徽大学图书馆新生入馆教育培训开发与实施过程中注重将单纯的"填鸭式"入馆介绍转变为情景体验,教师讲授转变为师生互动和案例启发。主讲人在进行培训时,会结合当下社会流行话题引入培训课程,广泛使用网络流行用语,拉近了与新生的距离,使其更易融入培训课程。培训内容详略得当,上篇用于激发新生兴趣,作为重点部分,中篇和下篇则介绍图书馆资源和规章制度等,稍作淡化处理,但是鼓励新生培养自学能力以及利用信息资源解决实际问题的能力,间接鼓励学生针对中篇和下篇部分培训内容进行二次学习。

在培训实施过程中注重教学语言生动有趣,培训形式灵活多样。目前基本做到了培训课程内容具有启发性，贴近新生学习生活实际，容易引起新生共鸣；培训课堂氛围好，教学语言丰富，学生参与度高；培训课程 PPT 制作简洁大方，中英文双语标注，尽显国际风范。

2.3 培训效果评估模块

效果评估是非常重要的一个环节，主要对培训课程及新生的学习效果进行评价。在培训分析、培训设计和培训开发阶段主要进行自我评估，根据自我评估情况实时修正和完善。待培训实施后，主要从用户体验角度获取新生针对入馆教育培训服务的评价数据，在整理分析后用于优化提升新生入馆教育培训工作。

安徽大学图书馆主要通过现场有奖测评和问卷打分的方式进行效果评估，现场有奖测评主要针对新生学习成绩，测试内容主要来自于培训内容，以用时长短和正确率为评判标准，对表现优异者给予奖品激励。问卷打分主要针对培训课程，具体包含培训课程完整度、内容深度和广度、主讲人专业度、互动交流和学员主观意见建议等方面。新生现场使用移动终端设备扫码对培训效果进行评价，一方面可以及时收集到新生对培训的反馈，另一方面也提升了学员的参与度。将新生作为用户体验的主体，通过调研了解其对入馆教育培训的满意度，从而全面科学地评估培训效果，与此同时也可以收集到新生的更多需求。此外，安徽大学图书馆在为新生提供入馆教育培训服务后，还会通过微信群、QQ 群和微信公众号等新媒体渠道进行培训跟踪辅导，并通过新老生座谈会和图书馆志愿服务活动等形式及时获取后续评估信息。

3 ADDIE 模式下新生入馆教育服务创新实践的启示

传统的新生入馆教育课堂由于内容和形式的限制，既大量占用师生的时间精力，也难以真正发挥其应有的作用。安徽大学图书馆采用 ADDIE 模式之后，入馆教育培训效果明显优于传统培训形式，包括创新新生入馆教育培训形式、优化设计培训课程内容、强化培训课程开发与呈现、重视培训课程效果评估、加强培训课后辅导跟进。新生通过入馆教育培训重新定义了图书馆，加深了对图书馆延伸内涵的理解，意识到信息素养与自身工作学习的密切联系，认识到了提升信息素养的重要性，从而重视新生入馆教育培训，从主观意识上变被动为主动，真正提高了新生的参与度和活跃度。甚至还有部分新生在培训课程结束后主动走进图书馆，了解图书馆的建设，对图书馆存在的一些问题能够主动关心，甚至尝试探索解决方案。换言之，ADDIE 模式下的新生入馆教育培训因其互动闭环系统和反复评价优化的独特优势进一步激发了学生发现问题、分析问题和解决问题的兴趣。面对新时代新生群体的特点，安徽大学图书馆与时俱进,因地制宜。在 ADDIE 模式下新生入馆教育培训服务创新实践的成功开展也带来诸多启示,为高校图书馆提供了一定的借鉴。

3.1 利用线上线下多渠道全链路调研摸排新生需求助力培训分析与设计

新生入馆教育培训分析与设计一定要建立在对新生需求的精准把握之上,这也是图书馆服务以人为本、以用户为中心的最佳体现。没有紧密结合新生需求的培训分析与设计就是无源之水、无本之木,所以要高度重视调研摸排新生需求,充分利用好线上线下相结合的方式,多渠道全链路做好新生需求调研摸排工作。图书馆印制新生入馆教育需求调研表随同新生入学通知书寄达新生,通过新生 QQ 群、微信群等线上方式派发新生入馆教育需求调研问卷,还可以与学校学生工作部门联动,积极联络新生辅导员协同合作,借助新生入学前活动以及迎新活动等形式展开入馆教育需求调研。与此同时,图书馆还应该顺应时代变化,积极打造自身的新媒体服务阵地,让新生还未到校就能便捷地享受到图书馆的服务,并为新生入馆教育需求调研搭建了自己的信息双向流动平台。结合新生入校前后不同需求,为新生提供线上线下多维度全时空的入馆教育服务。

3.2 借助馆内馆外多途径全场景培养提升馆员能力赋能培训开发与实施

ADDIE 模式下的新生入馆教育培训服务固然有其创新之处,也有其发挥巨大价值的空间。但是 ADDIE 模式下新生入馆教育培训服务的执行者仍然是馆员,该模式下对馆员的综合能力要求较高,因而要确保 ADDIE 模式下新生入馆教育培训服务创新实践取得成功就必须全面提高馆员的综合素质,确保馆员有能力较好地完成 ADDIE 模式的各个阶段任务,包含但不限于培训分析与设计、培训开发与实施、培训效果评估。要实行馆内馆外联动,鼓励馆员走出去学习,将馆外专家引进来辅导,针对培训分析、培训设计、培训开发、培训实施和培训评估全场景有针对性地对馆员能力进行培养提升,鼓励馆员重点关注教学技能提升,制订馆员成长关怀计划,重点培养一批综合能力全面、专业素质过硬的馆员队伍,从而为新生入馆教育培训开发与实施赋能,同时为图书馆向新生展示新时代良好精神风貌和优良专业素质的窗口形象奠定坚实基础。

3.3 课前课后多维度全时空分析应用用户反馈驱动培训效果评估

ADDIE 模式的突出优势是全面有效的培训效果评估,通过多维度的自我评估和用户评估对各阶段进行反复的评估与修正,以确保各项工作准确高效推进。在不同时间、不同空间范围内进行用户反馈信息的收集、分析与利用,培训课前准备阶段进行自我评估,培训课后现场进行用户评估以及后续跟踪评估。通过这种课前课后多维度全时空的用户反馈信息的分析应用,可以对培训效果评估有一个长期持久的跟进,对全面优化提升入馆教育培训效果至关重要。

新生入馆教育工作意义重大,看似简单实则复杂,是新生首次接触高校图书馆的一个重要窗口,也是图书馆给新生留下第一印象的重要平台。该项工作推进的顺利与否直接关系到新生读者能否在不久的将来有效利用图书馆资源辅助学习和工作。总而言之,就用户、资源和服务的角度而言,新生入馆教育担负着重要使命,其不仅是新生了解图书馆的平台,更是图书馆馆员面向新生展现自我风采的重要时机。

4 案例总结

由于新时代大学生极具个性特点,传统形式的新生入馆教育培训效果堪忧,在"互联网+"的背景之下,探索新生入馆教育的新形式和新方法是十分必要的,围绕提高学生信息素养的目的,采用"1+KM+OM"线上线下 ADDIE 企业培训模式开展新生入馆教育具有很强的实践意义。以学生为中心,强化学生培训师的主体作用,推广朋辈指导,把传统的新生入馆教育变成了不受时间、空间限制,线上线下相结合以满足新生需求为目的的新老生交流会,既兼顾了覆盖面和培训深度,又提高了"温度",使得馆员、学生培训师和新生人人爱上新生入馆教育。今后,对 ADDIE 模式还可以进行持续优化,结合高校图书馆实际,加强新生入馆教育培训服务保障和馆员综合能力建设十分必要。此外,将来可以在前期培训需求分析上再多做些工作,将用户评估前置化,让用户评估深入到新生入馆教育培训的全阶段全流程,真正彻底做到"以用户为中心"的新生入馆教育培训。

提升蒙尘图书利用率,让"知识"再循环
——馆藏仓储化建设打破下架图书管理困局

周自琴 刘璐璐 黄勇

(芜湖职业技术学院)

芜湖职业技术学院由芜湖联合大学、芜湖信息技术职业学院、芜湖农校等多所学校合并而成,图书馆馆藏书已突破 100 万册,2018 年图书馆对开架书库 45 万册图书进行 RFID 标签全加工,初步建成 RFID 自助借还系统。由于历史沿革问题,其余低利用率图书均下架存放至密集书库和储备书库,有的图书甚至零散堆放在各库房内,管理方式简单粗犷,典藏地命名不规范,图书管理系统中典藏信息无法反映真实存放地点。2021 年,图书馆消防改造项目动工实施,2022 年环境提升项目即将开展,项目进行前需要将所有图书打包下架,项目实施期间如何在图书已经打包封存的情况下继续为师生提供借还书服务,如何打破下架图书管理困局成为我校图书馆迫切需要解决的问题。

1 背景信息

随着我国高等学校办学规模的逐步扩张,国家财政投入力度逐步加大,图书文献需求逐步增强,图书馆发展迎来了新契机,同时各种评建工作以及基本办学条件,又对纸质图书的数量提出硬性要求,纸本文献馆藏数量成明显上升趋势。近年来,中外文电子期刊全文数据库和电子图书的快速发展,馆藏资源建设已从纸质资源向数字资源转变。面对文献数字化、网络化的冲击,纸质图书利用率又在逐年下降,但纸质文献仍然占据着图书馆相当大的空间并且数量仍在逐年增加,而图书馆建筑面积增长却趋于稳定,这一矛盾在各高校图书馆普遍存在。上架低利用率纸质图书已成为图书馆管理中颇不经济的选择,大批量低利用率图书被下架。但是纸质图书的价值仍是不容忽视的,如何在有限空间高密度存储图书?馆藏仓储化建设成为时下破冰的关键。

2021 年教育部办公厅印发了《本科层次职业教育专业设置管理办法(试行)》的通

知,学校积极申报职教本科,以实现高质量发展为目标,图书馆未来 2 年纸质图书以 10 万册/年的速度增长,现有馆舍空间布局已无法科学有效地管理纸本馆藏资源。2022 年馆舍改造项目也将重启,届时基藏书库将再次下架三分之一以上图书,下架图书占馆藏图书的比例将从 42% 增加到 67%,若在人、财、物上对下架书进行大量投入,馆藏投入与效用的矛盾将日趋突出,影响馆藏有效文献功能的发挥。

2016 年北京大学教授刘兹恒在《图书馆未来发展的十大趋势》中提到了第 9 个趋势就是图书馆馆藏仓储化。仓储化建设主要有 3 种:储备书库、密集书库(我馆改造为样本书库)、自动化立体书库(ASRS),其中 ASRS 是存储量最大的仓储方案。国内仅有苏州市第二图书馆、贵州省图书馆、深圳第二图书馆、国家图书馆 4 家图书馆新建 ASRS 书库进入实施阶段,项目总投资(包括新馆建设等所有费用)最低 4.8 亿,馆藏容量最低 400 万册,国内大学图书馆 ASRS 书库建设尚属空白,我馆馆藏规模远未达到 ASRS 建设标准,改建 ASRS 书库成本得不到有效分摊,对比可见 ASRS 书库并非经济可行的方案,储备+密集(样本)书库的仓储化方案(见图 1)成为高校图书馆的首要选择。

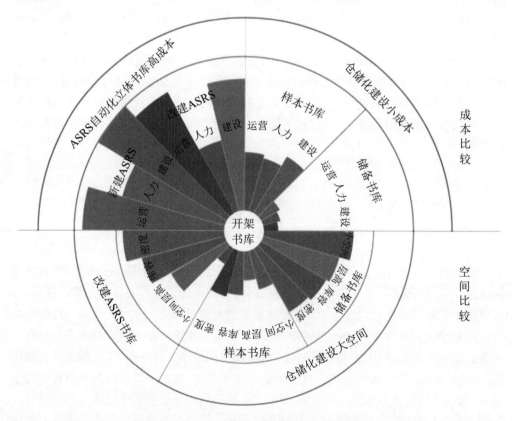

图 1　我馆仓储化建设方案成本与空间对比图

2 主要思路

因为下架的低利用率图书零星存放在仓库里,未进行 RFID 加工,在图书管理信息系统 OPAC 中虽然可以查阅到馆藏书目信息,但缺少图书定位信息,并且也没有存放在开架的基藏书库,通过自助借还公共检索大屏无法搜索到下架图书相关信息。OPAC 和自助借还检索平台数据不一致,OPAC 数据全但不能定位,自助借还平台只能显示 RFID 全加工图书。若对这批书进行 RFID 全加工重新上架,成本高,书架数量也不够;由于存放无序,到库房中找书,既费时也未必能找到。在这种情况下我们启动了低成本、高效率、高密度的仓储化建设工作。

2.1 仓储化原理

通过软件扫描图书条码和层(箱)架标实现图书绑定到"箱","箱"绑定到书架和书库,建立书-箱-架-库四层绑定关系,实现定位查找功能。通过软件和算法实现仓储图书 RFID 加工流程全面虚拟化(见图 2),除手持 PDA 设备扫描采集图书条码外,不需要任何实物加工,对已完成 RFID 全加工的图书进行仓储化加工时,将实体 RFID 标签号和虚拟化的 RFID 标签号信息同时写入数据库;对未完成 RFID 全加工的图书仓储化加工时数据库只写入虚拟化的 RFID 标签号信息,实体 RFID 标签号相关字段信息暂时为空。这样仓储的绑定流程实现极致简化,装箱绑定后图书能被精准查找,箱架之间新加、解除、重新绑定方便灵活。

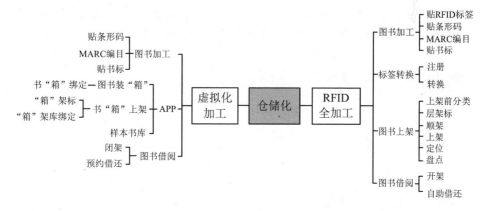

图 2 仓储化加工对比图

2.2 仓储库箱架

仓储化的箱和架都是虚拟的概念,通常以每节书架的单面或单层为"箱",箱内图书按中图法大类进行粗排序,精准查找架上的箱,一排书架为一"架"。"箱"是一个最基本的存储单元,可以是纸箱,也可以是书架的一层,甚至可以是打包的图书;"架"的选择也是多样性的,钢制书架、密集书架、货架、柜等张贴箱架标后都可以成为"架"。对仓储化加工后的图书实行闭架管理方式,由于定位信息已经写入数据库,通过 RFID 平台的展示大屏检索到图书所存放"箱"的定位地址,闭架管理通过预约的方式开展借还书服务。

2.3 开发 app

图书馆从 2020 年开始牵头开发低利用率馆藏资源管理系统 app,梳理低利用率图书管理难点,制订了低成本、高密度、高效率、易操作、易检索、易索取的原则,前往高校馆、公共馆、电商物流中心等地进行调研,借鉴现代物流 WMS 仓储管理系统的入库、出库等功能,确定功能菜单、设计 UI 页面、优化算法、重写层(箱)架标签数据格式等,经过一年多的时间,不断优化,初步满足了需求,具体实现步骤如下。

同步数据源。将图书管理信息系统中的图书信息同步到 RFID 数据库中,其中已进行 RFID 加工图书归入"流通库",未加工图书归入"未入库"。通过算法给"未入库"图书生成虚拟 RFID 标签号(根据条码号和索书号),数据库中图书拥有虚拟 RFID 标签号、RFID 标签号等。

存入仓储库。对图书不需要进行任何额外的再加工,直接使用"低流通率馆藏资源管理"app 的手持终端设备扫描图书即可装箱、绑定书架、入库。通过 app 建立"书-箱-架-库"的四层绑定关系,实现低利用率图书以"箱"为单位上架,定位到"箱"功能。"箱"只是一个最基本的存储单元,存储方式灵活,定位精准,实现了图书"箱"的快速上架功能,也可快速获取文献位置。

3 实施过程

3.1 仓储化布局

现有馆舍空间布局已无法科学有效地管理纸本馆藏资源。鉴于存在诸多问题,我校图书馆开始馆藏仓储化建设布局的重新调整(见图 3),实现分布式高密度存储

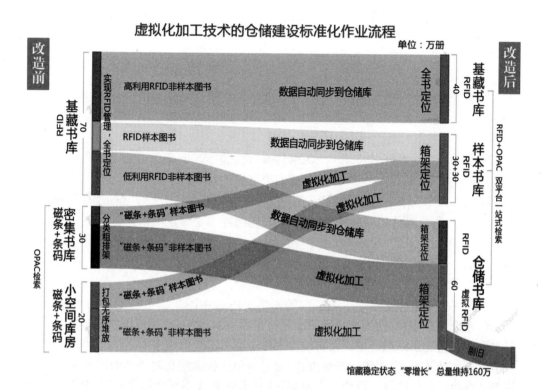

图 3　虚拟化加工技术的仓储建设标准化作业流程

开架基藏书库藏书容量从 70 万册缩减为 40 万册，南区密集书库改建成藏书容量 30 万册的馆藏全品种保存本密集书库（下文简称"样本书库"），北区拟建 30 万册样本书库，同时对南北校区馆舍小空间库房进行改造，未来 5 年分批次建成藏书容量 60 万册的仓储书库，通过三线典藏制优化书刊存放位置，释放可用物理空间，低本高效实现藏书空间利用最大化，为读者提供便捷高效的开架（基藏书库）、闭架（样本书库、仓储书库）的流通服务。重新规划调整后，馆藏实行分布式存储，图书馆总库容量维持在 160 万册，基本满足未来 10 年新增馆藏的存储要求。馆藏容量较改造前提升 33%，当纸本馆藏图书超过 160 万册时进行剔旧处理，保持馆藏资源处于"零增长"的稳定状态。

因地制宜，将小空间库房改建为储备性仓储书库。我校南区馆一楼的 5 间库房面积均在 19—40 平方米；北区图书馆一楼有四间从信息工程学院收回的小开间办公室，由于面积小、位置偏、中间立柱较多，不适宜作为基藏书库和阅览空间，规划将房间与过道打通改建成仓储书库。该类库房层高均为 5 米小开间结构，根据国家标准 GB/T13667.3—2003 手动密集架技术条件，密集书架高度范围在 1.9—2.5 米，选用 4 米高的货架改建仓储书库能充分利用垂直空间且不必考虑空间承载极限，藏书密度明显高于密集书架。文献装箱依序摆放在货架上，存储容量大，扩展方便灵活。书库添置通风除湿机器进行通风换气,降低库房湿度,同时做好防蛀虫防火等工作。

3.2 加工"二步法"

图书不需要进行任何额外加工,使用"低流通率馆藏资源管理"app 的手持终端设备扫描图书,两个步骤即可实现虚拟 RFID 标签注册、图书装箱、上架、定位、盘点等功能。

图书装箱。点击"存储绑定"/"图书装箱",新装"箱"时系统会提示工作人员打印箱包条码,随后采集每箱"包"图书,完成书箱绑定关系。

绑"架"入库。图书装满"箱"后,工作人员打印新"架"的条码,点击"存储绑定"/"书箱上架",选择具体的仓储库,即可完成书箱架库多层绑定关系。

3.3 样本库建设

密集书库转型样本书库。改造前的密集书库采用的是磁条和条码技术,只能从 OPAC 系统中检索到,使用分类排架法就需要高频次倒架,若换成流水号排架需要对每本图书数据逐条回溯修改。而将样本书库改造为二线典藏书库,旨在仓储图书馆现有馆藏全品种样本,采用闭架开放方式,通过 RFID 检索实现对图书的精准定位,方便管理及查找。确保馆藏书目信息全覆盖,基藏书库查找不到所需书目时,从样本书库精确查询确认馆藏是否有该种书目,在我馆有该藏书时准确提取图书,方便流通,暂未收藏该书目时读者可以进行图书荐购。图书馆将现有密集书架上的 27 万册图书全部下架,目前图书系统中纸质文献为 34.6 万种,每种书抽出完整 1 套(册)作为样本书收入样本书库,库容率约已占用 96%。

对即将存入仓储库图书进行匹配,若样本库中无此书,则抽出 1 套(册)存入样本库。此文以芜湖职业技术学院为例,样本书统一放于密集书架,一节单面设定为系统中的基本存储单元"箱",一架设定为系统中的"架",工作人员进行存储绑定和书箱上架完成定位(普通书架也可以,存储容量较小些,各种类型的图书馆可以根据自身实际情况采用不同的"箱"来存储图书)。

针对低利用率图书的使用规律,仓储化加工以密集书架和闲置书架为主,若采用高密度存储方案,考虑到取书拆包后再封装的不便性,所以只对高密度存储的图书才会装箱或打包。高密度仓储化建设方案使用密集书架存储保存书,工作人员对每本入库图书进行扫描采集时都会进行判断,保存本进入样本库,绑定到密集书架;复本入仓储库,绑定到货架;保存本图书借阅量达到 2 次时调拨至基藏书库。

3.4 一站式检索

馆藏仓储化面临最大的问题就是入库图书查找提取不方便,图书下架后低利用变成零利用,主要原因有:① 典藏地不准确:馆藏书目典藏需分批次或逐本操作,馆员移库、记录不同步导致 OPAC 系统典藏地未及时更新;② 定位不准确:下架图书排架定位费时费力,上架未定位或定位后错架乱架现象普遍;③ 检索平台源数据不完整:下架图书并未粘贴 RFID 标签,在 RFID 平台中检索不到,RFID 系统不能反映真实的馆藏状况,以及图书系统中检索数据没有匹配定位地址的问题。

针对存在的问题,目前使用 Aleph 系统的国内高校图书馆高密度储存书库多采用自建"第二索书号"字段记录藏书的流水号,对馆员专业技能要求高,工作量大。我馆采用箱架定位法后对馆藏数据进行全面清洗,实现了 RFID 检索平台和 OPAC 检索互联互通,并在微信公众号中嵌入 RFID 检索平台,读者可以通过检索书名、作者、索书号、借阅室、条形码等对仓储图书进行网上检索、预约外借。

4 案例成效

4.1 低成本、高存储

图书馆开发和利用了闲置的空间资源,将其改造成储备书库。借助学校争创"双高校"和申报职教本科的契机,我校图书馆陆续收回多个被占用空间,多为小开间库房,未改造前只能零星堆放文献,存在"管理乱、丢失、损坏、找不到"等问题,借助虚拟化加工技术对文献进行标准化入库存储,充分利用既有空间。仓储化是一种分布式存储方案,其目的是提高空间利用率,以存储更多的图书,且后期扩展灵活方便。

综合考虑存储需求、面积利用率、库容利用率、管理细节(五距要求等)、成本等后,图书馆决定仓储书库货架选用堆垛架。堆垛架尺寸 1 300 mm×1 250 mm×1 000 mm,以田字形并排,架与架间距 15 cm,墙壁四周与堆垛架间距 60 cm,利于人员活动与通风透气。一层库房每平方米地面承载力超过 4 t,在码放文献后,地面不会出现沉降、开裂,库房墙体结构不会因地面沉降影响发生形变,地面水平不会倾斜,架位成本只有1.12 元/册(见表 1)。

对于入库文献,利用标准纸箱分层平铺,由里往外推进式排列堆放,文献箱规格统一,宽面、窄面均印上箱号,印刷字颜色为宝石蓝色,粘贴箱架标签。图书仓储箱的内径尺寸 500 mm×380 mm×390 mm(长×宽×高),可堆放 B5 开本图书 84 本,一个堆垛架可放 2 层 12 包共 1 008 册;合订本期刊仓储箱的内径尺寸 610 mm×460 mm×420 mm(长×宽×高)堆垛架可放 2 层 8 包共 448 册。充分利用垂直空间,采用三角轨道重叠结构,堆放三层,可防止货架滑落;若遇三层以上堆垛,则需留出更大的通道,配备登高车,一节三层标准架可存放纸本文献 3 024 册。这实现了最大限度地贮藏文献,最大限度地利用物理空间,但堆垛越高,人工提取文献难度越大。

表1 书库藏书密度对比表

书库类型	尺寸(mm)	层叠	通道(m)	每节容书量	占地面积	折算通道(m^2/节)	藏书密度(册/m^2)	架位成本(元/册)
开架书库	900×500×2 200	1	1.5	410	0.45	1.35	228	2.93
闭架书库	900×500×2 200	1	0.6	483	0.45	0.54	488	2.48
密集架书库	900×600×2 400	1	0.0	650	0.54	0.45	657	1.85
期刊仓储库	1 300×1 250×1 000	3	0.6	1 344	1.625	1.275	463	2.51
图书仓储库	1 300×1 250×1 000	3	0.6	3 024	1.625	1.275	1 043	1.12

注：开架、闭架、密集等标准书架的容书量以我馆5节相同书架为样本求出平均值,均值在 JGJ38—2015《图书馆建筑设计规范》A.0.1规定的每标准书架容书量的标准规定范围内。

不同书库书架之间间距不同,可通过引入折算通道法,计算我馆不同类型书库藏书密度。每节书架折算通道面积(m^2/节) = (书库藏书区面积 − 所有书架净占地面积)/书架节数,藏书密度 = 每节容书量/(每节书架净占地面积 + 每节书架折算通道面积)。折算通道所占面积越小,藏书密度越大。过刊合订本藏书密度为463册/m^2、纸质图书为1 043册/m^2,以纸质图书藏书密度均值计算,密集书库的藏书密度约为开架书库的2.88倍,三层堆垛架书库的藏书密度约为密集书库的1.59倍。

利用沉没成本做好馆藏仓储化建设。仓储化加工与现有的自助借还系统完全兼容,不需额外添置设备；对基藏书库中已粘贴RFID标签的下架图书,可采用箱架定位存入仓储书库；对仅粘贴磁条和条码的下架图书,可以直接利用条码号生成虚拟RFID标签号进行仓储化加工；不同类型的书架均可被再利用成为仓储存储单元"架",这些都是已经投入且不可收回的成本,属于沉没成本。仓储化建设主要成本包括软件和人工成本。

4.2 简流程提效率

随着融媒体时代的到来,图书馆迎来了新的机遇和挑战,在当前形势下提高馆员职业素养与职业能力,关键在于利用现有条件充分优化业务流程,降低馆员和图书系统的操作和维护成本,减少纸质图书倒架等非必要工作量,从而空出更多时间用于提升馆员专业技能。

RFID全加工图书存放在基藏书库,采用全书定位的方式按分类号粗排架；仓储化加工图书存放在仓储书库,直接绑定上架。通过对比RFID全加工方式和仓储化加工方式作业时间,发现低利用率图书在不考虑开架、闭架、借阅方式之间差距的情况下,作业效率相差约17倍(见表2)。仓储化加工可大幅减轻馆员劳动强度,解放大量生产力。

表 2　5 000 册图书仓储化加工作业时间对比表　　　　　　　　（单位：min）

加工方式	图书加工 （不含 MARC 编目）	分拣装箱	上架	定位	流通方式	作业时间
RFID 全加工	4 005	161	2 045	1 033	开架	7 244
虚拟化加工	239	69	83	28	闭架	419

4.3　整馆藏升服务

调整仓储布局,应做到为读者找书,为书找读者。读者到馆后在书库看不到、找不到、查不到想要的图书,流失率会升高。如何让读者"看到"想看的书？图书馆新增了新书展示区,将新出版的、借阅次数多的图书放在人流量最大的地方,每层添置小型密集书架暂存低利用率图书,并定期将书调拨到三线储备书库,调整后基藏书库存放读者想看的较高利用率图书。如何让读者能"找到"每一种图书？图书馆将密集书库改为样本书库,升级为二线典藏书库,存储馆内现存所有品种图书的完整 1 套（册）,由于 RFID 系统可实现图书的精准定位,可以使读者快速查找、提取文献,节省读者的时间；因乱架在基藏书库找不到的馆藏图书,在闭架的样本书库一定能找到。如何让读者"查到"想要的书？仓储化建设后,图书馆所有的馆藏图书均入库供查,对于图书馆没有收藏的图书或文献,读者可以通过公共采选账号登录网络采选平台直接提报,图书馆设置有零星采购专项经费,并安排采访人员按需采购、线上反馈结果,改变以往读者手写推荐书目、反馈不及时的现象。同时图书馆对阅览区域进行细分,仓储化释放的空间可用于增加自修空间、研修室,改善读者在馆学习体验和阅读环境；通过引入短视频制作中心等学生感兴趣的泛娱乐交流空间,满足其空间预期和资源预期,以留住读者。

整合仓储资源,打造特色资源。在摸清"蒙尘"的馆藏家底的过程中,图书馆希望实现资源和读者之间的相互匹配,发现特色资源,并重新整合呈现给读者。例如,芜湖农业学校于 2000 年并入我校,其前身是安徽公学,在仓储化加工过程中我馆将与农校师生相关的文献资源整理归档,整合安徽公学特色资源。2021 年我校双高校建设和职教本科申报工作启动,我馆和二级学院进行对接,拟对系部资料室进行仓储化整合,打造"高水平专业群"文献资源保障,助力双高建设。纸本资源与数字资源协调并重,在资源建设以服务学科、服务读者为主旨的前提下,做好纸质文献采购的同时积极开通安徽省高校图工委、安徽省高校数字图书馆共享共建资源通道,加入 SLCC 外文期刊采访联盟(Springer Link China Consortium)等数字资源平台,满足读者多元化的需求,完善馆藏评价机制,落实低本高质的建设文献资源保障体系,提升读者黏度。

4.4 兼改造顾开放

2013年,因两校合并,南区图书馆未完成内部装饰就仓促投入使用。2021年,我馆进行消防和环境提升改造,计划将书库地面由 PVC 卷材更换成水磨石地砖,更换过程中 889 节书架必须拆卸,流通中的近 40 万册图书只能下架,南区馆流通服务至少需要暂停半年。为避免发生这种情况,图书馆计划对下架图书进行细排列,人工从每种图书中选出一本作为保存本统一存放到密集书库,将非保存本图书打包分散堆放到各个库房。保存本上架时,通过低利用率馆藏资源管理系统 app 中的样本书上架功能对人工挑选的保存本进行再次比对,尽量将保存本的种类收集齐全,该批保存本采用闭架方式继续为全校师生开展借阅服务。

4.5 跨场景多应用

自助借还系统初建方案。初建图书馆自助借还系统时,由于经费紧张,图书馆对开架书库图书进行 RFID 标签全加工,而将闭架书库作为二期项目进行加工。这就造成了 RFID 库图书资源不全,可以采用开架书库 RFID 标签加工和闭架书库 RFID 仓储化加工并行的管理方案解决。

下架图书管理方案。图书馆下架图书管理一直是难题,采用仓储化加工方案,对每本图书"过枪"装"箱",以实现高效低成本的建库。对于所有图书不需进行额外的加工即可实现精准检索、快速定位、方便获取文献、正常借阅等。

资料室管理方案。芜湖职业技术学院有 18 个二级教学系部,资料室大小规模不一,如果全部采用自助借还模式,则加工时间长,设备成本高,管理难度大;而采用仓储化管理方案,只需对所有图书回溯建库,然后将每本图书过"枪"、装"箱"、绑"架",即可通过 PC 端完成定位、检索、借阅等操作,不需要增加额外设备。

共建共享书库管理方案。芜湖职业技术学院与芜湖市图书馆建立 6 万册共建共享书库,该批图书产权归市图书馆所有,并且已经进行 RFID 标签加工,加工标准与我馆不一致,无法在自助借还设备上实现查找定位、借阅。通过低流通率馆藏资源管理 app 进行仓储加工,虚拟 RFID 标签实现一站式检索,PC 端人工借阅,实体的 RFID 标签信息也未更改。

高密度存储方案。芜湖职业技术学院现有 OPAC 检索机、RFID 平台检索大屏两种设备,目前可以通过 OPAC 检索机检索到全部馆藏书目,RFID 平台检索大屏只能检索到已加工的图书。因为 OPAC 检索没有定位信息,闭架图书也未对外开放,所以 OPAC 检索机处于闲置状态,没有学生使用。考虑到还有 50 万册图书未进行 RFID 标签加工,在 RFID 系统中无法检索到,该批图书零星分散在各库房,无法进行有效管理。我馆对低利用率图书采用"货架+抽取样本+图书打包"的方案完成高密度存储，使用多层货架，以包为基本存储单元——"箱"，货架的一层为存储单元的一"架"，进行绑定加工，其存储密度是开架图书的 5 倍，作业效率提高 10 倍以上，加工成本节省 90%，还实现了图书的精准检索。

5 案例总结

图书馆的工作重心是做好读者服务工作，创建师生满意的图书馆。为了让低利用率图书更好地发挥作用，图书馆想了很多办法，争取让蒙尘的图书发挥作用。基于虚拟化加工技术的馆藏仓储化建设有效简化了图书馆馆员的工作流程，提高了工作效率。图书馆利用低利用率图书管理系统 app 与仓储书库建设相结合，在满足近十年馆藏存储需要的同时，有效降低了成本，提高了纸质文献的利用率，该软件获安徽省高校图工委第二届（2014—2020 年）学术成果奖一等奖。改造后从查找文献到索取图书理论上只需要十分钟，低利用率下架图书将不再面临继续蒙尘或流失的局面。

我的"馆长"我来当
——学生团队参与高校图书馆管理服务的实践探索

叶帆　程训敏　彭怡
（安徽审计职业学院图书馆）

大学校园是青年人进入社会的始发站，高校图书馆作为知识文化的传播者和信息资源的集散地，应深入履行知识存储和阅读推广职责，提升管理服务质量，深挖读者阅读需求，激发读者阅读兴趣，开展精准阅读活动，营造良好的阅读氛围，创建书香校园。

高校图书馆在进行日常管理服务和阅读推广工作时，一方面帮助大学生培养终身阅读的良好习惯，另一方面也不断加强图书馆与师生读者之间的黏性。随着书香校园建设工作的不断推进，阅读需求量稳步增加，线上阅读偏好明显，阅读推广活动逐渐丰富。与此对应的是，高校图书馆馆员工作量大、工作繁杂，阅读推广支持力度有待提升、活动成效不明显，不同岗位人员分配不合理等问题日渐凸显。受客观因素影响，国内各高校图书馆编制进一步缩减，部分高校图书馆逐渐尝试让学生团队参与管理服务工作，师生协作，共同完成书香校园的建设。

一般而言，学生团队参与高校图书馆管理服务工作主要有两种形式。一是图书馆设立勤工助学志愿者服务岗位，协助图书馆完成一些事务性工作，由图书馆或学生处提供一定报酬并开具志愿者证明。二是借助学生社团，如读书协会、文学社等开展阅读推广活动，由图书馆确定活动主题、提供场地和资金支持，学生社团负责帮助图书馆进行宣传。前者招募的志愿者虽然可以迅速地进行日常事务性工作辅助，但往往缺乏主动性和创新意识，很难长期、持续性地工作。后者虽然发挥了学生社团的主动性作用，但受组织管理模式限制，社团负责人在活动开展的过程中需要不间断全程跟踪，才能保障人员沟通顺畅，活动顺利实施，在这种模式下难以承担规模大、人数多的阅读推广活动。

通过对国内不同层次高校图书馆网站、微信公众号等公开信息平台进行查询，仅有少数高校将学生团队活动与图书馆日常工作相结合，如上海经贸大学图书馆"阿米书社"发动学生开展图书馆阅读推广活动[①];西南大学图书馆直接领导的学生团队"阅读推广工作坊"独立举办"西图读书会"[②]等。虽然这些由学生团队参与图书馆阅读推广活动的尝试都取得了不错的效果,但这样做的高校图书馆有限,缺乏系统的实践总结。本案例以安徽审计职业学院图书馆(以下简称:学院图书馆)为例,通过对"安审馆员小队"的案例进行分析,开展学生团队参与高校图书馆管理服务的实践探索。

1 学生团队参与图书馆管理服务的实践探索

学生社团日益成为高校学生中具有较强影响力和凝聚力的学生团体,在高校党建和团建工作中的地位日益突出[③]。为了营造校园文化阅读氛围,学院图书馆在学生团队参与图书馆管理服务时,将图书馆志愿者团队与学生社团有机结合在一起,把对阅读有兴趣、喜爱图书馆、愿意为图书馆发展、书香校园建设贡献自身力量的学生集中在一起,充分发挥学生团队的主动性、创造性优势,图书馆日常管理和阅读推广服务的主导者由图书馆老师逐渐转变为学院学生。这种主导者身份的转变,将学生馆员作为读者的"阅读选择代理人",树立阅读榜样,帮助读者减少阅读内容甄别和选择困难,找到所需的深度阅读内容,在读者与阅读推广活动间建立强关联,引导、激发读者阅读兴趣和阅读热情,提高阅读品牌知名度,提升学生阅读黏性,满足学生阅读需求。

1.1 组建过程

2019年,根据图书馆实际工作需要,经馆务会研究决定,在原图书馆勤工助学志愿者团队的基础上扩大其职能,成立"安审馆员小队"(以下简称:小队)。目前,小队共有学生馆员28名,分为4个小组,负责为图书馆的发展建言建策、库室日常开放管理、新生馆员业务技能培训以及开展各项师生喜闻乐见的阅读推广活动,并协助图书馆老师开展工作。经过近三年的探索与磨合,小队已经成为学院图书馆直接领导的院级团队之一,学生馆员的构成日趋合理化、多样化,涵盖4个小组,跨越不同专业、不同年级。

---

① 吴玲玲.高校图书馆学生社团的指导实践与思考:以上海对外经贸大学图书馆为例[J].图书馆界,2020(6):91-94.
② 张麒麟,李燕.高校图书馆阅读推广学生团队的运营实践与思考:以西南大学图书馆阅读推广工作坊为例[J].图书馆学研究,2017(24):70-73.
③ 张再兴.充分发挥高校党团组织在大学生思想政治教育中的重要作用[J].思想教育研究,2005(5):2-7.

1.2 工作职责

小队下设4个组:咨询组、服务组、策划组、推广组,分别负责收集反馈读者建议、库室管理(含人员管理)、策划推广活动、阅读推广宣传。其中,咨询组和服务组主要负责图书馆的日常管理服务,策划组和推广组主要负责阅读推广活动,各小组选拔组长1名,负责对接老师、组织活动等具体事务(见图1)。各项事务及活动开展之前,图书馆相关老师也会参与讨论决策,以保证活动的可行性,并提供必要支持。各项事务及活动方案确定后,由各小组分工执行,图书馆老师负责监督、评价、反馈,在各个环节中起到质量把关的作用。

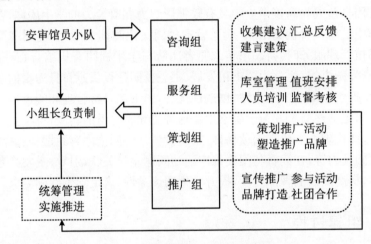

图1 安审馆员小队职责细化图

经过三年的实践,小队成员不断磨合,默契增强。目前,共主导及协助举办图工委、学院、各系部等组织的线上线下活动200余场,参与人数众多。为了强化品牌效应,在学院范围内形成了"读书节""读书创作""诵读经典""党史学习"等系列品牌活动,不仅提升了小队参与图书馆阅读推广活动的能力,同时也满足了师生读者校内校外、线上线下、随时随地参与阅读的需求。

1.3 工作内容

咨询组的主要任务是收集建议、汇总反馈、建言建策。学生馆员深入读者收集汇总的建议主要涉及图书荐购、活动反馈、库室管理、日常服务、空间规划等方面,通过微信公众号留言、私信、纸质留言本、现场反馈、调查问卷等不同方式进行意见的收集,并定期反馈至图书馆相关职能部门,助力图书馆不断完善服务质量、提升服务水平。

2019年,在学院图书馆和工程管理系的支持下,由小队咨询组成员主导策划了"我心目中的图书馆"案例大赛,面向全校师生征集馆舍空间改造思路,为今后的馆舍改造征集师生建议。此次"我心目中的图书馆"设计大赛分专业组和创意组两组同时进行。创意组以个人形式参赛,专业组则以组队方式进行比拼。经过认真组织和多方面、多途径的宣传,此次大赛共收到作品140余份。作品征集结束后,针对专业组和创意组分别组建了专家评审小组。经过严格、认真、细致的评审,共有24份作品(创意组和专业组各12份)获奖。师生们提交的很多作品让人眼前一亮,如创意组一等奖获得者叶彤彤、李海燕等同学为我们打造了一个安逸、轻松的新时代自习室空间形象(见图2),这些作品描绘了学生心目中图书馆的模样,也为今后图书馆的空间改造绘制了具体蓝图。

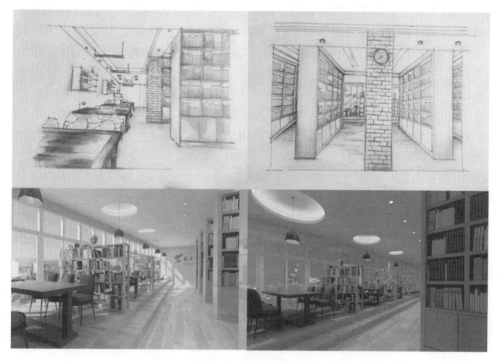

图2 "我心目中的图书馆"案例大赛创意组一等奖作品

除此之外,小队成员自愿排班,轮流在开放库室进行值班,每年新生入校时,参与新生入馆培训,帮助新同学引导借阅,解答入馆常见问题,架起读者与图书馆沟通的桥梁,全方位推动图书馆管理服务水平的提升。

服务组在原图书馆勤工助学志愿者团队的基础上组建而成,其在成立之初就负责库室日常管理工作,具体包括延长库室开放时间,负责库室日常卫生,维持纪律,整理图书报刊,引导读者依规借阅等。小队通过安排值班人员、老馆员带新馆员等方式,使各库室在部分休息时间仍保持正常开放,满足学院师生的借阅需求,提供学习场所,营造良好的学习氛围,同时也能促使学生馆员更自律,不断提升自我价值。

策划组在学院图书馆每年举办系列阅读推广活动,如读书节、读书创作活动、阅读宣传周中始终发挥着重要作用。在开展活动之前,小队馆员与图书馆指导老师协商后提出活动创意,起草活动策划方案。策划组组长牵头,其他小组协助具体活动实施,每位组员都参与到活动策划、海报设计、场地申请、现场支持、跟踪报道等整个流程中。这种以学生馆员为主导的阅读推广活动策划执行的过程,使更多学生参与进来,不仅能够更加深入地了解学生对阅读推广活动的需求,还能了解到学生参与的真实感受,进而提高活动的参与度,激发学生馆员策划活动的积极性。

宣传组主要负责各项阅读推广活动的具体宣传工作。小组成员借助公众号、微信群、表白墙、抖音等线上平台,结合线下宣传栏、宣传活动,向学院学生推广图书馆各项阅读活动,带动身边同学参与活动,努力营造书香校园氛围,并取得丰硕成果。同时,宣传组、策划组的很多学生馆员也是学院读书协会成员,在组织策划进行阅读推广活动时,与学院读书协会等社团紧密结合,利用社团组织优势覆盖更多师生,以期达到最优宣传策划效果。读书社团参与阅读推广活动,不仅全方位地推动了图书馆管理服务水平的提升,而且也大大加快社团自身有序发展,被多次评为省直大中专院校优秀学生社团。

下面以安徽省高等学校图书情报工作委员会主办,e 博在线承办,语林云平台支持的系列阅读推广活动为例介绍经验。2019 年之前学院师生无人参与该系列活动,2020 年小队的同学们自身参与并尝试策划推广,最终有数十位学生参与了其中的读书创作、摄影比赛。2021 年学院图书馆加大投入,联合学生处、各系部,小队和读书协会的同学们共同动员学院师生读者参与,运用网站、社交媒体、张贴海报、制作参赛攻略等手段,以自身参与带动身边同学,活动累计 700 余人参与,共提交作品 629 幅,并设立数项学生奖项、优秀组织奖、优秀指导老师奖等。

2 学生团队参与图书馆管理服务实践效果

2.1 增强学生参与感,提升服务主动性

学生团队参与图书馆管理服务满三年之际,我们对 28 名学生馆员进行了访谈,探究是什么原因使他们选择了图书馆? 如图 3 所示,经提炼,学生团队参与图书馆管理服务的关键词多集中在:热爱、有趣、责任、锻炼、自律、成就。

这些关键词无一不体现了学生强烈的参与感。在兴趣和责任心的驱动下,学生团队形成了一个有益循环,热爱和兴趣促使学生团队参与到图书馆的管理服务中,通过具体的实践提升图书馆管理服务,策划更多、更优质的阅读推广活动,获得认同感,参与更多相关赛事,在发展自身兴趣的同时获取奖励和表彰。

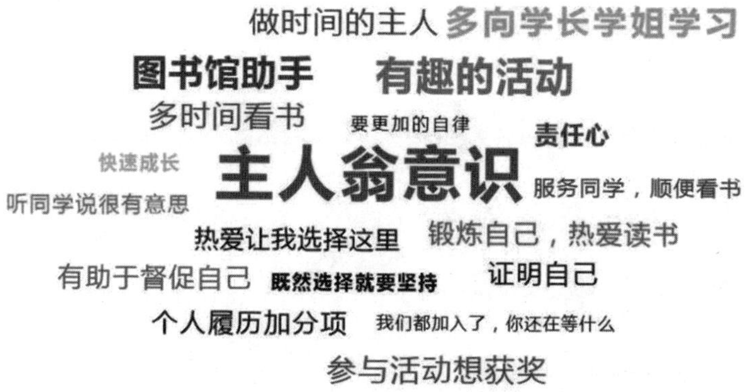

做时间的主人 多向学长学姐学习
图书馆助手　有趣的活动
多时间看书　要更加的自律　责任心
快速成长　主人翁意识　服务同学，顺便看书
听同学说很有意思
热爱让我选择这里　锻炼自己，热爱读书
有助于督促自己　既然选择就要坚持　证明自己
个人履历加分项　我们都加入了，你还在等什么
参与活动想获奖

图3　学生团队参与图书馆管理关键词

2.2　管理服务人性化，满足读者实际需求

不同于传统图书馆的管理模式，学院图书馆在尝试让学生参与管理服务时，极大程度赋予学生馆员参与决策、自主决策的权利，尝试把管理放权于学生、把创意归还给学生，真正做到我的"馆长"我来当。小队在开展日常管理服务时，延长了库室开放时间、维持好库室学习秩序，定期打扫卫生，解决学生占座问题，为学生读者创造安静的学习环境和舒适的学习氛围。

从图4可以看出，在自习室、期刊阅览室的日常管理中，以小队为代表的学生团队作出了卓越的贡献，延长库室开放时间，为学生提供更优质的学习空间。书库众多藏书价值较高，受其局限暂无法将其完全交给学生团队进行管理服务，小队的同学便在组长的带领下利用课余时间主动排班，担任学生阅读时的咨询小助手，通过参与新生入馆培训教育、书库现场引导、后台回复、收集建议等多种方式，将图书馆的管理服务做得更加人性化，满足师生读者的阅读需求。

2.3　活动参与不断攀升，获奖人数逐年提高

学生团队参与图书馆管理服务经过三年的实践，阅读推广活动的参与人数与获奖人数明显增多。越来越多的师生读者在小队的带领下，以更饱满的热情参与阅读推广服务，共同构建书香校园。

受疫情影响，以新媒体为依托的各项线上阅读活动如雨后春笋般纷纷进入校园，活动种类繁多，策划新颖有趣，吸引众多读者参与。在学院图书馆和学生团队共同努力下，2019—2021年共策划线上、线下活动百余项，带动学院师生参与各种形式的阅读推广活动，收获了学院师生读者的一致好评，在教育厅、图工委举办的各项比赛中参加人数、获奖人数也不断增加。

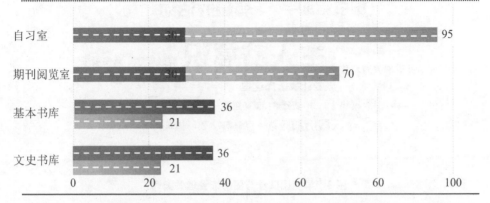

图 4　学院图书馆各库室每周开放时长

表 1　2019—2021 年图书馆部分活动获奖情况

序号	类别	名称	奖项	人数	获奖年份
1	读书征文	超星杯"新时代·微文学"创作大赛	学生组二等奖	1	2019
			学生组优秀奖	1	
2	读书征文	"书香江淮"读书征文大赛	学生组二等奖	1	2019
3	口语诵读(线上)	"外研讯飞"杯英文经典品读大赛	学生组优秀奖	29	2019
4	信息素养(线上)	万方杯信息素养大赛	学生组二等奖	1	2019
			学生组三等奖	3	
5	信息素养(线上)	"EBSCO"杯文献信息获取大赛	学生组二等奖	1	2019
			学生组三等奖	2	
6	读书创作	安徽省第三届校园读书创作活动	学生组一等奖	1	2020
			学生组二等奖	2	
			学生组三等奖	4	
			学生组优秀奖	1	
			师生素质提升成果奖	1	

续表

序号	类别	名称	奖项	人数	获奖年份
7	口语诵读(线上)	"外研讯飞"杯英文经典品读大赛	学生组三等奖	11	2020
8	信息素养(线上)	万方杯信息素养大赛	学生组二等奖	4	2020
			学生组三等奖	4	
9	读书征文	"书香江淮"读书征文大赛	学生组三等奖	1	2020
10	信息素养(线上)	"EBSCO"杯文献信息获取大赛	学生组一等奖	1	2020
			学生组二等奖	1	
			学生组三等奖	2	
11	读书创作	安徽省第四届校园读书创作活动	学生组一等奖	2	2021
			学生组二等奖	2	
			学生组三等奖	3	
			学生组优秀奖	2	
			师生素质提升成果奖	2	
12	信息素养(线上)	万方杯信息素养大赛	教师组二等奖	2	2021
			教师组三等奖	2	
			学生组二等奖	2	
13	信息素养(线上)	"EBSCO"杯文献信息获取大赛	学生组二等奖	1	2021
			学生组三等奖	1	
14	读书征文	超星杯微阅读创作大赛	学生组三等奖	1	2021
			学生组优秀奖	2	
15	读书征文	"书香江淮"读书征文大赛	学生组二等奖	1	2021
			学生组三等奖	1	
16	读书征文	第五届"e博在线杯"诵读经典·飞扬青春安徽省校园读书创作展示活动	学生组优秀奖	3	2021
			优秀指导老师	1	
			优秀组织者	1	
17	服务创新	第四届安徽省高校图书馆服务创新案例大赛	教师组一等奖	1	2021

2.4 锻炼学生综合能力,促进德智体美全面发展

学生团队参与学院图书馆管理服务,不仅能够拉近学生与图书馆的距离,提升图书馆管理服务水平,同时还能够锻炼学生的各项能力。过半数的学生馆员在参与图书馆管理服务的同时增强自律,努力学习各项专业知识,考取初级会计师、大学英语四、六级等多项资格证书,顺利通过专升本考试,开启本科学习新篇章。学生馆员寿润男作品《奋斗至萧索,不负少年时》获得第三届校园读书创作活动二等奖,李凌燕作品《披荆斩棘,苦尽甘来》获得第四届校园读书创作活动一等奖。学生馆员王龙凯创办合肥市笔果教育信息咨询服务有限责任公司,并获得合肥市人社局举办的2021年高校毕业生创业项目扶持资助优秀项目银奖(编号:yprq0003)。学生馆员参与学院图书馆管理服务的目的不仅限于提升图书馆管理服务水平,扩大阅读推广的影响力,而且能在服务图书馆过程中锻炼学生的组织策划能力、自我表现能力、人际交往能力和逻辑性、专注性、自律性,促进学生全面发展。

3 学生团队参与高校图书馆管理服务的优势与不足

小队从创建至今运行了三年时间,其创造力强、负责程度高、参与度广泛等众多优势弥补了图书馆阅读推广和日常管理工作中的不足。这种人少而精的项目式管理团队区别于以往的图书馆志愿者和学生社团,避免了因层级制管理方式而引发的层层对接、沟通不畅,从而影响实践效果。安审馆员小队能够充分发挥学生的自主性,协调资源,各司其职,各展所长,开展图书馆的管理服务工作,深入了解学生需求,策划学生喜闻乐见的阅读推广活动,带动校园阅读氛围,使得校园阅读形式更加丰富多彩。

但安审馆员小队在实践过程中也面临着诸多困难。首先是学生团队招新难。每年新学期开学,学生社团组织的招新活动都生动有趣,令人目不暇接,相比之下,图书馆学生馆员的招新活动便显得十分"不起眼",很容易错失优秀的组织策划、管理服务人才。另外,安审馆员小队每年都要面临成员换届的问题,为了保障团队成员质量,在换届过程中,在新生馆员的筛选、实习、培训上都需要花费较多时间和精力。其次,学生在校时间短,团队延续性难以保障。受学院政策影响,大部分同学在校时间只有大一、大二两年,升入大三即面临顶岗实习、专升本考试,使得学生馆员在馆时间十分有限,虽然有相应的"老带新"培训制度,但还是会经常出现花大力气培养的学生馆员走上岗位不久又面临离校的问题。最后,学生馆员的绩效考核和激励制度尚未成熟,缺乏一套完整的评估指标。目前,图书馆老师对每一次小队组织策划宣传的阅读推广活动都进行全程监督,对表现优异的同学给予肯定并加以记录,为在延长库室开放时间

值班的学生馆员申请经济补助,并根据读者对活动和服务的满意度对学生馆员的工作进行打分。虽然评价涉及的方面众多,但缺乏一套标准的评价指标体系,综合性衡量每一位学生馆员的工作表现,奖励形式也比较有限。

4 建设策略

4.1 联合学院各部门,着力打造第二课堂

高校图书馆是校园文化建设的重要载体,是培育社会主义新青年的摇篮。日新月异的技术变革和师生读者日益增长的阅读需求对高校图书馆管理服务提出了更高要求。高校图书馆能够更好地利用学生团队,营造良好的校园阅读氛围离不开学校团委等各部门的支持。我院图书馆联合学生处、团委,正筹备建设校园生活第二课堂,将图书馆各项比赛活动融入第二课堂,在不同类型的比赛和活动中获得的不同奖项可获得相应的学分,这种以学分为主、证书奖品为辅的方式既能吸引更多学生读者参与图书馆阅读推广活动,同时也能解决馆员小队阅读活动推广难的问题,激励小队成员策划更新颖有趣的阅读活动。

4.2 加强组织建设,开展形式多样的阅读推广活动

参与高校图书馆管理服务的学生团队实质上还是学生组织,与其他学生组织一样,需要在指导老师的带领下不断完善工作规章制度,加强自身组织建设[①]。安审馆员小队共分四个小组,每个小组设一名小组长。组长履行相应的职责,进行内部管理,如全体成员的日常考核、成员的换届及内部活动的组织开展、每月例会等工作。除此之外,还要对新进社员进行技能培训、工作排班及年度考核等。简单来说,就是老生带新生、学生管学生,这样便有了明确职责分工和分级管理,能尽可能地避免组织混乱,确保整个团队高效运转。

深化图书馆与学生团队的合作,构建有效的互惠共赢机制,核心还依赖于一系列阅读推广活动的开展,通过一整套长效机制的建立,让学生团队从中得到锻炼,图书馆的人手得到解放。以读书节为突破口,打造品牌阅读推广栏目,鼓励学生团队承包阅读推广活动,将有助于读书节的影响力逐步扩大,形成品牌影响力。学生们对各种新媒体更为敏感,应用更为积极,吸纳学生团队参与,有助于实现线上、线下两个渠道阅

---

① 李斌斌.高校图书馆阅读推广评价机智的研究[J].传播力研究,2018,2(15):256.

读推广活动的同步推进①,显著提升线上阅读推广水平。

4.3 制定管理规章制度,考核多样化标准化

学生团队参与高校图书馆管理服务的实践探索,要保证效果,最为关键的还在于建立起有效的规章制度②。学生团队参与高校图书馆阅读推广、管理服务等工作,注重的是学生团队的创意、宣传力和组织力③。在具体实践过程中,应当制定学生团队管理标准,从实际情况出发,对学生团队的日常行为进行约束,如遇不符合团队要求的成员,则予以清退。除此之外,还要有一定的奖励措施,对学生的优异表现予以肯定,让学生团队能够在实践中得到实实在在的利益。这种利益可以从荣誉、经费等方面来进行体现。

在具体考核过程中,由于学生团队参与库室管理、建言献策、阅读推广、人员培训等多方面,可以根据实际情况进行打分考核并进行奖励。图书馆可尝试为牺牲课余时间延长库室开放时长的学生给予一定的经济补助;对收集到的学生意见进行汇总反馈,推动图书馆空间改造和业务决策的同学颁发"实用建议专利";为参加新生入馆培训、指引新生借阅并解答常见问题的学生颁发志愿者服务证明及计入志愿者学时;为策划阅读推广活动的学生申请"优秀组织策划"奖,并在合适时机联合学院招就办指导其创业就业等。这种针对不同工作任务的不同考核方式,促进各小组学生馆员自主选择自己擅长的方向,鼓励学生参与实践,促进图书馆与学生团队的共同进步。

4.4 紧密结合读者需求,保持团队创造性

图书馆日常管理服务和阅读推广活动不能闭门造车,学生的参与至关重要。图书馆在认真肩负指导职责的前提下,应充分发挥学生团队的主体性地位,紧密结合学院师生读者的需求,认真调研读者评价与喜好,鼓励学生馆员发挥主观能动性,借助学生团队以及团委与其他学生社团开展紧密合作,弥补图书馆自身发展的不足,真正帮助学生馆员当好学生"馆长"。

在图书馆管理服务和阅读推广活动中,学生团队的创造性同样重要,可以在实践中激发出灵感的火花,充分发挥学生的创造性④,实现学生团队创造性与图书馆老师专业性的优势互补。图书馆要充分发挥引导功能,把握好大方向,在提供人员、资金、

---

① 覃玮境,左逸群.新媒体背景下高校图书馆服务创新研究[J].黄山学院学报,2019,21(1):137-140.
② 董梅香,沈丽君,赵子菲,等."双一流"战略下学生助理参与高校图书馆服务研究[J].图书馆界,2019(5):42-46.
③ 薛宏珍.服务营销组合策略在阅读推广中的实践与探索:以广西科技大学图书馆"微书评"为例[J].图书情报工作,2016,60(3):83-89.
④ 刘然,李鑫,岳彩领.高校图书馆深化学习共享空间服务的探索与实践:以哈尔滨工业大学(威海)图书馆为例[J].图书馆工作与研究,2018(S1):56-59.

场地等多方面支持的同时,鼓励学生团队创造性地开展实践,允许学生馆员采用新思想、新技术、新方法,探索共赢机制的建立,为图书馆的未来添砖加瓦。

5 案例总结

当前图书馆正面临着前所未有的发展困境,原有的管理服务模式已经愈发难以顺应图书馆服务策略创新的客观需求了。学生团队参与高校图书馆管理服务,是扭转现有发展困境的一个重要举措。图书馆在招募、培训学生团队时虽然需要付出一定的成本,但是稳定成熟的学生团队能够在校园阅读推广中发挥不可或缺的作用。目前,许多高校图书馆管理学生团队经验较为欠缺,因此,从无到有会经历一段比较长的培养期和磨合期。各高校图书馆可根据自身情况建设学生团队,提供更多的学生实践岗位和实践机会,同时也推动图书馆管理服务有序发展,实现图书馆与学生团队的双赢。

馆店融合
——打造阅读推广新模式

朱建军　田雨　王晓燕
（安徽农业大学图书馆）

阅读推广，是高校图书馆当仁不让的使命。在阅读推广服务蓬勃兴起的当下，如何结合时代特点打造出一种符合校情馆情的阅读推广模式，是各大高校一直以来不懈的追求。本文结合安徽农业大学校园文化特点和图书馆实际，以馆店融合为抓手，探索独特的阅读推广新模式。

1　时代背景

2016年6月16日，《关于支持实体书店发展的指导意见》由中宣部、国家新闻出版广电总局、国家发展改革委、教育部、财政部、住房和城乡建设部、商务部、文化部、中国人民银行、国家税务总局、国家工商总局11部门联合发布，自2016年6月16日起实施。[1]

2016年12月，由省委宣传部、省新闻出版广电局、省发展改革委、省教育厅、省财政厅、省住房和城乡建设厅、省商务厅、省文化厅、人民银行合肥中心支行、省国税局、省地税局、省工商局、省物价局13个部门联合出台《关于支持实体书店发展的实施意见》，旨在落实中宣部、国家新闻出版广电总局等11部门联合发布的《关于支持实体书店发展的实施意见》和省委省政府有关部署要求，进一步促进实体书店发展。实施意见明确提出，到2020年基本形成布局合理、功能完善、主业突出、多元经营的实体书店发展格局，主要包括建立以城市为中心、县城相配套、乡镇网点为延伸的实体书店建设体系，重点实现"两个全覆盖"——实体书店网点乡镇全覆盖和高校各校区全覆盖；形成一批品牌知名度高、创新发展能力强、主营业务突出、具有核心竞争力的实体书店；全省图书销售总额和人均图书消费水平持续增长；形成统一开放、竞争有序的市场体系，实体书店合法权益得到有效保护。要求将实体书店建设纳入国民经济和社会发展规划,纳入基层宣传思想文化工作考核评价体系,纳入文明城市、文明县城(城区)、文明村镇、文明校园创建考核评价体系;加大财政支持力度,要对实体书店创新经营等配套项目给予支持;将开办实体书店纳入就业创业支持,将高校毕业生创办实体书店纳入大学生创业引领计划;各高校要对校园书店场地、租金等给予支持和优惠。[2]

2019年7月,教育部发布《关于进一步支持高校校园实体书店发展的指导意见》(教发厅[2019]6号)。要求各高校应至少有一所图书经营品种、规模与本校特点相适应的校园实体书店,没有的应尽快补建,同时鼓励高校毕业生自主创办校园实体书店。各地各高校要兼顾校园实体书店文化服务和产业经营的双重属性,加大政策扶持和引导力度。高校要将实体书店纳入校园建设总体规划,为校园实体书店提供规模适度、位置适当的经营空间;从场地租金、水电费等日常运营费用方面对校园实体书店给予必要的减免优惠;对优秀校园实体书店给予奖励。同时,各地要支持、指导符合条件的校园实体书店积极争取扶持政策和专项支持资金。[3]

2020年6月,安徽省委宣传部、教育厅、新闻出版局发布《关于推进高校校园实体书店建设的通知》(皖新出字[2020]56号)。总体要求和目标:各高校要以习近平新时代中国特色社会主义思想为指导,全面贯彻党的十九大和十九届二中、三中、四中全会精神,以社会主义核心价值观为引领,牢记立德树人根本任务,坚持把社会效益放在首位,兼顾校园实体书店文化服务和产业经营的双重属性,以改革创新提升市场活力,以多元发展增强经营能力,加大政策扶持和引导力度,实现社会效益和经济效益相统一。各校区应至少有1个图书经营品种、规模与本校特点相适应的校园实体书店,没有的应在2020年底前完成补建工作,基本形成与其服务功能相匹配,主业突出、各具特色、多元经营的全省高校校园实体书店发展的良好格局,更好地满足高校校园日益增长的多样文化需求。[4]

2021年3月5日上午,国务院总理李克强代表国务院在第十三届全国人民代表大会第四次会议上作政府工作报告,提出"推进城乡公共文化服务体系一体建设,创新实施文化惠民工程,倡导全民阅读"。这是自2014年起,"全民阅读"连续第八次写入政府工作报告。

2015年12月31日,教育部以教高〔2015〕14号印发《普通高等学校图书馆规程》。《规程》第二条规定:高等学校图书馆是学校的文献信息资源中心,是为人才培养和科学研究服务的学术性机构,是学校信息化建设的重要组成部分,是校园文化和社会文化建设的重要基地。[5]

《国际图联(IFLA)战略报告(2019—2024)》提出,以未来思维启发图书馆员,鼓励寻找具有创新性发展前景的工作方法,以各项标准、指南和优秀案例,推动图书馆发展。[6]

2　时代书苑·青禾书店

在大众创业、万众创新的时代大潮之中,在把创新创业教育融入人才培养之时,在"全民阅读"第 3 次被写入《政府工作报告》——"阅读的春天真正到来"之际,在面对阅读革命与学习革命的到来,图书馆与传统的出版发行行业同样面临着服务创新、转型发展的当下,我校图书馆、团委与安徽时代出版发行有限公司共同举办了主题为"搭建众创空间,打造书香校园"的"时代书苑杯"校园书店运营创意大赛,并于 2015 年 5 月 12 日晚举办了大赛启动仪式。截至 5 月 18 日,图书馆共收到报名表 80 份,经初步筛选,共有 73 个团队获得参赛资格;截至 6 月 15 日,图书馆共收到 56 个创业团队提交的有效运营方案。截至 7 月 6 日,经安徽农业大学团委、安徽农业大学图书馆、安徽时代出版发行有限公司共 7 名评委认真评审,共有 8 个团队进入复赛。

9 月 25 日,在"时代书苑杯"校园书店运营创意大赛复赛上,经过由合肥高校图书馆 9 位馆长、安徽时代出版发行有限公司 3 位经理、我校团委 1 位书记等 13 人组成的评审专家团队的认真评审,姜羽艺同学所在团队的"流离岁月の时代书苑"创业计划书夺魁;苏鸣同学所在团队的"悦独·时代书苑"校园书店策划方案获得第二名;朱广军所在团队的"耕莘时代书苑"校园书店运营方案获得第三名;"青禾时代书苑"等 5 个团队获得优秀奖。

此后,校图书馆、团委、姜羽艺同学所在的创业团队经过 3 轮对接会谈,完成了"时代书苑·青禾书店"(以下简称"青禾书店")的基本设计方案。经过近半年的施工、筹备,青禾书店于 2016 年 4 月 20 日正式开业。

青禾书店的设立旨在实现 3 个目标:其一,完善新图书馆的功能(按照规划一楼设有书店),弥补图书馆馆藏的不足;其二,为具有优秀创业思路和实践能力的在校大学生提供学习、实践和创业的平台;其三,开创"馆企团学"合作、互惠共赢的图书馆事业发展新机制。青禾书店包含三大文化元素,"时代书苑"是安徽时代出版发行有限公司的品牌文化元素;"青禾"是安徽农业大学的校园文化元素;"青禾书店"则是安徽农业大学大学生文化创新创业平台。[7]

目前,青禾书店现有学生 38 人,分为店面运营部、社群运营部、综合运营部、产品运营部、实训拓展部共 5 个部门,每个部门相互独立互相帮助,相互学习相互沟通,学生们的团队合作意识得到充分的锻炼。店面运营部主要负责书店内日常工作,及时将收集的店面信息进行汇报讨论,进一步完善书店环境,为来书店的师生提供完备的服务。社群运营部主要负责线上信息传播,同时管理线上阅读群、线上分享群等,及时了解学生的所思所想,是书店对外宣传的主要窗口之一。综合运营部主要负责书店规章制度制定、执行,对学生团队进行合理的排班和及时协调学生日常工作中遇到的问题。

产品运营部主要负责书店产品的销售,及时统计了解书店产品的动销情况,汇总整理出热门产品、畅销产品和清退滞销产品清单,同时,负责书店商品的采购,直观了解学生的喜好,调整书店的商品结构,使书店的商品更加符合师生需求。实训拓展部主要负责书店的各种活动,与其他部门互相配合工作,共同完成书店的活动,是书店重要的对外沟通桥梁。

青禾书店自开业运营以来,与"青禾悦读"推广团队合作开展活动近百次,作为我校重要文化单位,在传播先进文化、推动全民阅读、建设书香校园、践行"三全育人"等方面起到十分重要的作用。

3 馆店融合下的阅读推广

3.1 物理空间的融合:图书馆+书店

高等学校图书馆是学校的文献信息资源中心,是为人才培养和科学研究服务的学术性机构,是学校信息化建设的重要组成部分,也是大学文化建设的重要基地。高等学校图书馆的建设和发展应与学校的建设和发展相适应,其水平是学校总体水平的重要标志。其主要职能包括文献存储、文化传承和育人。图书馆应充分发挥在学校人才培养、科学研究、社会服务和文化传承创新中的作用。[8]

书店是全人类共同的文化记忆,是传播思想、普及文化、联系读者、促进出版的重要场所,也是一座城市的文化品牌形象。校园书店是高校重要的文化设施、文明载体,也是高校师生的精神家园,在传播先进文化、推动全民阅读、建设书香校园、促进学生全面成长等方面具有十分重要的作用。

图书馆与书店在物理空间上的融合,有利于二者在发挥各自功能的基础上形成文化合力,使二者相互补充、相互促进,共同发展。首先,书店资源是图书馆资源的有益补充。图书馆资源体量庞大,采购和加工环节复杂,图书入馆上架周期较长,新书资源引入相对滞后,而图书馆中的书店由于体量较小、经营灵活,在新书出版后能第一时间采购上架展销,省去复杂的中间环节,能在第一时间为读者提供新书,有助于增强图书馆对读者的吸引力。其次,图书馆为书店提供了浓郁的文化氛围。图书馆丰富的资源吸引着全校读者前来阅览学习,对于未收入馆藏的图书,读者首先会去书店里查找,再决定是否通过其他途径购买。同时,图书馆庞大的人流量,对书店的文具和文创用品的销售也将起到重要的推动作用。再次,共同推进文化传播。文化传播是图书馆的重要职责,也是书店的重要使命。馆中有店,寓店于馆,有利于二者合作推动阅读推广,打造书香校园。

3.2 品牌的融合：青禾书店+青禾讲坛+青禾悦读

3.2.1 青禾书店+青禾讲坛

立足安徽农业大学图书馆、安徽时代出版发行有限公司、校团委、学生创业团队共同开创的"馆企团学"协同创新创业平台——青禾书店，开设"时代书苑·青禾讲坛"（以下简称青禾讲坛）。

如果说，青禾书店是为大学生搭建的"读者"与"实践"近距离结合的平台，那么，青禾讲坛将为大学生搭建一个"读者"与"作者"面对面交流的平台，力求通过"馆企团学"合作打造"人文安农"。

青禾讲坛立足"书"，将与"书"相关联的作者、编辑、出版社、图书馆有机联系起来，与出版企业联手，推广全民阅读，营造"书香安农"。

青禾讲坛：对话作者，服务读者；以作者的视角，拓展读者的视野；以著者思想的深度，提升读者理论的高度！

青禾讲坛是"青禾"4个文化品牌中创建最早的一个品牌。青禾讲坛的宗旨是：对话作者，服务读者；以作者的视角，拓展读者的视野；以著者思想的深度，提升读者理论的高度。

自2016年4月20日开讲，青禾讲坛至今已开讲32讲，先后邀请了院士秦伯益、郑永飞；学者姚中秋、徐雁、郭淑新；作家闫红、许辉来校做讲座，1万多名师生参与。经过6年的建设，早已成为极受我校大学生欢迎的文化品牌之一。

3.2.2 青禾书店+青禾悦读

"青禾悦读，书香安农"是由校党委宣传部、图书馆、校工会、研究生学院、学生处、团委主办，由图书馆负责承办，由图书馆新媒体团队、图书馆学生服务中心服务推广团队、图书馆微传媒服务推广团队、青禾书店创业团队、青禾讲坛服务团队负责协办的读书创作活动。

首届安徽农业大学"青禾悦读，书香安农"活动启动于2017年3月10日，总主题是"读书引领人生，创作点亮梦想"，分"书卷中的书香人生""书画中的艺术人生""镜头中的出彩人生"三个子主题。

"青禾悦读，书香安农"在与省教育工委、省教育厅、省文化厅等开展的"安徽省校园读书创作活动"对接的同时，将与我校宣传部、图书馆、研究生学院、学生处、团委等单位举办的各类读书活动整合，有效提升了校内各类阅读创作活动的效果。

作为"青禾"系列文化品牌的一份子，"青禾悦读，书香安农"与"青禾书店""青禾讲坛"一脉相承，从不同角度满足我校师生的文化需求，旨在齐心协力、共同打造书香安农、人文安农、魅力安农。

3.3 机制的融合:品牌+活动+模式

我校阅读推广工作分别从学校层面、图书馆层面、团队层面、活动层面、育人层面5个方面探索出系列创新做法和特色亮点。主要表现在:在学校层面,形成了"初心+品牌+机制"的阅读推广模式,增加推广活动覆盖的高度。在图书馆层面形成了"品牌+团队+模式"机制,延伸活动时间的跨度。而青禾书店则在团队层面、活动层面、育人层面等方面凝练我校青禾书店阅读推广的创新做法和特色亮点。

3.3.1 在团队层面形成了"团队+方向+活动"机制,拓展活动创新的宽度

在团队层面形成了"团队+方向+活动"机制,拓展活动创新的深度。"团队":青禾书店运营团队。"方向":青禾书店拓展了5个方向——店面运营、社群运营、综合运营、产品运营和实训拓展。5个方向各自独立,又相互联系成为一个整体,与青禾悦读、新媒体、微传媒团队等共同开展阅读推广工作。"活动":青禾悦读读书创作、国学知识竞赛、"Emerald杯"主题微视频微电影大赛、冬日暖语、诗词歌咏才艺大赛、"阅读是最美的姿态"摄影大赛、"青春赞歌 共抗疫情"朗诵比赛(线上)、共抗疫情书画摄影大赛、飞花令古诗词征集大赛(线上)、"品读经典·对话信仰"主题朗诵大赛、读书分享会等活动。

3.3.2 在活动层面形成了"阅读活动+实践活动+特色活动"机制,拓宽活动思想的广度

阅读活动:2016年4月,自图书馆打造两个文化品牌——青禾讲坛、青禾书店以来,开始以讲坛带动阅读,以书店促进阅读。2017年,打造青禾悦读文化品牌后,又开始了以校园读书创作引领阅读。经过4年的探索与磨合,我校的阅读活动又向"阅""听""说""读""写""讲""创""拍""画""演"等拓展。2020年尽管受到疫情影响,但图书馆依然按照"线上—线上线下—线下"的路径,广泛开展阅读活动,让阅读成为大学生的一种习惯、一种生活方式,让阅读活动常态化。例如,2020年2月25日起,图书馆利用我校已经购买的数字图书、听书等资源类型,策划系列好书推荐活动,陆续推出"2020好书推荐"8期,主题分别为"静思""乡土""凝聚""纵马""逆商""青春""百工""听书"等,以"书籍图片+简介+书籍的意义和价值为主要呈现方式(网址链接:http://lib.ahau.edu.cn/info/1008/2968.htm)。

实践活动:为了提高团队的实践能力和展现在校大学生的社会责任感,2021年10月,青禾书店联合青禾悦读团队举办了"书籍传递温暖"的图书募捐活动,募捐到的2 100余册图书和479份爱心寄语全部捐赠给安庆市儿童福利院。2021年10月,积极响应省新闻出版局的号召,青禾书店协同图书馆共同举办了"千家书店庆国庆 万种

图书大联展——2021年图书展销惠民月活动"。同年12月,为了给对当店长有兴趣的大学生圆梦,青禾书店推出了一项全新的体验活动——"一日小店长"。希望每位大学生在体验当书店店长的同时也能掌握一些沟通技巧,销售技巧,感受创业的不易。

"特色活动":为了提高活动的质量和水平,青禾书店团队积极推动特色活动。第一,助力疫后关怀。开展科学防疫抗疫好书推荐活动,通过"书香"战疫。2020年2月23日,学校官微发布图书馆推荐的书单:《读书让宅家战"疫"的日子更充实》。通过《鼠疫》《霍乱时期的爱情》《大瘟疫——病毒、毁灭和帝国的抗争》等好书的阅读,疏导师生的心理,缓解不必要的恐慌情绪,让师生从恐慌中走出来,走向科学,理性地应对疫情,参与安徽省高等学校图书情报工作委员会线上系列展——防"疫"战"疫"。第二,参与"青禾讲坛"品牌活动。至2020年12月2日,"青禾讲坛"共举办28讲,1万多名师生参与。第三,开展"♯DOU来书写人生梦"抖音超级话题活动。微传媒团队、青禾悦读推广团队及青禾书店运营团队制作了安农版《少年中国说》。2020年,在疫情防控期间,青禾悦读推广团队与青禾书店积极运用互联网思维,与时俱进,顺应时代发展,积极开展线上推广活动,主要从线上阅读活动、QQ阅读分享群、公众号、青禾书店抖音号、线上书店这几个方面入手,让校园书店弥漫"书卷气""书香味"。第四,开展常态化活动。自2017年以来,青禾书店运营团队每年开展一次"冬日暖语"活动,通过征集在校大学生的祝福语,为考研学子加油助力;丰富大学生课余生活,展示大学生想象力和校园文化特色,连续4年举办"明信片设计大赛";联合青禾悦读团队,每年举办5—8场次读书分享活动等。

3.3.3 在育人层面形成了"育人主体+育人载体+育人方法"相结合的育人模式,增加了育人的深度

育人主体:青禾书店经过5年多的探索与实践,逐步形成了"品牌+团队+活动"的育人机制,这种模式取得的效果是1+1+1>3。从图书馆角度看,图书馆的3大文化品牌——青禾讲坛、青禾书店、青禾悦读,既相互独立,有各自的职责;同时又相互合作,共同开展阅读推广工作,推进书香校园、文化校园建设。从团队角度看,青禾书店拓展了5个方向:店面运营、社群运营、综合运营、产品运营和实训拓展,每个方向均由1至2名负责人+若干成员负责。

育人载体:"青禾"系列文化品牌青禾书店、青禾讲坛、青禾悦读创立之初旨在以专家讲坛、读书、创作等方式培育人;到现在发展为"阅""听""说""读""写""讲""创""拍""画""演"等多途径以文育人。青禾书店实现了"全过程育人"的目标,从传统的单一读书走向阅读、实践、推广相结合;从阅读载体看,从"纸介质"迈向"智介质";从阅读内容看,从纸本阅读走向纸本阅读、数字阅读、智慧阅读。经典阅读与微阅读相结合,笔试、抢答、游戏、朗诵、笔记、拍摄、创作、阅读、讲坛相结合,从阅读推广活动的联合、协同逐步走向融合。

育人方法:将诗词歌咏、书画摄影等中华优秀传统文化元素贯穿于阅读推广活动

的全过程。从32讲青禾讲坛的全部主题看:涉及中华优秀传统文化教育的13讲,涉及革命文化的1讲,涉及社会主义先进文化教育的14讲。从系列活动主题看:"读书引领人生,创作点亮梦想""学习国学知识,传承优秀文化;坚定文化自信,弘扬民族精神""传文化经典,赛诗词才艺,展青春风采""阅读是最美的姿态""培养爱校情怀,感受校园文化底蕴""用声音传递真情,让阅读成为一种生活方式""共抗疫情,用摄影记录感人瞬间""感受中国精神,中国智慧和中国力量""品读经典·对话信仰,弘扬社会主义核心价值观"等,以主旋律、正能量、社会主义核心价值观等文化元素贯穿主题活动的全过程,实现了"全方位育人"的目标。

4 馆店融合的绩效

4.1 得到师生的一定认同

青禾系列文化品牌得到师生的一定认同:其一,青禾悦读,以创作带动阅读,让阅读成为一种习惯。其二,为将青禾悦读品牌打得更响,成立青禾悦读推广团队,下设5个核心品牌,它们分别是:"书香校园"读书创作会、"一盏年华"杯诗词歌咏会、"喵森林"杯诵读辩论会、"青禾书店"杯读书分享会、"享味坊"杯书画摄影会。这5个核心品牌定期、常态化地举办系列阅读推广活动。

4.2 得到学校的一定肯定

"青禾"系列品牌正式上升为学校文化品牌。《中共安徽农业大学委员会关于实施思想政治工作质量提升工程的意见的通知》(校党字〔2018〕40号),在"(四)积极推进文化育人16 繁荣校园文化"中明确指出:持续开展"农耕文化节""神农大讲堂""青禾讲坛""青禾阅读"等文化活动,提升学校文化品位。这标志着青禾系列文化活动正式上升为学校文化品牌。青禾悦读2019年被写入学校第七次党代会报告之中。

4.3 得到同行的一致认可

得到同行的一致认可:2019年7月31日,我校图书馆荣获"2018年全民阅读先进单位"荣誉称号;2019年8月,图书馆获中国图书馆学会全国首届"图书馆杯全民英语口语风采展示活动"颁发的"组织之星"称号。

4.4 得到上级主管部门的一定认可

2017年,青禾悦读获中共安徽省委教育工委、安徽省教育厅授予"优秀读书品牌"称号。2018年,获安徽省教工委、教育厅等6个厅局授予的校园读书创作优秀组织奖。1名学生和1名老师的作品获得特等奖。2019年,获安徽省教工委、教育厅等6个厅局授予的校园读书创作优秀组织奖。2020年8月,青禾悦读获2019年"书香安徽""十佳阅读推广活动"荣誉称号。2020年12月,青禾书店获安徽省新闻出版局授予的"2020年度全省实体书店示范店"称号。2021年7月,安徽农业大学"青禾悦读"推广团队获安徽省"十佳阅读推广组织(机构)"称号。2021年2月,在安徽省第四届校园读书创作活动中获最佳组织奖。2021年12月,青禾书店获安徽省教育厅、省新闻出版局颁发的"全省十大最美高校校园书店"称号,同时,我校获"全省高校校园书店建设积极贡献单位"称号,图书馆教师朱建军和青禾书店负责人田雨获得"全省高校校园书店建设积极贡献个人"称号,取得了先进集体和先进个人的所有奖项。

4.5 得到媒体的一定关注

前几年,青禾系列活动得到省内外主流媒体的关注:《安徽日报》《新安晚报》《安徽青年报》《图书馆报》,凤凰网、网易新闻等多家媒体分别从不同角度对此进行了报道。2020年以来,我校图书馆网站发表阅读推广新闻、文章30篇,学校新闻网报道7篇,报纸期刊文章2篇,分别是:2020年3月13日,《图书馆报(新华书目报)》用一整版的篇幅发表了吴文革的文章《全方位保障师生文献访问渠道畅通》,全面介绍了安徽农业大学图书馆应对疫情(包括线上阅读推广)的经验和做法。2020年5月15日,《高校图书馆工作》2020年第3期发表了吴文革的文章《在战"疫"这场"大考"中践行"馆员第一""读者第一"》,全面介绍了安徽农业大学图书馆应对疫情的经验和做法。2021年6月18日,安徽日报发布了"青禾书店举办'青春献给党'青年学生读书会",学习强国发布了"安徽农业大学:读书会上'话党史'"。

4.6 得到学术界的一定关注

得到学术界的一定关注:(1)王嘉琪发表《大学校园书店创新路径探微——以青禾书店为个案研究》的论文,以我校青禾书店的发展模式,试图为大学校园书店找到一套可行的创新路径;(2)以CNKI为检索平台,在"文献"模式下,以"青禾书店",并含"安徽农业大学"为检索词进行全文精确检索,共检索到学术期刊论文11篇、学位论文6篇。

参考文献

[1] 11部门联合印发《关于支持实体书店发展的指导意见》[EB/OL].[2016-06-18].http://www.gov.cn/xinwen/2016-06/18/content_5083377.htm.

[2] 安徽省出台《实施意见》支持实体书店发展[EB/OL].[2016-12-09].http://www.ahwang.cn/p/1587688.html.

[3] 教育部办公厅关于进一步支持高校校园实体书店发展的指导意见[EB/OL].[2019-07-18].http://www.moe.gov.cn/srcsite/A03/moe_1892/moe_630/201907/t20190724_392124.html.

[4] 关于推进高校校园实体书店建设的通知[EB/OL].[2020-06-01].http://ah.wenming.cn/tzgg/202006/t20200601_5641861.shtml.

[5] 教育部关于印发《普通高等学校图书馆规程》的通知[EB/OL].[2016-01-04].http://www.moe.gov.cn/srcsite/A08/moe_736/s3886/201601/t20160120_228487.html.

[6] 《国际图联2019—2024战略报告》(IFLA STRATEGY 2019—2024)[EB/OL].[2019-08-27].http://www.chinalibs.net/Zhaiyao.aspx?id=462622

[7] "时代书苑.青禾书店"[EB/OL].[2016-04-13].http://lib.ahau.edu.cn/fw/fwss/qhsd.htm.

[8] 王磊,庄革发,刘偲偲,等.高校校园书店复兴与创新进路探索[J].大学图书馆学报,2020,38(3):5-11+47.

书刊静阅读挑战赛
——品纸墨书香，寻阅读初心

赵烨　胡燕　王朔　王文静
（安徽医科大学图书馆）

1　背景

2020年10月，中宣部印发《关于促进全民阅读工作的意见》。意见指出，阅读是获取知识、增长智慧的重要方式，是传承文明、提高国民素质的重要途径，深入推进全民阅读，对加强社会主义精神文明建设、促进社会进步具有重要意义。高校图书馆具有阅读推广的重要职责，尤其是在建党100周年这一时间节点，在"不忘初心、牢记使命"主题教育的时代背景下，高校图书馆应继续创新阅读推广模式，推广主题鲜明的阅读推广活动，推动全民阅读，从阅读中寻找初心。

现有研究和调查显示，高校学生阅读情况不容乐观，普遍阅读时间少，阅读数量少，且数字化、碎片化阅读特征显著。学生对阅读活动诉求高，但其多样化的阅读需求却与高校图书馆"套餐式"服务存在矛盾。如何利用好高校图书馆的场所和资源，打造具有吸引力和持续性的阅读推广活动，既满足大学生及高校图书馆其他服务对象的阅读需求，又解决图书馆书刊借阅量逐年下降的问题，成为值得努力的方向。

2　活动设计

2.1　活动概况

2021年世界读书日活动期间，我馆创立了以"品纸墨书香，寻阅读初心"为宗旨的书刊静阅读挑战赛。挑战赛分为"纸书4小时静阅读挑战赛"和"纸刊3小时静阅读挑战赛"两种形式。本次挑战赛旨在让读者通过完成数小时连续纸质书刊阅读挑战，找寻阅读的初心和乐趣,增强读者对阅读的自信和兴趣,培养读者静阅读、深阅读的习惯,提升读者专注力"并通过比赛设计提升读者对图书馆库室和资源的了解,促进纸质书刊的借阅工作。

2.2 参赛流程

根据馆舍布局和读者层次,纸书4小时静阅读挑战赛共设置三个专场:本科生专场(本部图书馆)、教职工与研究生专场(本部图书馆)、南校区图书馆专场。读者完成报名后,需加入官方QQ群,在群中上报参赛书目(自选1—2本,非教材,学科类别不限,建议选择适合3—4小时阅读时长的图书),审核通过后即可在比赛时间前往指定阅览室参加挑战赛。

参赛者自带图书,提前十分钟前往比赛地点,完成签到、号码牌领取、手机关机和上交等准备工作后,挑战赛正式开始。在4小时的阅读过程中,每位参赛者均有累计30分钟的离场休息时间。挑战过程中,参赛者需遵守比赛秩序,禁止睡觉、发呆、闲谈,做与阅读无关的事。挑战结束后,参赛者如无违规行为并上交一份阅读感想或活动感悟,即可获得完赛证书。比赛现场提供比赛标语KT板,供参赛者合影留念。完整流程如图1所示。

纸刊3小时静阅读挑战赛在本部图书馆设置了两个专场:本科生专场、教职工与研究生专场。纸刊静阅读挑战赛比赛流程详见图1,与纸书静阅读挑战赛的不同之处在于:① 参赛者若选择自有报刊参赛,需上报到QQ群中由馆员进行审核,审核通过后于比赛当日自带报刊进行参赛,参赛者若选择本馆馆藏报刊,可在比赛前一周内前往期刊阅览室,在馆员指导下提前进行选刊,比赛当日无需携带报刊,由馆员当场发放;② 在比赛当日,参赛者需先前往自然科学期刊阅览室签到并至少阅读1小时自然科学期刊,后2小时可自由选择自然科学或社会科学报刊进行阅读。

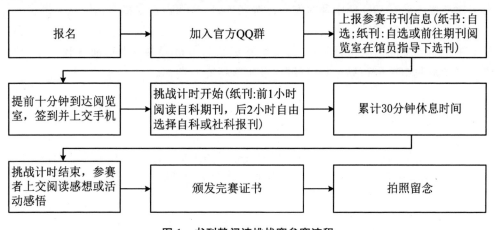

图1 书刊静阅读挑战赛参赛流程

3 活动实施

3.1 团队组建

基于书刊静阅读挑战赛的需要，专门成立了由阅读推广小组、读者服务部、文献阅览部、南校区图书馆成员组建的工作小组，通过多轮协商确定挑战赛的细则，确保活动顺利实施。

3.2 前期宣传

在前期宣传阶段，采用了多渠道、多层次、多形式的宣传模式。除在图书馆内放置挑战赛宣传海报，利用图书馆官方网站、官方微信、官方QQ等常规渠道发布挑战赛报名信息外，还基于不同层次读者特性开展了针对性宣传。例如，将静阅读挑战赛纳入本科生第二课堂学分，调动本科生参与挑战赛的积极性；主动与研究生学院培养办及辅导员沟通联系，提高研究生对静阅读挑战赛的知晓度；充分利用学校教职工群组，挖掘潜在活动参与者。

3.3 参赛者管理

创建静阅读挑战赛官方QQ群，集参赛者管理、交流、指导、宣传、信息收集、意见反馈等多功能为一体。读者报名成功后，即可实名申请加入官方QQ群。工作小组在每场挑战赛前会在QQ群中及时发布比赛名单、比赛细则及参赛书刊信息上报表。并在QQ群中发布图书馆图书借阅教程，指定专门馆员负责参赛书籍借阅，有效地提升了本馆纸质图书的借阅量；同时安排文献阅览部馆员负责参赛者提前选刊工作，帮助参赛者了解我馆馆舍布局、期刊资源以及本学科专业期刊。

3.4 场地布置

为营造良好的阅读环境，每场静阅读挑战赛前工作小组均会对阅览室进行卫生清扫，放置定制桌牌和KT板，为参赛者开辟阅读专区（见图2）。

图 2　阅览室桌牌布置

3.5　活动组织

每场静阅读挑战赛由至少 1 位值班馆员与 2 名学生志愿者共同负责活动现场的组织工作。为保证活动的正规性、公平性，工作小组设计了签到表、号码牌、比赛记录表，由志愿者负责签到、回收手机、比赛过程记录、发放证书等（见图 3），由馆员负责宣读比赛规则，维持比赛秩序。挑战结束后，值班馆员基于志愿者对各参赛者的挑战时长、违规行为、感想提交情况的记录，判断参赛者是否挑战成功。

3.6　活动现场

4 月 23 日—5 月 13 日，4 场纸书 4 小时静阅读挑战赛（本部本科生专场、本部研究生和教职工专场、本部专场、南校区专场）和 4 场纸刊 3 小时静阅读挑战赛（本科生专场、教职工和研究生专场）在我馆 6 个阅览室准点开赛。每场挑战赛参赛者均座无虚席，静心阅读，部分参赛者甚至放弃了休息时间。眼前是有趣的文字，耳边是书籍翻阅和笔尖记录的沙沙声，比赛氛围静谧又令人感动（见图 4—图 6）。

图 3　负责活动组织的志愿者

图 4　纸书 4 小时静阅读挑战赛现场

图 5　纸刊 3 小时静阅读挑战赛现场

图 6 参赛者阅读倩影

所有参赛者均成功完成挑战。活动组织者当场向参赛者颁发定制完赛证书,并安排了拍照打卡环节,以使参赛者现场体会到成就感和仪式感(见图7、图8)。

图 7 参赛者 KT 板打卡留念　　**图 8 参赛者证书发放留念**

3.7 后期总结

为促进活动的二次宣传并为活动的持续开展提供经验,工作小组开展了细致的后期总结工作:一是感想评选,工作小组召开专题会议,对参赛者感想按照场次和比例进行评选,获奖者名单通过图书馆微信公众号进行发布,每位获奖者可获得读书笔记本一份,通过奖品奖励,进一步激发读者读书兴趣;二是品牌申报,积极申报校级读书品牌,为后期静阅读挑战赛的常态化、持续开展奠定基础;三是参赛者满意度调查,基于静阅读挑战赛特点,设计参赛者满意度调查问卷,了解参赛者的阅读基本情况、对挑战赛的满意度与意见,验证活动效果;四是发布活动新闻稿,通过图书馆官网、图书馆官微、学校官网多渠道发布活动总结,扩大活动的影响力和知晓度。

4 活动成效

4.1 激发了读者的参与热情

书刊静阅读挑战赛报名信息一经发布,新颖的活动形式得到广大读者的热烈响应。比赛报名火爆,活动上线首日,大部分场次均已报满。为满足读者的阅读热情,经工作小组协商,后期在本部图书馆增加了 1 场纸书静阅读挑战赛。本次书刊静阅读挑战赛共有来自 11 个学院 110 名参赛者参与并完成挑战,其中本科生占比 61.8%,研究生和教职工占比 38.2%,且有 3 名教职工和 2 名博士研究生参与本次活动。

4.2 获得了参赛者的高度评价

参赛者在活动感想中对本活动给予了高度评价。纸书静阅读的参与者写道:"阅读的本质是让读者找寻内心深处的那片宁静,与其碌碌匆匆,不如冷静下来,用心感受,这就是静阅读给我带来的启发。""在活动结束那一刻,心灵的满足盖住了双眼的酸涩,独处的欢愉胜过了热闹的喧嚣,在书海中尽情遨游的畅快是无以言表的。"

纸刊静阅读的参与者写道:"摆脱手机的束缚,体验沉浸式的阅读很令人解压,纸质期刊让人有一种归属感,与其说这是一场比赛,不如说是给喜爱阅读的人一份馈赠。""通过期刊阅读,仿佛让人置身于实验室中,与老师、前辈屏息严肃探寻疾病的原理和规律,通过活动,极大地鼓励了我对本专业更深的兴趣与热爱,激发了我对科学研究的好奇。"

此外,满意度调查结果显示,48.72% 的参赛者表示比较满意,41.03% 的参赛者表示非常满意,无参赛者表示不满意。87.18% 的参赛者表示如后期持续开展静阅读挑战赛,会继续参加。

4.3 促进了参赛者阅读意愿的提升

问卷调查结果显示,43.59% 的参赛者在赛后增加了纸质书刊阅读量;33.33% 和 7.69% 的参赛者在赛后增加了在图书馆的图书和期刊借阅量。在纸书 4 小时静阅读挑战赛的参赛者中,有 58.33% 的参赛者在赛后完成了参赛书目的整本阅读。

4.4 实现了图书馆既定的活动目标

问卷调查结果显示,在活动收获方面,74.36%的参赛者通过挑战赛重温了阅读的初心,66.67%的参赛者体验到了阅读的乐趣,51.28%的参赛者了解了图书馆的空间布局和馆藏资源,详见图9。参赛者活动收获与活动目标相一致,实现了读者效益和图书馆效益的有机统一。

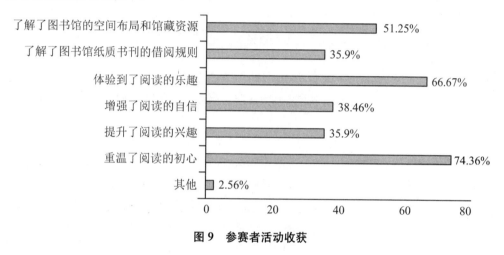

图9 参赛者活动收获

4.5 取得了学校和同行的认可

静阅读挑战赛在安徽医科大学第五届校园读书创作活动中荣获特色读书活动品牌,实现了品牌创建的第一步。活动主题及形式也受到同行的认可和借鉴,如广东舞蹈戏剧职业学院图书馆在6月8日—6月9日同样开展了以"品纸墨书香,寻阅读初心"为主题的静阅读挑战赛。

5 活动特色

书刊静阅读挑战赛呈现出全覆盖(场地和对象全覆盖)、多场次(5+1,根据报名情况增设一场)、双模式(纸书4小时和纸刊3小时)的特点。此外,静阅读挑战赛在活动设计、实施和活动成效方面还兼顾需要性、创新性、科学性、可行性和效益性五大原则。

5.1 需要性——响应政策号召,紧贴现实需求

纸刊静阅读挑战赛的创办充分响应了国家关于促进全民阅读的号召,响应了"不忘初心、牢记使命"主题教育的号召。该活动从高校图书馆面临的困境和读者阅读需求出发,采用具有吸引力的连续时长阅读挑战赛形式,推动阅读普及,激励读者从阅读中寻找初心。

5.2 创新性——创新活动模式,拓展活动范围

在推进全民阅读的大背景下,各类型图书馆都在积极开展不同形式的阅读推广活动。已有部分机构尝试利用图书馆空间,开展连续数小时的阅读挑战赛,并取得了不错的效果。

目前影响力最大的是"阅读马拉松"品牌活动。其比赛目的是将单个阅读者通过阅读马拉松比赛联合起来,将阅读从私人领域带入公共空间,向社会集中展示阅读的力量并推广阅读的行为。阅读马拉松的具体参赛规则为:① 采用团队参赛方式,报名阶段由 1 位队长创建团队并邀请 4 位队员加入;② 获得参赛资格后按照规定时间到达比赛场地进行阅读;③ 参赛者需用 6 个小时阅读一本指定书籍,完成阅读后用手机扫码计算阅读时间,并进入"阅马"专用答题系统答题,完成一份 200 字左右的读后感即可完赛;④ 比赛总成绩由阅读速度分(阅读时间)与阅读质量分(答题得分)相加而成,综合比赛用时最少者获得冠军;⑤ 答题分高于奖牌线者,将参与比赛排名,并且获得比赛奖牌和完赛证书。

此外,杭州师范大学、安庆师范大学、大连市公共文化服务中心等各类型机构也都推出了个人参赛形式的阅读挑战活动,比赛时长短则 1 小时,长则 3 小时,参赛书目既有主办方指定也有自选。安庆师范大学在 2018 年推出的"离机实验"活动曾荣获第三届安徽省高校图书馆服务创新案例大赛二等奖。该活动倡导无手机阅读,远离手机,心无旁骛,与书为伴。具体的比赛规则为:① 馆内现场报名;② 带着由工作人员在信封里封装好的手机进入图书馆开始阅读;③ 阅读有效时间超过 1 小时,即为挑战成功,可获得活动礼品;活动结束后,按照阅读时长选出前 10 名,颁发奖品。离机实验活动在 5 个小时的时间内共有 75 名读者参与,最短坚持时间为 57 分钟,最长坚持时间为 5 小时,坚持 1—2 小时的读者占比最多。

本案例在前期设计阶段,充分收集现有类似活动资料,汲取同仁的成功经验,并根据活动目标和本馆实际,在参赛方式、比赛时长、比赛形式、比赛奖励方面做出调整和创新,从而保证活动的科学性和可行性。静阅读挑战赛的创新之处包括:① 纸书静阅读挑战赛阅读时长设置为 4 小时,既符合深阅读的时长要求,又符合阅览室的正常开放时间,无需馆员加班组织活动。相比类似活动最低 1 小时阅读时长的设置,静阅

挑战赛通过提高时长,增加活动难度,从而提高读者坚持力,以求实现重温阅读初心、增强阅读自信等活动目标;② 重视图书馆报刊资源的推广与利用,特设纸刊 3 小时静阅读挑战赛,创新了活动模式,形成了纸书纸刊静阅读双模式;③ 挑战赛基于馆舍布局和读者层次,设置了本部专场、南校区专场,以及本科生专场、研究生和教职工专场。在专场设置上的明确细分体现了图书馆对各层次读者的同等重视与关注,有助于解决研究生和教职工对图书馆活动知晓度和参与度低的问题,并拓展了活动的人群和空间覆盖面;④ 采用证书加奖品的双奖励模式,既降低了活动成本,又适当增加了活动难度。通过发放证书使得绝大多数参与者都能从活动中收获成就感和仪式感,通过感想评选和奖品发放,促进活动的二次宣传。该赛与阅读马拉松大赛、离机实验活动的比赛流程对比详见表1。

表 1 相似阅读推广活动比赛流程对比

	阅读马拉松大赛	离机实验	书刊静阅读挑战赛
比赛目的	向社会集中展示阅读风采	倡导无手机阅读	馆藏纸质资源推广,提升阅读意愿,促进静阅读、深阅读,助力科研
参赛方式	团队参赛(5人组队),固定时间参赛	个人参赛,固定时间	个人参赛,固定时间,多场次(本科、研究生和教职工专场)
比赛时长	6 小时	1—5 小时	纸书 4 小时/纸刊 3 小时
比赛形式	阅读一本指定书籍	阅读自选图书	阅读自选图书/馆内选刊
比赛奖励	阅读结束后需答题,答题超过奖品线,且完成读后感后可获得奖牌	阅读时长≥1 小时发放礼品,阅读时长排名前十的发放奖品	完成固定时长阅读且提交阅读感想可获得证书,感想优秀者可获得奖品

5.3 科学性——遵循阅读规律,符合读者意愿

书刊静阅读挑战赛在活动设计上的科学性主要体现在以下几点:① 在参赛方式上选择具有吸引力的挑战赛形式,激发读者的参与兴趣,以赛促读;每场挑战赛安排 20 人在同一个时间、同一个阅览室进行集体阅读,通过对阅览室的装饰,为读者创造舒适的阅读环境,营造良好的阅读氛围,从而促进实现静阅读、深阅读;② 在比赛时长的设置上,基于书刊的不同特性及活动目标有针对性地进行设置。纸书阅读时长设置为 4 小时,以保证阅读的连续性,促进深阅读;纸刊阅读时长设置为 3 小时,阅读类型既包括自然科学专业期刊,也包括社会科学报刊,并安排馆员指导选刊,此设计符合提升读者对我馆优秀报刊资源知晓度的目标定位;此外前 1 小时必须阅读自然科学期刊的规定,满足了研究生和教职工的科研需求,并有助于推动本科生早期接触科研;③ 在比赛奖励上,在活动现场当场发放完赛证书有助于提升参赛者的坚持力,使得参

赛者及时收获成就感和仪式感;后期对感想进行评选奖励,有助于以赛促思,促进读者深阅读,并及时收获读者对活动的反馈。此外,通过比赛现场的证书发放、打卡合影以及后期的感想评选结果发布等设计,促进活动的二次宣传。

5.4 可行性——人财物投入低,具有可持续性

书刊静阅读挑战赛在参赛方式、比赛时长、形式、奖励的设置上,不仅遵循阅读规律,而且充分考虑读者实际,保证活动的可行性(见图10)。例如,采用个人而非团体的参赛方式、允许参赛者自带非馆藏书刊、仅需阅读1小时自然科学期刊、活动感想字数不限等参赛规则,均是为了提高参与兴趣,降低参与门槛。纸刊静阅读活动考虑到读者对专业学术期刊以及馆藏优秀报刊资源不甚了解的现状,特意安排馆员提前对参赛者进行选刊指导,推动满足读者需求和推广图书馆资源目标的双实现。此外,比赛时长设置均与阅览室正常开放时间相吻合,并安排志愿者进行活动组织,从而解决馆员缺乏的问题,提升活动的可持续性。在比赛奖励的设置上,通过发放完赛证书,在不降低活动奖励吸引力的前提下,大大降低了活动成本。

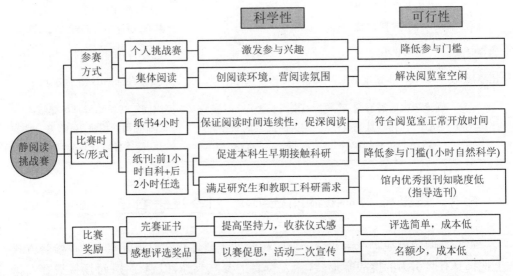

图10 书刊静阅读挑战赛的科学性和可行性

5.5 效益性——实现既定目标,兼顾读者效益

通过对活动的精心设计和实施,实现了图书馆效益和读者效益的有机统一。在图书馆层面实现了"以知促用""以赛促建",提升了我馆馆藏纸质书刊的知晓度和借阅量,并拓展了图书馆阅读推广形式,构建了阅读推广新品牌。在读者层面也实现了"以赛促读""以读促思",通过挑战赛和感想评选的流程设计,促进读者静阅读、深阅读、带

着思考去阅读。

6 活动不足

6.1 报名系统无取消机制,造成名额浪费

书刊静阅读挑战赛利用免费工具表单大师完成前期报名,报名系统本身无取消功能。因报名时间和参赛时间存在一定间隔,部分参赛者出现因课程时间调整、考试、会议等原因无法正常参赛的问题。经过参赛者与工作小组负责人在官方QQ群中沟通,及时释放了部分空闲名额。但因时间紧迫、流程复杂,这不仅增加了馆员工作量,还造成了部分参赛名额浪费。

6.2 参赛者多为有阅读习惯的学生,阅读推广普及力度仍待加强

仅有3名教职工参与本次书刊静阅读挑战赛,在110名参赛者中,占比2.7%。问卷调查结果显示,参赛者过去一年的平均纸书阅读量为6.6本,阅读量为2—3本的占比最多(35.2%),且有69.2%参赛者对过去一年个人阅读情况表示满意。从数据可以看出,本次活动参赛者以有阅读习惯的学生群体为主体。如何调动教职工和无阅读习惯的学生参与活动,加大阅读普及力度,推动全民阅读,应成为未来努力的方向。

6.3 单次参赛无法实现深阅读习惯培养和助力科研的高阶目标

通过参与纸书4小时静阅读挑战赛,参赛者体验到了阅读的乐趣,完成了一次深阅读尝试。但阅读习惯的培养需长期保持,如何利用好书刊静阅读这一挑战赛品牌,实现主动阅读、连续阅读、深入阅读,需持续谋划;通过参与纸刊3小时静阅读挑战赛,尤其是阅读自然科学专业期刊,使本科生参赛者了解基本的科学研究范式,研究生和教职工参赛者实现了专业文献阅读目标。但任何科学研究都不是一蹴而就的,如何利用好馆内优秀的专业期刊资源和专业的学科馆员,进一步助力学生和教职工的科学研究,还需深入思考与积极实践。

7 活动展望

7.1 深化书刊静阅读挑战赛品牌建设,活动开展常态化

打造阅读推广品牌,将阅读与品牌有机结合起来,以品牌效应带动阅读推广已成为必然趋势。未来计划持续开展书刊静阅读挑战赛,提高品牌知晓度,并强化品牌运作意识。

(1) 征集品牌 LOGO,开发品牌文创纪念品。通过设计个性化、有辨识的品牌标识,开发美观、实用且具有图书馆特色和艺术性的品牌文创纪念品,提升品牌影响力。

(2) 开发专题网页。网页集活动报名、取消、展示、宣传、反馈等多功能为一体。

(3) 规划子品牌。基于书刊特性,在现有纸书 4 小时和纸刊 3 小时静阅读挑战赛的基础上,改进活动流程,并可基于不同层次读者需求、不同阅读目标、不同阅读主题,拓展出丰富多彩、具有个性化的阅读形式,创建静阅读挑战赛子品牌。

(4) 拓宽品牌宣传渠道。在利用图书馆官网、官微等常规宣传渠道之外,应考虑各层次读者特性,开展有侧重性的品牌宣传;充分利用抖音、哔哩哔哩网等新媒体平台,拓宽宣传思路。此外,需强化与学校各院系、职能部门以及图书馆界的联系与合作,扩大品牌影响力。

7.2 阅读普及和深阅读习惯培养双管齐下

静阅读挑战赛将继续以我馆纸质书刊资源为依托,以促进全民阅读普及为主要目标。通过深入分析不同层次、年级、专业及不同个性读者的需求和特征,改进和创新活动形式,调动无阅读习惯人群的参与积极性。在此基础上,通过对阅读习惯培养、主动阅读、主题阅读、学术阅读等相关理论与实践的研究,创设符合我校实际的深阅读推广品牌,并配合阅读方法培训、阅读分享、科研分享等活动,实现深阅读习惯培养和助力科学研究的高阶目标。

馆店合作　共享悦读
——淮南师范学院图书馆打造校园文化新地标

阳国华　王玲　姚力　高平　王天骧

（淮南师范学院图书馆）

1　案例背景

1.1　国家有关部委的顶层设计

习近平总书记在全国高校思想政治会议上强调，"思想政治工作是学校各项工作的生命线"，校园书店作为高校重要思想阵地和文化设施，得到了国家及相关部门的高度重视。为落实中央部署要求，2016年，宣传部、教育部、文化部等11个部门联合印发《关于支持实体书店发展的指导意见》；2019年7月《教育部办公厅关于进一步支持高校校园实体书店发展的指导意见》明确提出，校园实体书店是高校重要的文化设施和文明载体，在传播先进文化、推动全民阅读、建设书香校园、促进学生全面成长成才等方面具有十分重要的作用。把支持校园实体书店高质量发展摆在高校思想政治和校园文化建设的重要位置，是贯彻习近平总书记在全国宣传思想工作会议、全国教育大会讲话精神的重要举措，对于高校落实"三全育人"职能，培养德智体美劳全面发展的社会主义建设者和接班人具有重要的现实意义。

1.2　安徽省有关部门的具体要求

2020年5月，中共安徽省委宣传部、省教育厅、省新闻出版局联合印发《关于推进高校校园实体书店建设的通知》，在强调落实教育部文件的基础上，明确要求全省高校各校区应至少有1个图书经营品种、规模与本校特点相适应的校园实体书店。

1.3 党委的高度重视

淮南师范学院党委高度重视校园实体书店的建设和发展,将校园实体书店建设工作纳入到学校 2019 年、2020 年党政工作要点中。在学校党委的推动下,安徽省内规模最大、环境最优雅、服务品种最齐全的校园实体书店——淮南师范学院"阅+"共享书店于 2020 年 9 月 1 日面向师生正式开放。

"阅+"共享书店总面积约为 500 平方米,外观采用玻璃幕墙设计,整个书店看起来空灵雅致,南北通透使得书店内部光线充足,为师生提供了优美静雅的阅读环境。"阅+"共享书店由图书区、读书会、休闲阅读区、文创产品区等多种空间组成,具有阅读、活动、展示、休闲等功能。其中,图书区有畅销类、名著类、现代文化等书籍约 20 000 册,可通过共享借阅免费阅读;阅读区环境舒适优雅,临窗而坐,可容纳约 60 人畅读;读书会区域设置会议桌,可容纳 15 人左右,是师生召开小型会议、组织讲座、读书沙龙、学术讨论、品阅书香等的理想场所。

2 案例意义

2.1 合作使教育事业与文化产业有机结合

馆店合作促进了书香校园建设,为全民阅读活动的持续开展提供了新的活力。图书馆通过馆店合作模式,实现了从资源和信息的共享到文化理念的渗透,提升了社会效益和经济效益。图书馆与"阅+"共享书店的合作促进了相互之间的文化融合,促进了校园阅读推广。

2.2 合作提升了社会效益

图书馆通过馆店合作模式,不仅提高了读者满意度和馆藏资源利用率,最大限度地满足了读者的多元化信息需求,还扩大了自身的影响力,推动了全民阅读的持续开展。对于"阅+"共享书店来说,其通过与图书馆的跨界合作,不仅拓宽了生存空间,还提升了图书销售量、客户量及经济效益。

2.3 合作具有辐射效应

馆店合作促进了图书馆服务模式的创新及转型发展。国家的政策支持和书店的配合响应,也为图书馆的创新服务和转型发展提供了动力,为其他高校图书馆提供了借鉴,具有辐射效应。

3 实施内容

"阅+"共享书店自开业以来,第一时间将最新的优秀出版物提供给在校师生鉴赏。所有在售图书,师生均可凭身份证登记后实现免费借阅。图书馆与之合作,开展了内容丰富、形式多样的各类文化活动,如开展一些小型研讨会、读书沙龙等活动。

"阅+"共享书店不仅是出售图书的场所,更是淮南师范学院校园文化育人阵地的延伸,成为了图书馆和课堂教学的补充场所,在积极推进落实"三全育人"、促进学生全面成长,把握读者需求、推动文献资源建设、丰富读者生活、营造美丽书香校园等方面起到了重要作用。

图1 校园书店全貌

3.1 线上线下融合,提高资源建设质量

"阅+"共享书店的读者群体主要是在校师生,服务重点为专业类、学术类、助考类和畅销类等符合读者定位的图书,淮南师范学院图书馆与书店合作,聚焦读者的个性特点,满足读者的多样需求,注重观察读者的阅读范围,了解读者的真正需求,开展定

制化服务,为读者量身定做,通过读者荐购对症下药,有的放矢,满足读者需求。

淮南师范学院图书馆为提高图书采购质量,不断满足读者文献需求,在线上设立了图书推荐平台,通过智通达、云田智慧网和汇文系统3种荐购渠道,为广大师生提供个性化、精细化线上文献采集服务。在线下,利用"阅+"共享书店等场所,开展形式多样的图书荐购活动。例如,在学习阅览区域设立"读者推荐区",在诸多书架里单列"读者推荐书架",在读者荐购区域放置图书荐购单等,有针对性地采集文献信息,进而采购读者能够用得上又喜欢阅读的各类图书。这一举措吸引了大量读者踊跃参与图书馆的文献资源建设,大大缩短了文献资源的采访周期,提高了文献资源的采访质量,使读者对文献需求的满足感得到有效提升。

图 2　书店设立读者推荐区

图书馆借助"阅+"共享书店,突破传统的被动服务方式,主动走进读者群体,与读者面对面交流,了解读者的需求,向读者宣传图书馆新书目、新书简介以及馆内各项活动公告。同时,凡读者在书店看到的图书,即使图书馆尚无馆藏,只要符合图书馆采购范围,均可直接放在读者推荐书架上,由采编部门人员定期去收集。

通过线上线下融合、多管齐下的方式,淮南师范学院图书馆在采纳不同渠道的读者推荐的基础上,及时准确地捕捉社会热点,增加了精品书籍的采购投入,从而使文献资源建设取得了良好成效。以2021年为例(见图3),图书馆全年采购纸质图书经费135万元,其中来自馆员推荐书目占比54%,网络推荐书目占比36%,纸质读者荐购单占比4%,邮箱推荐占比3%,还有一些其他渠道的推荐占比3%。全年共采购图书17 000余种,32 000册。其中来自各种渠道的读者荐购就有8 000余种,占采访数据的46%。这满足了不同读者为获得文献资源新信息、新知识的需求,提高了采访服务的精准度和满意度。

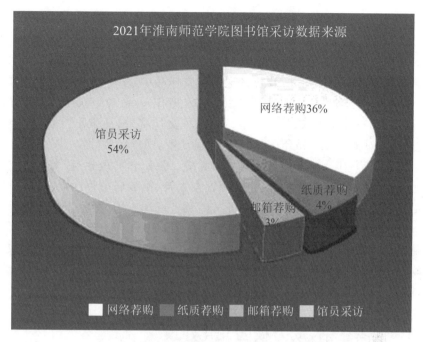

图 3　2021 年淮南师范学院图书馆采访数据来源

3.2　服务空间，推进阅读推广活动

在新时代背景下，读者的阅读方式多种多样，信息的获取不再局限于在图书馆的阅读。图书馆在创新阅读文化服务视角、推广阅读服务的模式上也在不断地发生改变，不断满足读者个性化、多元化阅读需求。

淮南师范学院图书馆充分利用"阅+"共享书店的阅览空间功能，创新阅读内容，在书店里组织开展丰富多彩的阅读活动，如和书店共同举办"七一"读党史读书分享会；与二级学院组织多场文学创作沙龙活动，邀请知名作家刘同开展新书宣讲会；在"十一"期间举办红色诗歌朗诵会等。

2017 年起，中共安徽省委教育工委、安徽省教育厅、安徽省人力资源和社会保障厅、安徽省文化和旅游厅、安徽省新闻出版局、共青团安徽省委员会等部门组织开展了主题为"读书引领人生，创作点亮梦想"的安徽省校园读书创作活动，迄今已举办了五届。每一届安徽省校园读书创作活动的通知下发后，各校围绕主题开展了各种形式的活动。为对接省校园读书创作活动，我校图书馆组织开展了"淮南师范学院校园读书创作活动"，营造了良好的阅读氛围，引导师生广泛阅读各类优秀读物，培养浓厚的读书兴趣和良好的读书习惯，促进师生提升综合素质。尤其是近两年，利用"阅+"共享书店开展了丰富多彩的活动，取得了可喜的成绩。在 2020 年第四届安徽省校园读书创作活动上，我校选送的 28 篇征文作品全部获奖，其中学生组获得一等奖 3 人、二等奖2人、三等奖8人、优秀奖7人;教师组获得三等奖4人、优秀奖4人;另有3人获得优秀指导教师奖。除征文比赛外,本届校园读书创作活动还推出名师名家系列讲座、数据库专题培训、大学生阅读摄影比赛、大学生信息素养竞赛等系列活动。2021年第五届安徽省校园读书创作活动,我校选送的征文作品中,学生组获得读书创作之星1人、一等奖3人、二等奖5人、三等奖7人、优秀奖6人;教师组获得读书创作之星1人、二等奖1人、三等奖1人、优秀奖3人。除征文比赛外,还推出"讴歌百年辉煌历程"文艺短视频征集、"书写百年美好画卷"书画比赛、中华经典"诵写讲"系列大赛、"永葆初心　虎跃新程"生肖邮票设计比赛、"学党史　强信念　跟党走"大学生主题演讲比赛、"烛光计划"之重走红军路、红色资源检索大赛、第七届书香江淮"品读经典对话信仰　弘扬社会主义核心价值观"读书征文活动、"辉煌中国"摄影作品征集活动、"青年心向党"朗诵活动、"百年荣光　薪火相传"博看网2021年有奖答题活动、第三届超星杯微阅读创作大赛、新东方读书打卡活动、第五届"EBSCO杯"文献信息获取体验大赛、大学生红色电影英文配音大赛等活动。内容丰富、形式多样的读书创作活动,在校园里不断掀起阅读热潮,营造了浓厚的读书文化氛围。

3.3　读者生活,助力校园文化建设

淮南师范学院图书馆与"阅＋"共享书店合作,在"4.23"世界读书日,教师节、中秋节等重大节庆日,组织开展各类读者文化活动。例如,文创产品制作、艺术品展示、艺术品鉴赏、手工制作体验等,最大限度地延伸了校园文化的服务阵地,丰富了读者校园文化生活,有效地拉近了图书馆和读者之间的关系。很多学生在读者画展中,用画笔表达出对图书馆的深厚感情。

图4　世界读书日活动

4 创新之处

4.1 思路创新

通过馆店合作,实现优势互补,打造多元文化空间。淮南师范学院图书馆在与"阅+"共享书店合作过程中,拓展了共享信息平台,实现了优势互补,增强了链接功能,延伸了服务空间。

一方面图书馆在书店开展"你选书我买单"、馆藏书目推荐、读者荐购书单内容等活动的同时,将预约订单内容更新在图书馆官网、微信公众号等新媒体平台。另一方面借助校园书店平台实现线上线下同步订购,采用与读者面对面荐购、"读者推荐区""读者推荐书架"等多种方式采集文献资源信息,通过线上荐购和线下读者留言等多种渠道来聚合不同读者对文献资源信息需求,从而使读者更愿意参与到图书馆文献建设工作中来,大大提升了文献资源建设的质量和精准度。

4.2 内容创新

淮南师范学院图书馆始终在满足读者文献需求,为读者提供多元化信息资源服务上不断探索创新。与校园书店合作,借助校园书店雄厚的资金和丰富的新书资源,将图书馆的馆藏资源和读者文献需求相融合,提高图书馆文献的资源利用率,强化了社会效益和社会功能,实现了馆店相互补充、相互融合、资源共享等功能,为图书馆文献资源建设的质量提升起到了强有力的支撑作用。

淮南师范学院图书馆借助"阅+"共享书店的场地和设施,举办大型阅读推广活动,如新书宣讲会、阅读沙龙、有奖征文等,与师生共同开发文创产品,进行艺术品展示等,根据读者的多样化、个性化需求"量身定做",最大限度地满足读者需求,在增强校园文化认同感的同时,助力校园文化建设,为"阅+"共享书店内涵式发展提供有力的保障。

淮南师范学院图书馆依托"阅+"共享书店场地,在重大节庆日举行读书演讲比赛等各类竞赛与交流,保证读书活动的实效性,让师生在活动中体验阅读的快乐,丰富了阅读生活,拓展了文化阵地,进一步营造美丽书香校园,构建独特的校园文化。

5　社会影响

淮南师范学院图书馆与"阅+"共享书店合作取得了成功,产生了较大的社会影响。多位省、市领导前来视察并给予高度评价(见图5—图7)。相关新闻被安徽省教育厅、淮南市人民政府网站、淮南日报等官方媒体报道,吸引了省内外多家兄弟院校前来调研,如安徽财经大学、宿州职业技术学院、蚌埠学院、江苏理工学院、安徽科技学院等(见图8—图11)。

图5　省人大常委会领导参观指导校园书店

图6　省教育厅领导高度评价校园书店建设　　图7　淮南市领导视察校园书店

图8 淮南市人民政府网站报道

图9 蚌埠学院宣传部、图书调研书店馆建设及运营情况

图10 江苏理工学院领导一行来我校调研交流

图11 安徽科技学院图书馆领导一行调研校园书店

馆店合作也获得了省市有关部门的肯定和表彰。2021年,淮南师范学院"阅+共享书店——新华书店"成功入选安徽省新闻出版局公布的2020年度全省实体书店示范店名单,获得"全省实体书店示范店"荣誉称号(见图12)。在中国书刊发行业协会主办的"新时代杯"2020中国书店年度致敬名单评比中,淮南师范学院"阅+"共享书店经过激烈角逐,从全国92家校园书店中脱颖而出,强势登上"2020时代出版·中国书店年度致敬名单",获得"年度校园书店"荣誉称号。2021年11月底,在安徽文明网公布的"2021十大最美高校校园书店"名单中,淮南师范学院校园书店名列前茅。近两年,淮南师范学院图书馆连续被评为安徽省高校图书馆"先进集体",并在各级各类读书活动中取得了优异成绩,被中国图书馆学会授予"全民阅读示范基地"(见图13),成为淮南师范学院一道亮丽的文化风景。

图 12　校园书店获得"实体书店示范店"荣誉称号　　图 13　淮南师范学院图书馆获得"全民阅读示范基地"荣誉称号

6　案例总结

淮南师范学院图书馆和"阅+"共享书店合作,在扩大社会影响力的同时,提高了图书馆和书店的公共文化服务功能,延伸了图书馆的服务空间,拓展了图书馆的服务功能;满足了读者多样化需求,推动了资源和文化建设;开创了"借力"服务模式,建立了共享共赢新机制。

今后,淮南师范学院图书馆将继续加强与"阅+"共享书店的合作,在空间使用、资源建设、人力服务等方面大胆尝试,整合资源,不断创新,为推动校园文化建设、建设书香校园不懈奋斗。

重温红色经典弘扬红色精神
——安徽财经大学图书馆红色经典学习馆服务创新案例

张慧慧　黄秋畅　蒋成浩

（安徽财经大学图书与信息中心（图书馆））

1　案例背景

　　文化是一个国家、一个民族的灵魂。红色是中华人民共和国的底色。红色文化是由中国共产党人、先进分子和人民群众共同创造的极具中国特色的先进文化，是中国共产党领导全国人民在革命、建设和改革的伟大实践中创造、积累的先进文化，是中国共产党的信仰、制度、作风、道德、革命精神、革命传统等的综合体现，是中国共产党在领导中国革命的伟大斗争中凝聚而成的，在社会主义建设和改革开放新时期得到继承和发展的中国化马克思主义先进文化，是不怕流血、勇于牺牲、甘于奉献的集体主义文化，是为中国人民谋幸福、为中华民族谋复兴的爱国主义文化，是为人类求解放和自由的共产主义文化。红色文化在不同的历史时期，不断被赋予新的内涵并展现出不同的风貌，具有鲜明的革命性和时代性。

　　从"小小红船"到"巍巍巨轮"，百年党史里，红色资源如同一部立体、生动、厚重的党史教科书，承载了中国共产党波澜壮阔的革命史、艰苦卓绝的奋斗史、可歌可泣的英雄史。红色经典是中国共产党智慧的结晶，其中蕴含的精神和哲理具有超越时空的特点，是激发人们奋进新时代的强大精神力量。

　　党的十八大以来，以习近平同志为核心的党中央高度重视红色文化遗产保护利用工作。习近平总书记强调，"要发扬红色资源优势，深入进行党史军史和优良传统教育，把红色基因一代代传下去""要把红色资源利用好、把红色传统发扬好、把红色基因传承好"。习近平总书记这些关于弘扬红色文化、保护利用红色资源的重要论述，为新时代推进红色资源保护利用和传承发展提供了重要遵循。

　　新时代，只有大力传承革命精神，弘扬红色文化，才能为实现"两个一百年"奋斗目标、实现中华民族伟大复兴的中国梦提供强大的精神动力。将红色文化的内涵与精神品格融入国民教育体系之中,充分发挥红色文化资源的导向功能,有利于加强和改进新时期的爱国主义教育,弘扬和培育中华民族的伟大民族精神。这既是培养学生家国情怀的基础性德育工作,又是培养其核心素养,让其以青春之我、创青春之国的有效途径;这既是推进大学师生自觉践行社会主义核心价值观,实现中华民族伟大复兴"中国梦"的重要举措,又是完成高校立德树人根本任务的时代要求。

2 案例简介

安徽财经大学图书馆红色经典学习馆(见图1)位于龙湖东校区图书馆三楼西南角,面积约360平方米,于2021年6月25日开馆。在建党一百周年之际,红色经典学习馆秉承党建引领、区域共享的服务理念,以"重温红色经典、弘扬红色精神"为主题,依托红色经典文献、党建朗读亭、党史有声墙、党史文化长廊、红色文化研讨区等线下资源营造党建"红色"氛围;同时,利用数字党建图书及报刊、在线党史诵读平台、经典理论专家讲坛、线上红色影片、多媒体智能会议等线上资源夯实"智慧党建"。致力打造集"读、诵、听、观、研"为一体的线上线下全方位的广大师生学思想、加强理论武装的党史学习教育实践基地。

图1 红色经典学习馆概貌

3 服务开展与推广

红色经典具有超越时空的生命力,更是激励后来者追求理想和信仰的动力与源泉。中国共产党宝贵的红色资源,蕴含了中国共产党人的光荣传统和优良作风,通过"读、诵、听、观、研"红色经典,传承红色基因、弘扬革命精神、坚守初心使命,向着实现党的"两个一百年"奋斗目标前行。

3.1 "读"红色经典图书,还原往昔峥嵘岁月

中国共产党在革命、建设、改革过程中,为实现各阶段目标而形成的一系列理论纲领、方针政策、文献著作、体制机制等具有规约性、导向性的红色资源,蕴含着中国共产党人的光荣传统和优良作风,是中国共产党性质和宗旨的集中体现,也是我党坚持真理、修正错误,克敌制胜、不断前行的重要法宝和独特政治优势。通过阅读经典原文,可以让读者与伟大灵魂直接对话;通过品读红色经典,以更高层面之心为心。

红色经典学习馆藏有经典书籍785册,囊括中国共产党在新时期的指导思想原著243册,"四史"图书295册,"中国共产党建党100周年"和"不忘初心、牢记使命"两大专题的最新图书247册;同时,广大师生可通过登录"博看期刊数据库"党建专区阅读线上红色经典资源。丰富的馆藏文献为广大师生提供了充沛的精神食粮,广大师生在红色经典学习馆内追忆中国共产党的百年峥嵘岁月,重温坎坷艰辛的奋斗历程,真正做到学有所思、学有所悟、学有所得(见图2)。

开馆以来,我校师生充分利用红色经典学习馆中的各类纸本资源与线上资源,在馆内开展多种形式的阅读交流讨论会。根据支部学习的各类专题,工商管理学院党支部的党员老师为学生推荐相应的红色经典图书,师生共同分享所思所感所悟所得。学习馆提供红色经典阅览服务,师生在馆内就专题书目进行分享与交流,通过读原著、悟原理,锤炼绝对忠诚品格。在学深悟透中见真知,在知行合一中续新篇。

图2 读红色经典

3.2 "诵"红色经典诗词,致敬初心历久弥坚

用声音记录历史,用朗读打动人心。通过诵读红色经典,将文字化为铿锵的力量,用诗词把红色基因和革命薪火予以传扬,用声音表达对党和国家的深深热爱和美好

祝福。

党建朗读亭内设有红色经典、红色家书、致敬英雄、红色诗词、家国天下、红色精神等党建版块,广大师生可通过手机扫码免费登录使用该设备,朗读开始后系统会自动启动录音,朗读结束后可上传保存音频,通过微信发送分享。微黄的灯光,原木的色调,两个高脚凳,两副耳机,两只话筒,广大师生用简单的方式呈现内心最真挚的情愫,用发自心灵的声音致敬党的光辉百年。

在喜迎建党100周年之际,我馆积极组织开展建党百年献礼——首届安财朗读者"青年心向党"朗诵大赛(见图3)。通过诵读红色经典,弘扬以爱国主义为核心的伟大民族精神,坚定在校大学生爱党爱国、顽强奋斗的决心,助力其成为担当复兴大任的时代新人。

图3　朗诵大赛

3.3 "听"党史有声图书,礼赞百年风雨苍黄

扫码即听、以耳代目,听党的声音。红色经典学习馆积极探索"互联网+党建"模式,上线首个党建"有声图书馆"。"有声图书馆"的设立打破了以往党建知识学习的传统"读本"形式,从过去的"定时学""集中学"向"随时学""随地学""自主学"的转变,为广大师生提供智能、便捷、个性化的文化服务,让党史学习内容更好地"声"入人心。

"有声图书馆"设置在党史文化长廊处,以十九大精神解读、党的经验智慧、四史等党史知识为主要内容,按照类别有序排列,每个二维码对应不同的专辑内容、语音节目,并持续更新。

红色经典学习馆的工作人员负责引导师生更好地使用"有声图书馆"(见图4),利用碎片化时间学习党史知识,提高党性及自身素养,取得了良好的效果。

图4 "听"党史有声图书

3.4 "观"党史文化资源,锤炼绝对忠诚品格

党史文化长廊回顾1921—2021年党的百年历史大事,可以说是一个行走的"红色课堂"。漫步其中,细细回顾党的光辉历史,仿佛跟随着党的脚步走过100年的风风雨雨;驻足细思,发自内心地为我们党百年来取得的辉煌成就感到骄傲,为自己身为一名共产党员感到自豪。

红色经典学习馆充分利用馆舍空间、优化馆藏布局,在馆外壁增设党建文化墙。党史文化长廊展示栏造型流畅、设计大方,如同一艘"红船"停靠于学习馆外,以时间为轴线,完整展示了从新民主主义革命时期至今的珍贵党史资料,每一阶段都配有富有历史感的图片、文字资料,清晰地梳理了历史的脉络,回顾了党的百年奋斗历程。

"观"党史文化长廊时,一幅幅特色鲜明的历史画面,仿佛把我们带入了不同的历史时期。因党史文化长廊极具独特性,师生学习活动频频到此,参观细品党走过的路,体悟党艰苦卓绝的奋斗精神,以激励我们"不忘初心,牢记使命",不断砥砺前进(见图5)。

"观"线上红色影片是学习党史的另一种重要方式,使学习者身临其境,达到最佳的学习效果。在庆祝中国共产党成立100周年大会召开之际,管理科学与工程学院组织学生在红色经典学习馆观看现场直播。图书馆与信息中心党总支多次在红色经典学习馆内组织党员学习活动,开展"节日里的党史"等主题观影活动,如《革命者》《我和我的祖国》等,感受革命先驱们的崇高精神,学习他们身上体现出的坚持真理、践行初心、担当使命、对党忠诚、不负人民的伟大精神(见图6)。

图 5　"观"党史文化长廊　　　　　　　图 6　观影活动

3.5 "研"党史经典理论,赓续百年无上荣光

以史鉴今、资政育人。学好党史、国史这门必修课,有助于我们以宏大的历史视野、坚定的人民立场、鲜明的问题导向、深厚的历史情怀,满怀信心开启全面建设社会主义现代化国家新征程、凝聚实现中华民族伟大复兴的磅礴力量。

利用开放式的展陈空间,依托丰富的馆藏经典纸本资源和数字党建资源,广大师生可以在学习馆内开展经典理论专家讲坛、线上红色影片观影、多媒体智能会议等"智慧党建"活动;同时,学习馆集成了多媒体系统、视频设备、音响系统、中央控制系统、监控显示系统,可以满足现代化会议室各种智能化要求。

当下,红色经典学习馆已然成为我校师生开展党建活动的常用场所,众多学院和职能部门依托馆内资源开展各种党史、理论研讨活动。开馆当天,校党委中心组在学习馆内召开了"党委理论学习中心组学习会";学院和各职能部门策划的一系列"我为师生办实事"主题党日活动、与时俱进的支部共建活动在馆里如期举办着;马克思主义学院将红色经典馆作为举办教师"学习强国"论坛与开展"经典悦读会"的固定分享场所,收到了良好的效果。不仅如此,马克思主义学院借助红色经典学习馆的独特优势,采取理论与实践相结合的教学方式,为蚌埠市消防救援支队和蚌埠市监狱的工作人员成功举办了党史学习教育政治轮训班;邀请安徽省委讲师团宣讲专家、省教学名师等开展了专题授课,讲座内容精彩纷呈、引人入胜,广大师生通过学习,对习近平新时代中国特色社会主义思想和中国共产党党史有了更深层次的理解和感悟(见图 7—图 10)。

图7　经典悦读会

图8　"学习强国"论坛

图9　"我为师生办实事"主题党日活动

图10　支部共建活动

管理科学与工程学院在红色经典学习馆观看了庆祝中国共产党成立100周年大会现场直播,并召开学习习近平总书记在庆祝大会上重要讲话精神的座谈会。学习座谈会后,与会师生党员面向党旗,再次举起右拳庄严宣誓,并同声齐唱《唱支山歌给党听》《没有共产党就没有新中国》。铿锵激昂的歌声,倾诉着师生党员崇敬党、热爱祖国的深情,表达着听党话、跟党走的坚定决心(图11、图12)。

图11　师生宣誓

图12　师生同唱红歌

4 活动反馈与影响

4.1 活动反馈情况

安徽财经大学红色经典学习馆自 2021 年 6 月 25 日开馆以来,采用线上线下相结合的方式开展各类活动,如各学院、各职能部门党建活动、师生红色文化活动、红色经典阅读、学生党员会议等,并根据用户需求进行场次安排。截至目前,已举办活动 26 次,吸引了 600 余名师生参加。每次红色经典学习活动结束后,我们都会邀请服务对象通过扫描问卷星二维码在线填写服务调查问卷,目前共回收调查问卷 379 份,有效问卷 379 份(数据收集截至 2021 年 11 月 8 日),这说明前来参加活动的大部分师生对活动主题及内容感兴趣,活动取得了一定的成效。问卷结果分析如下:

4.1.1 参与用户身份分析

在回收的有效问卷中,数据统计结果如表 1 所示,用户身份为教师的有 70 人,占比 18.47%;学生为 309 人,占比 81.53%。由此可以看出,红色经典学习馆的活动参与用户中学生所占比例最大,学生是红色经典文化宣传和推广的重点对象。后期图书馆除了继续在学生群体中开展各类红色经典文化宣传和推广活动、推陈出新以外,也将加大对教师群体的宣传推广力度,以期真正地做到将红色文化带入校园,激发师生的爱国情怀,将服务师生的口号落到实处。

表 1　用户身份分析

选项	小计	比例
教师	70	18.47%
学生	309	81.53%
本题有效填写人次	379	

4.1.2 对整体环境和总体服务的满意度分析

由图 13 可知,大部分服务对象对红色经典学习馆的环境是满意的,暂无关于不满意的反馈,说明多数人是喜欢该馆环境的,但仍有少量用户觉得一般,可见后期环境仍可以结合活动开展效果及师生意见进行改造,进一步提高师生对环境的满意度,争取让每位来到红色经典馆学习和开展活动的读者都爱上这里。

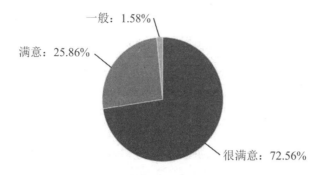

图 13　整体环境满意度分析

如表2所示,对整体服务感到"很满意"的一共有267人,占比70.45%,可见大多数服务对象对红色经典学习馆的服务很满意,学习馆较好地实现了服务于广大师生的功能要求。但是仍有2.37%的调查对象对整体服务的满意程度较低,这说明红色经典学习馆的服务水平及方式今后仍有待完善,后期图书馆可以专门针对优先服务开展相关培训,提高馆员服务意识和水平,改善服务的方式。

表 2　整体服务满意度分析

选项	小计	比例
很满意	267	70.45%
满意	103	27.18%
一般	8	2.11%
不满意	1	0.26%
本题有效填写人次	379	

4.1.3　对设备设施和馆内书籍种类的满意度分析

关于设备设施和书籍种类满意度,选择"很满意"的占大多数,分别为69.92%和68.34%,无"不满意"的用户,这说明大多数师生十分喜欢学习馆里的设备设施和书籍,这有利于开展红色经典相关活动。但仍有部分师生觉得一般,说明该馆今后在这些方面还有提升的空间,后期可以考虑结合最新的软硬件设施来进一步完善红色经典学习馆,同时丰富红色经典书籍的种类,让师生更全面地了解红色经典文化。

4.1.4　对预约系统便捷的满意度分析

由表3可以看出,多数用户对网上预约系统持"很满意"和"满意"的态度,该系统基本满足了师生的日常使用需求,但是仍有15位用户觉得"一般"或"不满意",说明预约系统仍有不足,后期在使用过程中可以参考师生的建议,联系相关行业中比较专业的技术公司,结合实际情况逐步对预约系统进行优化。

表3　网上预约系统便捷的满意度分析

选项	小计	比例
很满意	251	66.23%
满意	113	29.81%
一般	14	3.69%
不满意	1	0.26%
本题有效填写人次	379	

4.1.5　活动评价分析

为了更准确地了解师生对红色经典学习馆的内容和服务的评价,方便收集师生的意见和建议,在调查问卷中设置了一道开放性问题,由师生自行填写,如表4所示。

表4　意见或建议内容分析

意见或建议内容	小计
组织更多学习、交流活动	7
空间空旷	1
活动内容更深入、丰富	8
更加普遍,最好西校也有	2
加大宣传力度,让更多人了解	6
增加书籍、影像资料	3
无意见、加油或满意	139
本题有效填写人次	166

由表4可以看出,多数师生的意见和建议为"无意见、加油或满意"等,说明大部分师生是认可红色经典学习馆举办的相关活动的。除此之外,还有许多师生提出了各种意见和建议,可见这些活动受到了广泛关注,广大师生对红色经典学习馆兴趣浓厚,积极参与其中,充分发挥主动性和创造性。在今后的活动中,学习馆可以参考表中用户提出的意见或建议,予以改进,以便更好地服务师生。

4.2 活动影响

4.2.1 激发了师生的爱国热情

通过红色经典学习馆,图书馆引导师生品读红色经典,不仅能提升师生政治素养,也能通过红色经典和相关党建活动提升他们的爱国情怀,打造具有安财特色的红色校园文化,为学生构建和谐的成长环境,促进学生树立正确的价值观和道德观。同时,推广红色经典,可以使广大学生的思政能力和党性修养得到一定提升,成长为优秀的社会主义接班人。由此可见,建立学习馆、创新红色文化推广模式,提高了师生对于红色经典的学习兴趣,使红色经典的伟大精神在广大师生身上弘扬,红色基因得以传承,激发了师生的爱国热情。

4.2.2 坚定了大学生的理想信念

当前,我国正处于从传统社会向现代化社会过渡的历史转型期,传统文化中的积极因素和消极因素共同存在于现代生活中,西方文化与中国文化共同作用于我们的实践行为,使我们受到多元文化的影响。特别是对处于思想敏感期的大学生而言,面对西方文化的强势入侵,部分学生的价值观悄然产生了动摇,这严重影响了大学生的身心健康。青年人承载着祖国发展的重任,他们的成长必须有正确理论的指导,而这正确的理论就凝结于我国代代相传的红色经典之中。其中所蕴含的红色文化是巩固壮大主流思想舆论、弘扬主旋律、传播正能量、激发全社会团结奋进的强大力量。通过建立红色经典学习馆,大力推广红色经典,推动完善大学生的价值观,坚定其社会主义理想信念,使其更好地为社会主义现代化建设服务。

4.2.3 加强了高校校园文化建设

高校校园文化是学校发展的灵魂,是凝聚人心、展示学校形象、提高学校文明程度的重要体现。校园文化对学生的人生观、价值观、世界观产生着潜移默化的深远影响。推广红色经典文化是大学的历史使命和责任。建立红色经典学习馆,通过红色文化、红色精神引导人、感染人和教育人。让大学生直接参与红色文化活动,发挥他们的主动性和创造性,不仅是对红色经典的传承,更是对现有校园文化建设的有效补充,有助于引导校园文化积极健康地发展。

4.2.4 提升了图书馆的设施与服务水平

红色经典学习馆对广大师生进行线上线下相结合的红色文化推广,是通过提供馆藏红色经典文献和借助一系列的资源和设施来实现的,如党建朗读亭、党史有声墙、数字党建资源、红色影音、多媒体智能会议等。为此图书馆不断引进新的设备,配齐配好软硬件设施,为红色经典宣传推广提供有力保障。

同时,红色经典的宣传推广还需要拥有专业的队伍。如果说红色经典学习馆是红色文化建设的载体,馆员则是红色文化建设的主力军。馆员的业务水平、职业道德、知识结构、组织沟通能力等,直接影响着红色经典宣传推广的效果。这就需要图书馆馆员不断加强自身的业务能力,充分发挥他们在红色经典推广中的作用。因此,红色经典学习馆的建立在一定程度上提升了图书馆的软硬件设施和服务水平。

5 总结与展望

5.1 总结

5.1.1 切入多个角度,立体呈现红色经典内涵

红色经典是在我国近现代革命和社会主义建设中产生的优秀文化,蕴含着丰富的民族记忆和民族文化,代表着正确的政治立场和先进的文化方向,是民族精神、爱国主义和集体主义的完美体现,是传承红色基因的有效渠道。本案例中,红色经典学习馆秉承党建引领、区域共享的服务理念,以"重温红色经典、弘扬红色精神"为主题,依托红色经典文献、党建朗读亭、党史有声墙、党史文化长廊、红色文化研讨区等线下资源营造党建"红色"氛围。同时,利用数字党建图书及报刊、在线党史诵读平台、经典理论专家讲坛、线上红色影片、多媒体智能会议等线上资源夯实"智慧党建",致力打造"读、诵、听、观、研"为一体的线上线下全方位的党史学习教育实践基地。

5.1.2 激发馆员创意,培育专业化队伍

图书馆馆员是阅读推广人队伍的中坚力量,馆员应该在阅读活动中充分发挥个人的聪明才智,同时也需不断提升自身文化修养,为用户提供更专业的服务。本案例由安徽财经大学图书馆创意、设计、实施,在马克思主义学院支持下成功运行。每次开展活动时,馆员都全程参与、做好服务。在此过程中,馆员整体的文化素养得到了提升,更增强了馆员的核心竞争力,助力培育专业化队伍。

5.1.3 注重多方合作,不断扩大社会影响

出于专业性考虑,建馆之初,图书馆就积极联系马克思主义学院,共同筹划如何将其建成更符合新形势和我校实际的红色经典学习馆。学习馆建成后,图书馆更是加强了和马克思主义学院的联系,邀请他们举行或参与各种形式的党建活动。学校各个职能部门和学院师生也经常积极在红色馆内开展各类党建活动。同时,学习馆借助红色

经典文献、学术交流共享平台,广泛宣传,积极联动多方社会力量,以期实现资源共享、多方共赢。

5.2 展望

后期,我们将更加注重提升活动总体品质。为红色经典活动制订详细、科学的推广计划,注重活动的系统性和连续性,结合馆藏,做好推荐书目的阅读引导和指导。定期搜集红色经典书目,做好书目推荐工作,并积极研究红色文化知识,努力探索红色文化精髓,深入挖掘红色资源,进行创新传播,开辟红色文化研究基地,做好红色经典导读工作,把红色经典重点篇目及内容推介给读者,让读者去接触红色经典原著,慢慢品味、仔细思考,通过阅读经典原文来强化思想体验和自主思维能力,提高红色经典传播主体的文化传播力。图书馆将每期活动所涉及的红色经典书籍以荐读书目的形式推介给读者,引导读者自主借阅,延伸阅读,深入品析原著。

结合自身资源现状,引入 AR/VR 新技术,运用新媒介,增强红色经典主题活动多元化呈现方式。努力开发线上推广平台,积极利用微博、微信、抖音等自媒体平台进行红色经典阅读推广,建立认证账号,组建红色经典自媒体推广团队,通过拍摄小视频、发布微信公众号推文、建立微博超话题等方式,打破传统的线下推广模式,提升红色经典传播的趣味性和号召力。读者通过平台既可以浏览导读资源,又可以推荐自己认为值得看的红色经典,还可以发表和分享自己的阅读体会,加强读者之间关于红色经典文化的阅读交流,确保导读工作的顺利开展。

图书馆将加大宣传力度,吸纳更多校内院系、职能部门和社会团体组织开展相关活动,共同推动红色经典文化的传承推广。

依托品牌建设,助推建立高校图书馆阅读推广新格局
——记安徽财经大学图书馆阅读推广品牌"安·图·生"

武旭　王凯禄　郜锦轩
(安徽财经大学图书与信息中心)

1　案例背景

党的十八大以来,以习近平同志为核心的党中央高度重视全民阅读工作。特别是2014年以来,全民阅读已经连续八次被写入政府工作报告。2019年9月,习近平总书记在给国家图书馆老专家回信中特别提到:"图书馆是滋养民族心灵、培育文化自信的重要场所。希望国图坚持正确政治方向,弘扬优秀传统文化,创新服务方式,推动全民阅读,更好满足人民精神文化需求。"

2020年我国成年国民人均纸质图书阅读量为4.70本,其中有11.6%的国民年均阅读10本及以上纸质图书,8.5%的国民年均阅读10本及以上电子书,阅读现状不容乐观。大学生是国家和民族的未来,是阅读的主体。中国图书馆学会副理事长程焕文教授曾指出:"一流大学的建设,阅读推广是根本"。在倡导全民阅读的大背景下,深入而有效地开展阅读推广工作已经成为高校图书馆的主要任务,而阅读活动品牌的建立则是阅读推广工作的重要组成部分。

2　案例思路

2.1　品牌化的意义

美国市场营销协会将品牌定义为:一种名称、术语、标识、设计及其组成的集合,用

于识别一个销售商或群体的商品和服务,并使它们与竞争者的商品和服务区分开来。品牌效应拥有不可估量的价值,品牌一旦形成,将会成为一种无形资产,具有强大的影响力。

2.2 阅读推广活动的品牌化

阅读推广以培养读者阅读习惯、激发阅读兴趣、提升阅读水平为目的。而阅读推广品牌则是对在以图书馆为主导的各类阅读推广活动中,长期积累形成的全校师生乃至社会对该校阅读文化活动的一种认可,具有无形的价值。

通过打造高校图书馆阅读推广品牌,提升品牌的知名度和影响力,可以吸引读者的目光,提升大学生综合素质,有利于阅读推广工作的专业化、长效化。同时,对高校图书馆来说,品牌的塑造能增强图书馆的核心竞争力,更好地发挥图书馆的职能和价值,使图书馆在新时代拥有与时俱进、锐意进取的活力和动力。

2.3 阅读推广活动调研

为了更好地了解我馆阅读推广活动的开展情况,构建真正符合学生需求的阅读推广品牌,我馆采用网络问卷调查的形式,向安财东、西校区的学生发放了"图书馆阅读推广活动调查问卷",进行为期 15 天的调查,共收回问卷 560 份,其中有效样本 433 份,有效回收率为 77.3%。

对于了解图书馆阅读推广活动的渠道,我们从图 1 可以看出,学生们从图书馆官网上获取活动信息的占比较低,只有 8.2%,通过公众号、读者 QQ 群、易拉宝等途径获取活动信息的人数较为平均,占比分别是 16.5%、13.0%、14.1%。这表明现在学生获取信息的渠道越来越丰富,我们举办阅读推广活动时要线上线下立体化宣传,不能只依靠官方渠道。另外,选择"同学或老师告知"的人数占比是最大的,达到了 30.6%,可见我馆举办的一些文化活动较受师生欢迎,但目前的活动宣传方式还有所欠缺,比较依赖传统媒介,宣传力度和广度不够。

对于参加图书馆阅读推广活动的意愿,从图 2 中可以看出,有 51.8% 的同学选择"愿意"参加相关活动,所占比例较大,证明同学们对阅读推广很感兴趣。还有 36.4% 的受调查者表示需要依据活动的内容来决定是否参加。而如图 3 所示,28.2% 的受调查者认为我馆阅读推广活动的内容与形式丰富有趣,但是也有 32.9% 的学生认为一些活动缺乏创新意识。由此可见,我馆阅读推广活动在内容与形式上还存在较大的提升空间,有待进一步丰富和完善。

从图 4 中可以看出,我馆目前举办的阅读推广活动较为丰富有趣,得到了大家的广泛参与,但选择"从未参加过"的同学所占比例也很高,达到 38.8%。这表示我馆的阅读推广活动不仅应做多,更应做精,需要将这些活动整合统一,打造成为读者所欢迎的品牌活动,并通过品牌效应来提升知名度,让更多的读者参与其中。

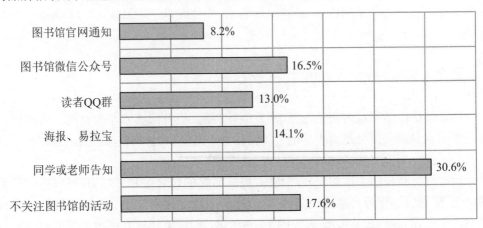

图1 关于了解图书馆阅读推广活动的渠道的调研结果

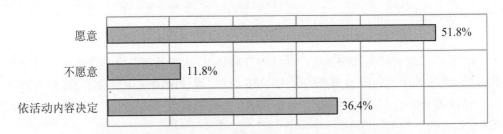

图2 关于读者是否愿意参加图书馆阅读推广活动的调研结果

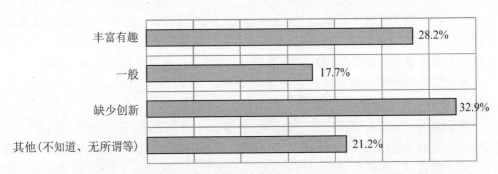

图3 关于读者对目前图书馆阅读推广活动的内容与形式的评价的调研结果

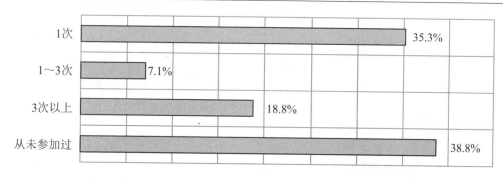

图4 关于读者参加过几次图书馆举办的阅读推广活动的调研结果

如图5所示,56.6%的学生表示参加校园文化活动有收获,这证明了阅读推广活动对学生的意义,多样式的主题活动可以激发学生的阅读积极性。

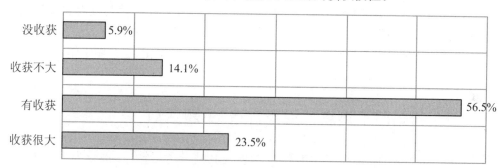

图5 关于读者通过参加这些活动是否取得收获的调研结果

从上述问卷分析情况可见,我馆目前的阅读推广活动呈现以下局面:一方面相关活动日益丰富多元,给读者提供的选择较多;另一方面由于缺乏有效管理和品牌意识,目前只形成了表面上的热闹,小而杂乱、重复率高、创新性不足,很难引起读者的兴趣。如何整合各类活动,打造独具特色的阅读推广活动品牌,吸引更多的读者参与其中,是当前我馆阅读推广所面临的一个重要问题。

另外,鉴于高校自身特点,每年迎来一批新生的同时又会失去一部分受众。因此,高校图书馆更应重视阅读推广品牌的建设,通过品牌的打造,建立可持续发展的长效机制,不断地产生影响。

3 案例介绍

"安·图·生"是我馆全新打造的阅读推广品牌。"安·图·生"三个字简洁精炼、朗朗上口,又与著名作家"安徒生"同音,易读易记,使人印象深刻,并且包含了安徽财经大学和图书馆的相关元素,"安"指安徽财经大学、"图"代表图书馆、"生"为全体师生。

"安·图·生"阅读推广品牌以推动、引导校园阅读推广活动为宗旨,以图书馆丰富资源为依托,以宣传优秀传统文化、弘扬社会主义核心价值观为主旋律,以培养我校师生阅读习惯、激发阅读兴趣、提升阅读水平为目标,结合时事热点,拓展阅读推广的深度和广度,助推建设高校图书馆阅读推广的新格局。

4 案例创新点

"安·图·生"整合了图书馆多而杂的各种文化活动,形成"安·图·生"系列,利用品牌效应开展图书馆服务活动,宣传图书馆的文化,架起图书馆与读者之间沟通的桥梁,让读者参与到"安·图·生"品牌的建设中,建立起读者对"安·图·生"的归属感,让更多的读者通过参加"安·图·生"系列活动了解图书馆、走进图书馆,形成持久的影响力。

4.1 紧跟时事热点,"量身打造"主题活动

千篇一律的活动很难激发学生们的兴趣,尤其是当代大学生一般较为关注社会焦点、校园热点以及一些新兴的节庆活动。"安·图·生"结合时事热点,就迎新季、毕业季、考研季、建党百年等多个学生们感兴趣的话题,举办了一系列阅读推广活动。

新学期伊始,我馆举办了"安·图·生"迎新季系列活动。以"迎新筑梦,爱上图书馆"为主题,将新生入馆参观作为主打,穿插新生寄语、军训慰问等多个部分。我馆的迎新季活动与新生入馆教育相辅相成,不仅使新生们对图书馆有了初步了解,也吸引到更多新生自发地来到图书馆、爱上图书馆,如图6所示。

图6 "安·图·生"迎新季系列活动

6月毕业季,为营造毕业生文明离校氛围,实现图书资源的循环利用,建设互助和

谐的书香校园,我馆举办了"安·图·生"毕业季系列活动,包括"正青春·毕业生专访",采访了一些优秀毕业生,留下他们对母校的祝福和对学弟学妹的美好祝愿;"母校,我想对你说"线下签名活动,以签名墙的形式书写青春记忆;"共享书香 情系安财"图书捐赠活动,毕业生在捐赠图书的同时可以领取精美的捐赠纪念证书,受赠图书会被收入图书馆的"图书漂流站",供全校读者无偿借阅,如图7所示。

图7 "安·图·生"毕业季系列之图书捐赠活动现场

世界读书日,为倡导和鼓励学生多读书、读好书,不断充实自己,提高自身的综合素质,我馆举办了"阅百年历程 传精神力量"——2021年图书与信息中心"安·图·生"全民阅读系列活动。其中,阅读之星优秀读者评选活动,通过借阅系统统计出2020—2021年度借阅量前五名的同学,授予其"阅读之星"称号并予以表彰,同时精选出了借阅排行榜上的一些人气书籍在线上举办馆藏好书推荐活动。除此之外,还举办了"一封时光,一段期许"为主题的书信寄语线下活动;与QQ音乐合作举办了"偶得笔落,自修百张"书画征集大赛;以及为提高学生对图书馆文献资源利用率的"百城指路,万卷寻瑰"图书检索大赛等。世界读书日这一系列活动重在读者的体验和参与,重视互动交流,一经推出就吸引了众多读者的目光,活动的人气度和"安·图·生"品牌的关注度都大大提升(如图8所示)。

图8 "安·图·生"世界读书日阅读推广系列活动签名仪式

2021年是中国共产党建党100周年,为喜迎党的百年华诞,回顾中国共产党从诞生到发展壮大的光辉历程和奋斗故事,我馆举办了"安·图·生"系列之"青年心向党"红色经典诵读比赛,并进行了现场决赛评选。同期,"安·图·生"还举办了"青春的我信仰的光"征文比赛,吸引了大量学生甚至老师们的积极参与,并邀请到文学院、校团委以及马克思主义学院的教授参与评选,提升了"安·图·生"品牌在校园中的影响力和知名度,如图9所示。

图9 "安·图·生"建党百年系列之"青年心向党"诵读比赛活动现场

临近考研季,为了帮助我校考研学生更好地复习迎考,更熟练地运用图书馆数字资源,便捷地获取考研知识,我馆推出了以"考研之路,有我助力"为主题的"安·图·生"考研季线上学习活动,精选我馆现有数字资源中与考研相关数据库并制作成电子图册,为我校学子考研之路保驾护航,不少备考同学更是直接将其做成了自己的电脑壁纸,收到了很好的反响。为了在考研冲刺阶段对一路坚持的考研学子进行鼓励,"安·图·生"还在考研前开展了"冬日暖心,研途有你"考研加油站送温暖活动,活动现场为考研学子精心准备了"加油大礼包",包括备考文具、暖贴、咖啡茶饮等,同时还设有"考研许愿墙",希望大家能保持充沛精力,以最佳的状态迎接即将到来的考试(如图10所示)。

除此之外,针对教师节、国庆节和一些传统节气,"安·图·生"系列之"安财朗读者"诵读送祝福活动还会邀请来自各学院喜欢朗诵的同学,利用我馆朗读亭进行诵读视频的录制,并通过图信中心公众号及时推送,该系列推文的阅读量和点赞量均名列前茅(如图11所示)。

图 10 "安·图·生"考研加油站活动

图 11 "安·图·生"诵读送祝福系列活动

4.2 后疫情时代,着力打造线上阅读活动

2020 年初,一场突如其来的疫情导致了图书馆经历了史上最长的闭馆。线上课程、线上比赛、线上讲座快速发展,阅读环境和方式的改变使图书馆的服务模式也随之发生变化。进入后疫情时代,着力打造线上阅读活动显得尤为重要。

为了帮助读者养成良好的阅读习惯,"安·图·生"组建了 QQ 线上读书交流群,既有使读者养成阅读习惯的阅读打卡群,每天分享书中的一句话;也有让读者分享读书心得,进行话题讨论的深度阅读群,满足读者个性化需求,全方位提升读者的阅读体验。"安·图·生"利用语林云、博看朗读等"一站式"服务平台进行活动的发布、编辑、评审、作品导出等,实现智能化管理,已陆续发布了"我与西校图书馆的故事"线上分享会、书画征集线上评选以及"安·图·生"LOGO征集、书签设计等活动,而学生在平台上传作品的同时也可以浏览其他参赛作品,进行分享、点赞和收藏。除此之外,"安·图·生"还利用微信公众号开展了科学防"疫"知识科普展,配合相关数据资源平台开展了一系列的线上阅读活动。

这些线上活动因其不受空间限制,操作便利、主题暖心、内容新颖、受众面广而备受读者喜爱。"安·图·生"线上阅读活动为更多的读者提供了丰富的阅读服务,使读者与图书馆之间的联系更加紧密。

4.3 创新社团管理模式,建立图书馆阅读推广新支柱

高校图书馆阅读推广的对象与公共图书馆是不同的,前者主要针对的是大学生读者。由此可见,学生团队在整个阅读推广工作中是一股不可或缺的力量。

我馆现有学生工作委员会和安财读书会两个学生社团,均成立于2009年。其中学生工作委员会的成员以义务图书管理员的身份在东、西两个校区图书馆工作,负责图书馆自修室的日常管理。安财读书会主要以本社成员为中心,开展有针对性的读书活动,定期交流读书心得和学习经验。近年来,两个学生社团开始辅助图书馆开展一系列阅读推广相关活动,但要最大限度地调动学生社团举办活动的积极性,必须让学生参与到阅读活动的组建过程中来,把学生社团纳入到阅读推广的管理层面,实现社团管理新模式。

通过组建项目小组,全面参与活动的设计、组织、实施、设奖、宣传、总结的各个方面。阅读推广部的老师依据各自的长处和专业性,分工负责并参与到项目小组,给予专业性的帮助和方向性的把控。新模式的建立,极大地提升了社团开展阅读推广活动的积极性,也使活动设计更贴近学生,更容易被接受。

完善的管理模式对于品牌内涵的提升和品牌维护有积极促进作用。我馆将阅读推广工作融入学生社团的建设与人才培养中,在提升学生综合素质、增强社团创新精神和实践能力的同时,也架设起一座图书馆和读者之间的桥梁,将"安·图·生"这个品牌辐射至校园的各个角落,从而在扩大品牌知名度与打造口碑方面做到事半功倍。

4.4 招募"安·图·生"阅读推广人,培育阅读推广新动能

在学生中招募阅读推广人是"安·图·生"品牌活动的又一创新。我馆面向全校招募阅读推广爱好者、活动积极分子及在历届活动中多次取得优异成绩的同学进行培训,通过考核,首批共10名阅读推广人已正式投入"安·图·生"阅读推广活动中。

通过在校园招募"安·图·生"阅读推广人的方式,在原有馆员和学生社团两大阅读推广主体的基础上又增加了读者这一新的主体,将读者作为阅读推广工作重要的组

织和参与力量。阅读推广人的实施,让每一位学生都有机会成为点亮校园阅读之光的火种,以榜样的力量将阅读推广活动带动、深入每一个班级、每一位同学。

4.5 线上线下立体化宣传,增强阅读推广传播度

除了在活动内容、形式和管理上做足文章,我馆在每次开展活动时都会综合利用传统媒介和社交网络平台进行立体化、全方位的宣传,通过两种宣传途径的融合,服务不同类型的读者群体。线下通过张贴精心设计的宣传海报、横幅、放置、大屏展板和分发宣传折页等方式为活动造势。

线上积极扩展网络宣传渠道,在图书馆官网、微信公众号、微博、QQ官方账号、企业微信和师生服务群等线上平台发布活动预告,通过微信和QQ等实时报道活动进展,在留言板与参与者互动,图文并茂地展示活动成果,将撰写的活动新闻及时发布在图书馆网站、微信公众号等,借助丰富的社交网络平台浸入读者的网络空间。线下线上立体化的宣传模式,极大地增强了我馆阅读推广活动的传播度,将推广内容以最合适的方式推送给有需要的读者,满足不同类型读者的阅读需求。

4.6 寻求多元化合作支持,建立更具"联盟化"组织

图书馆单靠自身力量开展活动,在精力和经济上都有一定的局限性。我馆在策划实施"安·图·生"阅读推广活动时,积极寻求与校内其他部门(如团委、宣传部、学院等)、专家教授以及校外机构(蚌埠市朗诵协会、QQ音乐等)和专业人士的合作,联合开展阅读工作,把各自的优势发挥出来,共享资源,发挥出"1+1>2"的强强联合效果。

例如,诵读大赛由我馆与校团委共同举办,并邀请蚌埠广播电视台的专业播音员以及我校文学院、艺术学院的教授参与评选;在图书检索大赛中,我们寻求与教务处联办,为获奖学生争取学科竞赛的认定;邀请蚌埠市朗诵艺术协会与学生共同举办朗诵艺术沙龙;在书画征集大赛中,我们与腾讯QQ音乐进行合作,并邀请到蚌埠市书法家协会的专家进行终评;邀请摄影家协会的老师来馆与学生摄影爱好者进行座谈交流;等等。

5 案例取得的成效

无论是紧跟热点、"量身打造"活动主题,还是促进读者积极参与,最终目的都是使我馆的阅读推广活动收到实实在在的成效。事实证明,我馆的阅读推广品牌——"安·图·生"系列活动,得到了我校师生的热情参与,取得了较好的成效。

2021年4月举办的朗诵比赛累积参与人次达230人,收到了来自全校11个学院

的221篇音频。同期举办的建党一百周年征文大赛收到投稿作品100余篇。2021年5月举办的书画征集大赛，共收到了包括书法、国画、油画、版画、水粉画、手工作品等在内的115幅作品，还收到校外读者邮寄来的画作。

"安·图·生"品牌建立以来，不仅以安财校园为中心开展了许多阅读推广特色活动，还组织师生积极参加各级各行业部门举办的相关比赛。近一年中，我馆参加蚌埠市委宣传部和蚌埠市文化旅游局主办的比赛2项；省图工委、省数图主办的阅读推广类比赛9项；联合各数据公司开展活动8项，均取得良好成果。其中，荣获一等奖3项、二等奖6项、三等奖68项、优秀奖56项。这些比赛极大地提升了我校学生的综合素质，也逐渐扩大了"安·图·生"品牌在省内高校中的影响力。

6 案例经验总结

（一）高校阅读推广活动的受众是全校师生，尤其是学生读者，因此如何吸引他们的关注，抓住他们的兴趣点是重中之重。建立阅读推广品牌，并利用多个子品牌之间的同频共振，有利于增强活动的吸引力和读者参与度。

（二）培养阅读习惯，推广阅读文化并不是一蹴而就的，不是只靠举办几次活动就能实现的，需要通过阅读推广品牌的打造建立可持续发展的长效机制，保证其系列性和整体性。

（三）采用全方位多形式、线上线下相结合的宣传渠道，增强品牌的知名度，提高品牌活动的参与度。

（四）在人员方面需建立长期稳定的阅读推广团队，引进多领域人才，提高学生社团的参与度，积极寻求与校内其他部门、专家教授以及校外各机构专业人士的多方合作。

美国诗人狄金森说过，"没有一艘船能像一本书，也没有一匹骏马能像一页跳跃着的诗行那样，把人带往远方"。阅读可以丰盈人类的精神力量，而阅读推广则是这种精神力量的传递，图书馆则是传递中最重要的媒介。好的阅读推广品牌既是图书馆的一张名片，更是图书馆生命力的重要体现。阅读推广品牌的构建可以帮助图书馆建立与读者的情感联系，进而逐渐让图书馆成为读者想去、爱去的地方。

我馆的"安·图·生"品牌虽然成立不久，但已成功举办了多次系列活动，并取得了较好的成效，积累了一些经验。今后，"安·图·生"会不忘初心，继续探索和寻找适合自己的阅读推广模式，确保其创意性和连贯性，凭借品牌活动的口碑，推动我馆阅读推广工作不断发展前行、永葆活力。同时也要发挥品牌影响力，以图书馆为核心、以文化活动为载体、以学生群体为对象，通过科学设计和创新管理，努力将其打造成学生喜闻乐见、特色鲜明并产生广泛社会影响的阅读推广品牌。

基于 RFID 自助借还系统的定位标签研发与应用
——开智慧校园之先河　创利他共赢之格局

曹中　朱明琛　王朔　魏欣
（安徽医科大学图书馆）

1　案例背景

1.1　自助借还系统应用背景

随着信息技术的发展、新媒体时代的到来，传统阅读受到了巨大冲击。各公共图书馆和高校图书馆都在不断创新服务模式，提升服务水平，打造智慧图书馆，以期将阅读、推广、创新三者有机结合起来，通过多元化、信息化、个性化的服务，来吸引更多的读者走进图书馆，回归传统阅读。近年来，伴随着物联网概念的兴起，图书馆工作者也开始关注以用户体验为核心的应用创新。RFID 技术是物联网概念里的重要技术，随着其在图书馆研究与应用领域的普及，越来越多的高校图书馆开始引进 RFID 自助借还系统。

安徽医科大学图书馆于 2018 年初正式启动了 RFID 自助借还系统建设工程。经过四年的磨合与改进，在我馆读者服务部（流通部）工作人员的不懈努力下，目前自助借还系统在日常图书流通和使用过程中，读者评价较好。

1.2　自助借还系统功能

在自助借还系统中，读者能够直接使用的，亦是最实用的功能主要有两个：一是图书自助借还功能，二是图书 3D 导航功能。图书自助借还功能依托图书自助借还书机实现，读者可以通过自助借还书机自助进行图书借阅、归还、续借操作，并且可以自助查询个人借阅信息，包括图书应归还时间、超期情况等。图书 3D 导航功能主要依托馆内各借阅处和阅览室的查询台，读者可以通过查询台进入 3D 导航网页，自助查询图书馆藏信息和定位信息。在自助借还系统应用过程中,自助借还和3D导航功能相辅相成,缺一不可。

1.3 安徽医科大学图书馆3D导航系统

3D导航系统能够帮助读者快速获取图书馆藏信息和定位信息,使读者能够根据图书定位信息(如图1所示),快速精准地找到所需要的图书,提高读者的借阅效率,是自助借还系统必不可少的一项功能。

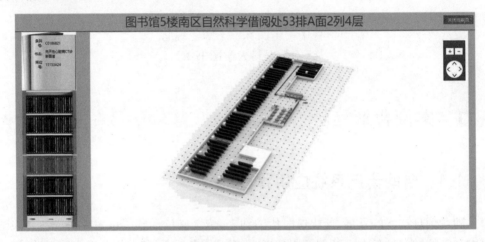

图1 安徽医科大学图书馆图书定位信息示例

我馆自助借还系统使用至今,虽已四年有余,仍有很多读者对3D导航功能不了解。目前,我馆宣传3D导航的途径主要包括:读者服务部工作人员的主动指导,图书馆各借阅处门口的海报宣传以及每年新生入学手册的介绍。通过读者服务部的工作人员日复一日、不厌其烦地向读者介绍,再通过读者的口口相传,现在,越来越多的读者开始了解自助借还系统,借阅时也开始主动使用3D导航的功能,这大大提高了广大师生读者的借阅效率。

1.4 自助借还系统优点

安徽医科大学图书馆读者服务部(流通部)目前在3个借阅处(社会科学图书借阅处、文学类图书借阅处和自然科学图书借阅处)共配置了4台自助借还书机和9个查询台,并在图书馆大门侧旁设置1台24小时还书机,图书实现全开架、分借分还借阅模式。

历经四年的使用、四年的沉淀,读者服务部的工作人员在工作实践中,对比之前人工借还,总结了自助借还系统的优点,主要有以下四个方面。

1.4.1 提升服务质量

自助借还书机可以批量进行图书借阅、归还和续借操作,简化了借还书操作流程,大大提高了图书借阅效率。24小时自助还书机的设置解决了读者因为无法匹配开馆时间导致的"还书难"问题,读者可以根据自己的时间安排,随时归还图书,有效减少了图书超期归还等问题的发生。此外,读者大量自助进行图书借还操作后,也使读者服务部工作人员从单一的人工借还操作中解放出来,更多地去从事一些深层次的读者服务,从而不断创新服务模式,提升服务质量。

1.4.2 方便馆藏查询

3D导航系统的使用使读者能够快速获取馆藏信息,精准定位图书信息,而不是单一凭借索书号去书架上人工查找图书。2020年新冠疫情防控期间,为了保证读者借阅安全,我馆改由读者将需要的图书告知读者服务部工作人员,由工作人员跑库为读者找书,待一位读者图书借阅流程完成后,才可为下一位读者提供服务。在此期间,读者服务部的工作人员积极指导读者使用3D导航系统,读者将搜索到的图书定位信息交给工作人员,工作人员再根据读者提供的定位信息为读者找书。基于3D导航的准确性,跑库的效率在疫情防控期间得到了大大提高。在疫情防控常态化期间,由于我馆限制了进馆人数,在3D导航功能的帮助下,读者能很快找到自己需要的图书,完成自助借阅流程,这显著提高了图书借阅效率,实现了读者和工作人员共赢的局面。

1.4.3 提高借阅率

自助借还系统使用以来,读者服务部的工作人员一直积极指导读者使用3D导航系统自助查询图书信息。读者通过3D导航系统能够更好地了解馆藏信息,知道有什么书可以借、在哪里借。增进读者对图书馆馆藏信息的了解,在一定程度上提高了纸质图书借阅率。

1.4.4 营造和谐借阅环境

自助借还系统的应用,由原先的人对人服务模式转变为机器对人的服务模式,不仅保护了读者的个人隐私,也减少了读者与读者服务部工作人员在图书借还过程中一些不必要的摩擦,营造了和谐的借阅环境。

RFID自助借还系统是信息化技术快速发展的必然产物,RFID自助借还系统的使用是高校图书馆流通服务顺应社会发展的必然趋势,也是构建智慧图书馆的必经之路。

2 案例目的和意义

2.1 自助借还系统存在的问题

虽然自助借还系统的优点很多,推进了传统的单一人工服务模式向多元化的智能服务模式转变,但是任何事物都存在两面性,自助借还系统在使用过程中存在的一些问题也是不可避免的。

2.1.1 网络和机器故障

自助借还系统必须在联网状态下工作,如遇网络故障或机器故障,系统无法正常运行,或者自助借还系统与图书金盘系统的对接端口出现故障,导致读者实际借还信息与系统显示信息不匹配时,都需要联系专业技术人员进行修复。在系统修复的过程中,无法进行图书借还,图书流通工作无法正常开展。

2.1.2 图书错借、漏借

由于自助借还系统可以批量借阅图书,图书感应区一次可以放置多本图书,读者一次放置多本图书时,有些图书磁条感应不灵敏,或者机器感应到了放置于附近的图书,但是读者在自助借阅时未核对信息,图书错借、漏借等情况时有发生。

2.1.3 图书漏还

如上所述,在进行图书批量借还操作时,遇到机器故障或磁条感应不灵敏,都会导致多本图书同时归还时有漏还现象发生。另外,由于本馆图书流通是分借分还模式,共有 3 个借阅处(自然科学图书借阅处、社会科学图书借阅处、文学类图书借阅处),每个借阅处图书种类不同,有些读者一次归还多本图书,比如将文学类图书和社会科学类图书混在一起,在社会科学图书借阅处的自助借还机上进行批量还书,可能会未及时发现系统提示消息,导致文学类图书并未归还成功,造成图书漏还。读者漏还图书时一般不易及时发现,误以为图书已归还成功,等下次借书时,甚至办理毕业离校手续时,才会偶然发现自己的借阅记录仍然存在,造成图书借阅超期等问题。

2.1.4 磁条损坏

自助借还系统为每一本图书都配置了一根专属磁条,磁条信息包括该图书的编目信息、馆藏信息和定位信息。如遇磁条损坏,则会造成该本图书无法被机器识别,不能进行借阅或归还操作,就需要读者服务部的工作人员联系采编部为该图书重新配置磁条信息等,影响图书流通效率。

2.1.5 读者服务部工作人员压力增大

当网络或机器出现故障,或者在图书借阅过程中出现任何问题时,读者通常会在第一时间向读者服务部的工作人员咨询。面对读者各种突发状况,读者服务部工作人员都必须在第一时间提供咨询和解答,这就需要读者服务部的工作人员不仅具备图书专业知识,还需要全面了解自助借还系统运行的各个环节,而我馆读者服务部工作人员均不是电子信息技术相关专业出身,这无形中增加了他们的工作压力。

2.1.6 图书流通过于依赖盘点车

自助借还系统的图书上架、下架和盘点均依靠配套盘点车进行。自助借还系统配套的 3D 导航系统,日常数据更新也主要由读者服务部工作人员操作完成。新书上架时,工作人员需要使用盘点车,对上架新书进行一一扫描,录入图书定位信息,然后将数据同步上传至 3D 导航系统,待上传成功后,读者即可在 3D 导航系统里查到所需图书的相关信息。剔除旧书时,读者服务部工作人员也需要使用盘点车对下架图书进行一一扫描,在盘点车上进行下架操作后,将数据同步上传至 3D 导航系统。此外,在日常图书倒架中,读者服务部的工作人员也需要使用盘点车,对倒架图书进行架位更换操作,然后同步数据至 3D 导航系统。已有定位信息的图书归还后,需要上架再流通时,如果想要将图书上架至 3D 导航系统里显示的定位层架,就必须依靠盘点车获取图书定位信息,将图书上至系统中已存的层架位置,如果仅凭索书号进行上架,将导致图书错架、乱架,无法匹配定位信息,久而久之,3D 导航系统就会形同虚设。所以,在自助借还系统中,如果想要充分发挥 3D 导航功能,盘点车是必不可少的工具,其贯穿于图书流通工作的各个环节。

2.2 盘点车局限性

图书盘点是自助借还系统中最基础、最重要的环节,包括图书归架、图书查找、图书整架等工作。图书盘点工作能否顺利进行,不仅决定了图书是否可以顺利流通,也决定了读者是否能够真正拥有关于自助借还系统智能性、便捷性和易操作性的良好体验,甚至决定了自助借还系统是否具有实际应用意义。

盘点车作为自助借还系统中图书盘点的重要工具,可以进行日常流通工作中的图书上架、下架、盘点,保证图书流通工作的顺利进行,体现图书 3D 导航和自助借还功能的优越性。但是,盘点车的使用也存在不可避免的局限性。

2.2.1 费用较高,采购数量有限

盘点车单价要几万元,由于经费限制,无法为每个库室都配备一台盘点车,我馆在

自助借还系统建设初期,仅采购了1台盘点车,远远无法满足日常图书流通工作。如果每本归还的图书都依赖盘点车进行图书归架,就须等一个库室图书上完才能将盘点车推至下一个库室使用,这将造成归还图书无法及时上架,图书流通速度严重滞后,图书流通效率降低。

2.2.2 难以及时发现错架、乱架图书

我馆在架图书均按照中图法分类索书号进行排架,由于纸质图书数量较多,同一索书号对应的图书也较多,如文学类的图书,索书号为I247.57的图书就有几万册。读者在开架借阅时,容易发生图书错放、乱放等情况,如果不使用盘点车逐一扫描图书,根本无法发现错架、乱架图书。

2.2.3 盘点车设备较大,日常图书中流通使用不便

目前我馆使用的盘点车是手推车式,体积较大,在日常图书流通中使用非常不方便,也增加了读者服务部工作人员日常工作负荷。

2.3 案例目的和意义

在自助借还系统建设初期,本案例组成员调研走访了几所已建成自助借还系统的兄弟院校,了解到许多学校的盘点车仅用于新书上架,图书盘点功能使用频率较低,由于工作条件有限,归还图书二次上架时无法保证其匹配定位信息,3D导航功能形同虚设。

由于自助借还系统和盘点车具有局限性,导致归还图书二次上架归位困难,在库图书盘点困难,已定位图书在流通过程中错架、乱架现象严重。这些问题都会导致图书在架信息与3D导航系统中的定位信息不符,使3D导航形同虚设,影响读者的自助借还使用体验。本案例组成员在RFID自助借还系统建设初期,经过多番思考与讨论,最终,基于RFID自助借还系统的工作原理、结合馆藏特点和实际工作,设计出了一款具有安徽医科大学图书馆特色、实用性强、可操作性高、可以复制的图书定位标签,旨在(1)有效减少图书错架、乱架现象,确保借出去的图书仍能归还至3D导航系统中显示的指定架位。(2)能够独立于盘点车完成日常图书流通工作,快速进行归还图书二次上架工作,有效保证图书流通工作顺利进行。(3)能够快速指引读者归还图书至相应库室,提升读者借还体验,拉近读者与图书馆的距离。(4)充分发挥3D导航的功能性和实用性,体现自助借还系统的优势,切实推进智慧图书馆建设。(5)为高校图书馆自助借还系统的应用提供实践参考和借鉴。

3 案例成果和应用

3.1 自主研发定位标签

2018年初,安徽医科大学图书馆启动了RFID自助借还系统的建设工程,经过几个月的系统应用与磨合之后,针对盘点车数量不足、图书盘点工作量大、图书流通缓慢等问题,本案例组成员基于多年图书流通工作经验,结合馆舍布局与馆藏特点,自主研发设计了一款基于RFID自助借还系统的图书定位标签(见图2)。

图2 安徽医科大学图书馆自助借还定位标签

如图2所示,标签中"自"是库室代码,"2"是库室所在楼层,"36A-1"和条形码是图书架位信息,左边"|"是书脊对齐线,原则上要求标签粘贴时对准图书书脊左侧边缘,使图书排架时一目了然。图2显示的图书定位信息为:图书馆二楼自然科学图书阅览室36架A面第1列。考虑到要为图书倒架留有可调整空间,因此,本案例组成员设计的图书定位标签仅精确到书架的每一列。

图书定位标签条码纸如图3所示,可根据需要随时打印。

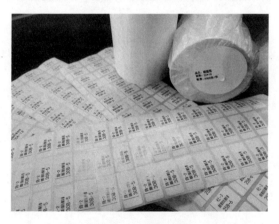

图3 图书定位标签条码纸示例

3.2 定位标签的应用

本馆流通部目前1个阅览室和3个借阅处均有特定的图书定位标签,如图4—图7示例。

图4所示图书定位信息为:图书馆二楼自然科学图书阅览室30架B面第5列。

图4 图书定位标签示例1

图5所示图书定位信息为:图书馆三楼社会科学图书借阅处25架A面第7列。

图5 图书定位标签示例2

图6所示图书定位信息为:图书馆三楼文学类图书借阅处27架B面第5列。

图6 图书定位标签示例3

图7所示图书定位信息为:图书馆五楼自然科学图书借阅处55架A面第12列。

图 7　图书定位标签示例 4

目前,本馆所有在架图书均已按照一一对应的原则完成了定位标签粘贴工作,所有标签统一沿图书侧面底边粘贴(如图 8 所示),方便日常整架时及时发现错架、乱架图书。为了防止图书定位标签上的信息磨损、脱落等情况发生,每一张图书定位标签粘贴好后,都用透明胶完成覆膜。

图 8　图书定位标签粘贴示例

4　案例总结

4.1　案例创新点

4.1.1　独创性

该定位标签于 2018 年启用,由案例组成员根据实际工作需要,结合馆内库室布局和馆藏情况等特点自主研发设计,根据电话访问以及面对面访谈等形式获取的信息得知,安徽省内应用RFID自助借还系统的高校图书馆中,还未有使用过该图书定位标签的案例,为本馆首创。

4.1.2 实用性

该图书定位标签包含图书库室信息和定位信息。在日常图书流通工作中,读者服务部工作人员可以根据定位标签,迅速将归还图书归至已定位的层架,避免了盘点车系统故障或设备不足等因素导致的归还图书上架滞后情况的发生。同时,在日常整架过程中,工作人员可以根据标签信息,及时发现错架、乱架图书,并将图书归置到正确位置。此外,读者在归还图书时,可以根据图书定位标签快速准确地获取库室信息,在分借分还模式下,便于找到指定库室归还图书,有效减少图书错还、漏还情况发生。在日常流通工作中,该图书定位标签具有很强的实用性。

4.1.3 可持续性

虽然该定位标签初期投入应用时,需要将馆藏所有在架图书都进行一一对应,粘贴定位标签、覆膜,工作量大,但简单易操作。使用至今,有效地保证了图书定位信息和在架信息高度一致,实现馆员上架高效和读者借阅便捷的共赢局面。此外,在该定位标签的辅助作用下,充分发挥了3D导航功能的优势,与自助借还功能相辅相成,提升了读者自助借还系统的使用体验。该定位标签自2018年研发至今,目前已应用于四年多,反馈较好,具有可持续性。

4.1.4 可复制性

该定位标签信息简单易懂,读者和工作人员均能快速获取图书定位信息,还可以根据馆舍布局特点、馆藏情况等调整标签信息内容。定位标签纸碳带和覆膜透明胶等耗材易于采购,成本较低,经济实用,适用于大多数图书馆。人性化的设计加上经济实用的价格,将人工与智能有机结合,创新了服务模式,提升了服务水平,具有可复制性。

4.2 案例效果评价

虽然在自助借还系统建设初期和图书定位标签粘贴初期,读者服务部的工作人员需要高负荷地完成全馆在架图书的倒架、细排,定位标签制作、粘贴、覆膜等工作,但是付出就一定会有收获,四年的汗水与耕耘,换来的是广大读者和图书馆同行的多方好评。

4.2.1 读者评价

在日常图书流通工作中,通过与读者面对面主动交流,结合一些读者在获悉3D

导航功能使用方法后的主动反馈,读者对自助借还功能和 3D 导航功能的使用体验都是给予肯定的,认为现在的图书借阅流程非常方便。图 9 展示的是读者凭 3D 导航信息在书架中快速获取所需图书。

图 9　读者找书资料图片

4.2.2　馆员评价

四年的自助借还系统和图书定位标签使用过程中,我馆读者服务部工作人员对该图书定位标签的评价主要为两方面:(1) 使用定位标签后,图书上架准确、整架流畅,提高了工作效率。(2) 定位标签的研发和应用,使 3D 导航的准确性和实用性得到了充分地发挥,受到读者一致好评,实现了利他共赢的效果。

4.2.3　同行评价

许多引进了自助借还系统的兄弟院校在来我馆参观时,与读者服务部工作人员交流并详细了解了该图书定位标签后,都给予了极大的肯定,认为该定位标签有效解决了自助借还上架难、盘点难的问题,值得借鉴。

5　讨论

本案例的图书定位标签虽然有很多优点,但是也有一些需要注意的事项。

5.1 初次使用时工作量大

各高校图书馆馆藏在架图书较多,意味着在定位标签初次投入使用时,需要为已在架的所有图书粘贴定位标签并覆膜。在定位标签粘贴期间,无法开馆借阅图书,因此工作时间较紧,工作强度、工作压力都较大。但是由于标签粘贴、覆膜属于简单易操作的工作,在条件允许的情况下,可以借助高校志愿者团队力量完成,在为学生提供志愿服务实践机会的同时,拉近读者与图书馆的距离。

5.2 图书倒架时需要更换标签

图书定位标签粘贴后,在遇到图书倒架,特别是跨列倒架或跨库室倒架时,需要更新图书定位信息,也就需要更换定位标签,这也会在一定程度上增加工作量。但是,只要在图书排架时,考虑到未来图书增长的速度,留有充足的空间,便可以有效解决该问题。

5.3 图书加工成本增加

因为图书定位标签和外层覆膜均是耗材,所以在图书加工过程中,会增加一些图书加工成本。但是,结合本馆图书定位标签实际使用情况,目前所用耗材成本较低,并且在保存适宜、无人为损坏的情况下,该图书定位标签使用周期较长。

综上所述,本案例组成员认为,该定位标签适用于所有引进 RFID 自助借还系统的中小型图书馆,特别是新建馆。一是因为中小型图书馆馆藏数量较大型图书馆的少,初次图书定位标签粘贴工作量适中;二是新建图书馆架位充足,排架时可以为后期可能增加的图书留有充足的空间,减少倒架频次,亦可减少图书定位标签更换相关工作量。

在前进的过程中,总是会出现各种困难和问题,只有在实践中不断地总结经验,再将经验应用于实践中,才能够有所突破。随着计算机技术、多媒体技术、通信网络技术在图书馆工作中的广泛应用,纸质图书日益被边缘化等主客观因素制约着图书馆读者服务部(流通部)的发展。但是,作为图书馆最基础的服务部门,读者服务部是图书馆与广大读者交流的窗口,我馆读者服务部的工作人员也一直秉承"全心全意为读者服务"的宗旨,有初心,有坚守,立足工作实践,发掘工作优势,在狭路求发展,在摸索中前行,勇于创新,敢于打破固有工作模式。

自助借还系统的使用是现代图书馆发展的必然趋势,在日常图书流通中,读者看到的是自助借还的便捷性,是人机服务模式的智能性,但是在系统正常有序运行的背后,是我馆所有读者服务部工作人员的默默付出。以往的图书上架仅需要按照索书号将图书上至书架,供读者借阅;现在的图书上架流程不仅包括图书上架,还增加了盘点车定位,图书定位标签的粘贴、覆膜,定位信息上传等工作。以往的读者咨询服务,多为图书借阅流程相关问题;现在的咨询服务还会涉及自助借还系统使用的相关问题,这就要求读者服务部工作人员不仅需要了解本职图书流通相关信息,还需要了解自助借还各个环节可能出现的问题,包括3D导航使用等问题,对工作人员的服务深度和广度有着更高的要求。

本案例的定位标签研发成功后,图书馆先选取了一个借阅处作为试点库室,为了不影响读者借阅图书,在一个月内完成了十多万册图书定位标签的粘贴、覆膜工作,试点成功后,逐步覆盖至全馆的在架图书。四年来,每一次新书上架和图书定位后,都需要做定位标签粘贴、覆膜工作。但是,面对茫茫书海、繁重的工作,本馆读者服务部的工作人员发扬了安医人顾大局、识大体、明大理的内迁精神,按时、按质、按量地完成了全馆在架图书的定位标签粘贴和覆膜工作。

有守有为,有所坚守才可自信有为。我馆读者服务部的工作人员坚守初心,坚守一线,坚守"全心全意为读者服务"的信念,致力于让莘莘学子们在阅读中寻找方向,让负重前行的老师们在阅读中得以休憩,让更多的读者在阅读中感受温暖,在阅读的道路上仰取俯拾,繁花相伴。随着大数据时代的到来、信息社会的发展,纸质图书阅读虽然受到了巨大冲击,但是在推广全民阅读和构建书香社会的大环境下,读者服务部作为图书馆的窗口服务部门,是图书馆阅读推广与服务创新的重要阵地,作为读者服务部的工作人员,我们应当踔厉奋发,笃行不怠,不断创新工作思路,拓宽工作视野,不断将服务做好、做实、做精,只有热爱自己的本职工作,才能更好地创新服务,才能更好地为读者服务,拉近与读者的距离,让更多的读者走进图书馆、爱上图书馆。

立足大学校园,放眼地方公众
——安徽工业大学图书馆"红色经典阅读推广实践"案例

陈光华

(安徽工业大学图书馆)

安徽工业大学(以下简称"安工大")图书馆以大学生志愿者为主体,吸纳校内外专家学者,探索建立红色经典阅读推广团队。在此基础上,立足高校经典文献资源以及人才队伍优势,正视所在地区——安徽省马鞍山市以公共图书馆联盟和文旅部门为主体的公共文化普及力量与公共文化发展需要之间的矛盾,在做好校园经典阅读推广的同时,积极投身地方文化事业发展,建立了由安工大图书馆主导的"高校与地方(校地)经典阅读推广模式",取得了良好的经济社会效益。

安工大图书馆"红色经典阅读推广"实践,有效融入大学生素质教育"第二课堂",建立"双轨式"+"学分制"的阅读推广团队管理体系以及"总导师"+"双分导师"的阅读推广团队运行指导体系,在宏观把控、制度管理、微观指导的前提下,放手让大学生纵横捭阖、创新思维。大学生自主设计了诸多红色经典阅读推广品牌并组织推进实施,锻炼了实践能力、强化了担当意识。从这个意义上说,该实践案例进一步创新了安工大图书馆"三全育人"手段,是丰富、深化安工大人才培养体系的有益尝试。

安工大"红色经典阅读推广"实践,横跨高校与地方,在大学校园文化与地方公共文化之间建立密切联系,一方面为安工大充分实现社会服务功能建立了有效平台,另一方面进一步繁荣了地方文化事业,提升了区域文化层次。从这个意义上说,该实践案例为中小城市地方大学图书馆红色经典阅读推广提供了良好的示范表率作用。

1 案例实施背景:地方(马鞍山)公共文化普及短板与高校(安工大)图书馆文化资源优势

1.1 地方公共文化普及力量与公共文化发展需要之间仍存在较大矛盾,"四史"文献资源建设与阅读推广工作尚嫌感性

马鞍山市,滨长江地级小城,系国家为大力发展钢铁工业而于20世纪50年代末组建的移民城市,当前常住人口70余万。虽然经过多年发展,尤其是党的十六大提出"建设终身学习型社会"战略、倡导"全民阅读"行动以来,以公共图书馆联盟及文旅部门为主体的公共文化普及力量进一步增强,全民阅读推广体系进一步健全,但是,就整个城市人口与空间范围来说,全民阅读推广仍显得力量单薄。一方面,从全民阅读覆盖人群来看,马鞍山市乃新兴城市,文化底蕴相对单薄,居民整体平均文化素质不高,尤其是其为数众多的第一代城市居民,多为赋闲在家的古稀以上老人,绝大多数文化文化水平偏低甚至接近文盲。同时,随着城市发展外扩,特别是随着安徽省融入"长三角一体化"发展,外来人口急速增长,以文化素质相对落后的安徽省内农村人口为主要来源。此两类人群均有迅速提升文化水平、融入现代城市发展的强烈愿望。另一方面,从全民阅读推广覆盖空间来看,受制于城市交通、观念思想、实际能力等因素,阅读推广力量常态化触脚较难越过城市中心地带而延至城郊,带来了地方文化事业发展的新的不平衡。

受上述因素影响,马鞍山当前的全民阅读推广及相关资源建设工作主要以提升市民整体综合基础素质为主要目标、以社科知识普及以及阅读兴趣培养为主要手段。一方面,文献资源建设长期以儿童阅读、智障阅读、视障阅读等为重点,兼及成人阅读、女性阅读,因而,在"四史"相关文献资源建设上则显得相对随意,未能形成有意识前提下的量的大规模积累。另一方面,尚腾不出必要的力量投入专门性的较大规模的"四史"相关阅读推广,仅有的一些关联活动亦多表现为随着上级组织相关具体要求适时而动,多局限于特定的人群、特定的时间、特定的空间,未形成常态化的较为成熟的制度、机制、办法。对于马鞍山地区来说,"四史"文献资源布局及阅读推广尚未形成体系,"四史"概念对于大部分城市居民来说尚显陌生,"四史"教育在全民阅读体系中的价值尚未有效发挥。

1.2 安工大图书馆相对于地方公共文化推广力量的三大优势

1.2.1 人员队伍优势

南京大学徐雁教授曾说过,"高校图书馆业务队伍大于本地公共图书馆1到2个层级",并以江苏省为例进行了分析。此言不虚。

相较于当地市级公共图书馆,安工大图书馆在队伍体量上超出了一倍(80人:40人),在职称结构及学历层次上优势更大,目前拥有图书馆学高级以上职称馆员15人、图书馆学硕士以上学位馆员16人。其中,历史文献学硕士5人,均常年从事历史文献的服务、整理、研究以及阅读推广,当然也包含"四史"文献资源。与此同时,安工大图书馆还建立了以大学生志愿者为主体、包含各级领导、各学科专家的安工大层面的阅读推广组织。这些都为其主动介入并主导、推动"校地'四史'文献资源建设与阅读推广"奠定了良好的队伍基础。

1.2.2 文献资源优势

虽然国内"四史"文献概念几个月前才被提出并快速普及,大规模的"四史"文献整理与阅读推广行动方才自上而下启动,但是安工图书馆在长期的文献资源建设过程中,积极顺应大学生革命传统教育需要,配合马克思主义学院学科建设及科研实际,持续收集、整理相关文献资源。尽管并未冠以"四史"之名,但实际上"四史"相关文献资源建设与阅读推广一直维持常态化、系统化,并因之形成了较为丰富的体量积累。截至当前,已建成党建专题书库、"不忘初心,牢记使命"主题教育基地、安工大"四史"学习教育园地(两校区图书馆各一)、红色文化空间、党风廉政建设专题藏书等多个专门区域,各空间内藏丰富的"四史"相关文献资料。同时,购买了《中国共产党思想理论资源数据库》等相关数字资源利用平台。这些都为校地"四史"文献建设与阅读推广准备了良好的文献资源基础。

1.2.3 实践经验优势

近年来,为实现高校社会服务功能,安工大图书馆将阅读推广视角由校内转至校外,融入地方文化事业发展。深入城市社区开展了一系列阅读推广活动,建立了"阳湖""佳山""石山"等社区阅读基地以及"爱阅之悦""光影阅读""七色光""常青藤"等社区阅读推广品牌,其中"光影阅读""爱阅之悦"先后入选安徽省终身学习品牌项目,"爱阅之悦"还入选"长三角"地区社区阅读、老年阅读特色品牌项目。安工大图书馆城市社区阅读推广的成功做法为其有效主导校地"四史"文献资源建设与阅读推广奠定了良好的经验基础。实际上,在党中央发出"四史"学习教育战略倡议之前的几年间,安工大图书馆已有意识地开展了"四史"相关活动。除了上述的"四史"文献资源建设,还面向师生党员开展了"校园红色经典阅读推广"活动,深入马鞍山厂矿、企业、山川、田间,开展"课本上的马鞍山"活动。

2 案例实施过程:安工大图书馆主导的"校地'四史'文献资源建设与阅读推广"模式

2.1 安工大校内"四史"文献资源建设与阅读推广

2.1.1 安工大校内"四史"文献资源建设的典型做法

以"党史"文献为核心,有点有面,长期积累。安工大学科建设以理工为主,但是安工大图书馆在服务好学科建设的基础上,注重新时代大学生人文情怀培养,尤其注重大学生革命传统教育,将"四史"相关文献纳入馆藏建设重点,多年持续有规律地补充馆配,当前,"四史"文献资源总量已达5万余册。同时,努力拓宽"四史"文献资源来源形式,通过数字资源采购(如《中国共产党思想理论资源数据库》等专题数据库)、商取免费使用(即免费试用数据库)、开放获取(如通过《学习强国》《人民网》《新华网》《共产党员网》《共产党员》《安徽先锋网》等网站及平台获取)等形式,大量积累数字化载体资源。

近年来,更是努力配合学校马克思主义学院建设质量工程,区分"四史"文献馆藏的普通性与重点性,以"党史"文献为核心,形成了较为科学的"四史"相关文献资源馆藏布局。当前,安工大图书馆"四史"相关文献已形成了以实体文献为主体、数字文献为补充的无障碍使用的载体体系;以党建专题书库为基础,以"四史"学习教育园地为亮点,以红色文化空间、党风廉政专题藏书等为拱卫的实体布局体系;同时集成图书馆官方网站、微信公众号图书馆、掌上图书馆等在线平台,形成线上线下相呼应、真实虚拟相结合的全开放集成式访问系统。

以服务科研为目标,有表有浅,开发整合。紧跟"四史"研究形势,主动深入相关学院及部室,把握"四史"课题研究需要,根据既有馆藏组织开发、研究。或从内容出发进行面上揭示,尽可能将相关周围信息及衍生远程文献最大规模囊括其中;或从主题出发进行内在揭示,尽可能对相关时代信息及隐性价值内涵实现最大深度捕获。安工大的传统学科背景虽以理工为主,但近几年学校人文社会科学研究成果引人注目,在国家社科基金、省部级研究课题申报、研究上取得重大进展,其中尤以党史、革命史等为最,与图书馆苦心孤诣尽力支持、脚踏实地做好后勤保障均有极大干系。

2.1.2 安工大校内"四史"阅读推广的典型做法

建立"双轨式"+"学分制"的"四史"阅读推广团队管理体系。利用安工大进入共青团中央首批大学生素质教育"第二课堂"试点单位的契机,将学分制引入校园"四史"阅读推广,先后创建了"安徽工业大学阅读推广协会""安工大图书馆志愿者协会""AHUT 图书馆研究生辅助队""AHUT 图书馆勤助协会"等常驻图书馆大学生社团,纳入安工大社团管理部门统一管理。有机融入安工大大学生社团管理与大学生"第二课堂"运行联动信息系统,分别根据每个社团、每个学生参与活动的场次、频次、场时长、总时长等可量化标准以及活动效果社会评价等非客观指标,综合计算、发放团队及个人月、季、学期及年度等阶段学分。根据团队及个人阶段学分,取不同比例系数,综合评判团队及个人阶段表现,予以颁证奖励,做到以学分促成绩,以奖励强信心。

建立"总导师"+"双分导师"的"四史"阅读推广团队运行指导体系。成立了学生中心,配备现代化的设施设备,统一组织协调驻馆大学生团队。配备中心总指导老师由学校中层及以上领导担任,以加强对阅读推广团队的整体协调、宏观指导。各团队配备男女双指导老师,老师来自社会各界、学校相关部门,涵盖各学科专业,以人文社会科学为主,以便举校内外之智慧开展校园"四史"阅读推广。

建立适应大学校园阅读环境的"四史"阅读推广品牌体系。建立了"'学习新时代中国特色社会义思想'主题书柜""映书湖上""红色文化空间""拾遗补阙""课本上的马鞍山""党史百年天天读""振华讲坛""心相印·书相承"等安工大校园"四史"阅读推广品牌,各自成一体,又交叉补充,织成了完善严密的体系。其中,"'学习新时代中国特色社会主义思想'主题书柜"系由个性化书柜组成的空间品牌,盛以习近平新时代中国特色社会主义思想主题图书。书柜及图书均完全由师生党员个人自愿捐助,经过几年发展,已逐步完善,颇具规模。"映书湖上"系为迎接建党一百周年,契合安工大 2021 年度读书节主题"学党史,读好书"而取校园实景,以学子们最常流连的课余学习场所——秀山校区振华图书馆西畔的"映书湖"命名,寓意"映书湖上,湖映好书"。下文将要提到的"随笔""悦读"系其子品牌。"红色文化空间"系利用振华图书馆研究室打造的另一个空间品牌,用于红色经典的阅读分享、相关活动的组织策划等。内有少量"四史"相关文献,但仅由师生党员荐购、图书馆采购而来,荐购时须详细说明荐购理由。"拾遗补阙"里的"阙",通"缺",意即"取人之所余,补己之所缺",系"四史"阅读学习帮扶品牌,旨在组织那些在"四史"学习中领悟快、有余力的师生及时指导、帮带身边学习稍显迟缓、吃力的同志,以求共同进步,整体提升。"课本上的马鞍山"系面向图书馆馆员建立的"四史"阅读品牌,旨在通过带领馆员走近革命遗存,将大家从书本上曾读到过的"四史"知识在现实中予以还原,在实践中增强学习效果。"党史百年天天读"系以"历史上的今天中国共产党的故事"为唯一题材的"四史"阅读推广品牌,主要面向全校教师党员,每天由专人于固定时间发布党史学习材料,旨在通过不间断学习提醒、告诫党员不忘初心、牢记使命。"振华讲坛"系为举办高水平"四史"学习教育报告、讲座而打造的实体平台,制定有专门的运行管理办法,建立了面向全国的高水平专家库,初景利、徐雁、储节旺、管红星等图书情报界的大腕以及其他相关领域不少专家学者均为讲坛嘉宾。截至当前,振华讲坛共举办 28 期。"心相映·书相承"系为促进"四史"文献在校园的流转速度,提升阅读效率而创立的校园图书漂流品牌,形式多样,常年举办。截至当前,已累计漂进漂出 1 万余册,参与人数千余次。

建立立体式、系统化、全覆盖的校园"四史"阅读推广手段体系。将"光影"手法引入校园"四史"阅读推广过程,实时开展线下"光影阅读"。近来,为克服新冠疫情影响,又从线下搬到线上,借助腾讯会议、钉钉在线等平台,实时开展"线上光影阅读"。光影阅读已累计举办 84 期,其中"线上光影阅读"8 期。每期除播放革命历史题材国产正能量电影外,还组织观后感分享及影评交流。将"声音"手法引入校园"四史"阅读推广,通过"诵读""经典配音"等原声活动忠实反映大学生对于"四史"学习的感悟,并由之衍生出"映书湖上"子品牌"悦读"。将"竞赛"手法引入校园"四史"阅读推广,通过阅读"四史"中的红色经典,开展红色征文竞赛活动,并由之衍生出"映湖书上"的另一子品牌"随笔"。将"沙龙"形式引入校园"四史"阅读推广,通过举办室外分享会、室内兴趣小组等活动,融"四史"学习于书法(如蔡修权书法班)、音乐教学(如丁言涛音乐班)之中。将"广告"手法引入校园"四史"阅读推广,通过举办一系列线上线下图片展、文字展、书展、荐读等活动,推送"四史"中的经典。将"书香履行"手法引入校园"四史"阅读推广,通过定期大规模广场"动态漂流",结合室内小型"固态漂流",外加校园角落"点阵漂流",充分盘活了校园即有"四史"文献,使"人手一书"成为安工大校园里络绎不绝的景致,使浓郁的氛围里尽透墨香。将"履行"手法引入校园"四史"阅读推广,使校园"四史"阅读推广走入厂矿企业、田间地头、山川平野,与新时代美好城乡亲密接触,培养大家的新时代自豪感与居安思危的使命感。将"课堂教学"手法引入校园"四史"阅读推广,通过常态化的报告、培训、讲座,传输相关知识、理论。以上方式充分体现了高等教育的全过程、全方位、全人员育人理念。

2.2 主导、推动、参与地方(马鞍山地区)"四史"文献资源建设与阅读推广

2.2.1 牵头整合并推广利用地方(马鞍山地区)"红色文献"

"红色文献主要指从 1921 年 7 月中国共产党成立起至 1949 年 10 月新中国建立之前,由中国共产党机关或各根据地所出版、发行、制作的各种文献资料。因其史料性较强被人们誉为'现代文物'"[5]。红色文献是"四史"文献构成的重要基础。

马鞍山地处皖南,是中国共产党领导人民开展早期革命斗争,尤其是率领新四军开展革命斗争的核心地区,还是解放战争打响渡江战役第一枪的地方,产生并留下了一些红色文献。因其珍贵的史料价值、纪念价值,这些为数不多的"红色文献"主要集中于"马鞍山革命烈士纪念馆"以及"渡江战役纪念馆",以图册、薄本、手稿等形式束于

橱窗之内。一方面,时人非亲访不能知晓其存在;另一方面,既便亲访也仅能对其做距离式表面观瞻,无法阅知其具体内容,其应有的深层次社会教育作用无法发挥。原安徽高等商业专科学校图书馆(2000 年 8 月并入安工大图书馆)也有个别藏本,系安徽师范大学原马鞍山教学分部留存。另有少量"红色文献"因家传等原因仍藏于个人手中。

为有效整合并阅读推广地方"红色文献",安工大图书馆做了如下努力:

打破思维定式,引入广义"红色文献"概念。发挥高校文献资源及人才队伍优势,主动介入并牵头整合地方"红色文献"。在具体过程中,解放思想,从概念拓展上下功夫,将革命战争年代党组织及先烈留下的画作、雕塑、照片、铭器(刻有文字或图案的物事)等纳入"红色文献"资源范畴。一方面,此类革命遗物与"红色文献"同期产生,同样承载着革命历史,具有述说红色故事及警示后人的效果,将其纳入"红色文献"一并征集,可以有效弥补"红色文献"本身的体量不足;另一方面,此类遗物的革命历史印记更深重、更直观,更容易使后人产生亲近之情与崇敬之心,且又体裁多样,贴近生活,因而更容易与公众产生共鸣,从而更有利于营造地方"四史"学习教育氛围。

拓宽来源渠道,最大数量集合区域内"红色文献"。一方面,将马鞍山地区相关纪念馆舍、高校图书馆即有"红色文献"重新清点,归类入册;另一方面,加强调查研究,了解纪念馆舍及图书馆以外的"红色文献"分布情况,以便及时组织征集;此外,还广泛宣传动员,组织社会捐赠或接受个人托管,尽可能将分散于家庭个人的"红色文献"集中放置于专业馆舍,必要时加以专业修复,以便妥善统一管用。

建立"红色文献"在线联合目录。利用高校网络技术及人力资源优势,建立在线平台,借助平台为分散于各馆舍的"红色文献"建立目录,标记所属馆舍,记录外在形态,标引主题信息,揭示内容密级等,便于公众可以在仔细浏览一番后再决定是否亲身前往一睹。

对解密"红色文献"进行数字化处理。对于已解密的"红色文献",通过在线平台推广阅读,使公众更全面知晓、把握革命历史,从而更自觉地传承、弘扬革命历史,使"红色文献"在"四史"中的先驱作用得有效体现。

2.2.2 参与、推动地方(马鞍山地区)"四史"文献资源阅读推广

深入地方居民社区,开拓"四史"阅读推广基地,创建"四史"阅读推广品牌。依托安工大校园"四史"阅读推广团队,以地方文化普及力量较难达到、自身全民阅读推广水平尚十分吃力的近郊小区、城市化程度不深的新建小区、城中村等为重点,开展居民"四史"阅读推广活动,先后创建了"阳湖""石山""佳山"等社区阅读推广基地。同时,创建了"七色光""常青藤"等社区"四史"阅读品牌,分别面向儿童及老人开展红色经典阅读推广。

走进地方文化、企业单位,推动"四史"阅读推广过程互动及品牌共建。安工大"振华讲坛"走进马鞍山市图书馆,与"周末讲坛"共同举办红色报告。安工大"党史百年天

天读"走进皖新传媒红色文化空间,共同开展党员红色经典阅读推广活动。安工大"映书湖上"与佳山社区党建品牌"同心佳山"实现深度合作,共享佳山社区学院"四史"学习教育园地。吸纳上述提到的"阳湖"等3个社区文化工作站的工作人员进入安工大阅读推广团队,共同谋划社区"四史"阅读推广。安工大"课本上的马鞍山"走进宝武集团马钢公司,共同营造企业"四史"学习教育氛围。安工大阅读推广协会、图书馆志愿者协会与马鞍山市文旅局、公共图书馆联盟共同承办了地区党史知识竞赛。

3 案例产生的社会效益

3.1 创新高校人才培养模式,丰富高校人才培养体系,提升高校人才培养质量

安工大"四史"文献资源建设与阅读推广,大量起用大学生志愿者,通过创建"团队学分+个人学分"的双轨式学分制管理机制,有效实现了当下流行的"第二课堂"单轨式学分制模式的创新突破,有力提升了大学生参与实践活动的热情,实现了多年来安工大大学生参与校园文化活动的人数新高。其特别之处在于,能放手让大学生投入具体环节,尽情释放智慧,培养并极大提升大学生的整体创造力。而不断鞭策大学生走向地方,与公众发生关联,则又培养了其组织协调能力及社会责任意识。尤其是直接让大学生通过亲历"四史"传播过程来掌握"四史"的宽度与深度,不仅有力培养了大学生的历史传承能力,而且培养了大学生的历史传承意识,从而学会居安思危,甘为复兴民族努力前行。这一切都是大学生从书本中、课堂上以及普通"二课"实践中学不到的,其个人感悟也是难以言述的。

3.2 创新高校社会服务方式,提升市民整体综合素质,促进地方文化事业繁荣

社会服务是高等教育的本质追求,通过培养人才回馈社会、促进经济社会发展是大学对高等教育本质追求的最常态化呼应。但是长期以来,高校及社会对于高校社会服务方式的认知均停留在高校完成人才培养,将人才推向社会以后,人才的社会行为以及行为带来的社会效益。

安工大图书馆在主导地方"四史"文献资源建设及阅读推广过程中,跳出了传统的狭隘的将高校与社会无形割裂开来的高校人才培养思维定式,将地方历史文化追溯与现实文化进步有机结合,在不同的单位部门之间铺设桥梁,在高校内外及公众心里架设纽带,一方面,摒弃了高校惯有的优越感,打破了高校之于社会的惯有的神秘感,将

高校体现社会服务功能的目标对象由仅为大学生有效转变为大学生与地方公众并举；另一方面，通过一系列丰富多彩的实质性的有针对性的普惠性活动，让市民深刻感受到了高校走向地方提升城市文化的诚意，从而自愿加入整体行动，自觉快速提升素养。

安工大图书馆主导地方"四史"文献资源建设与阅读推广，特选取地方文化事业普及力量较难达到、自身文化发展力量亦待有力提升的城郊小区及城中农村，有效延长了地方文化事业发展的短板，使城市各板块得到相对均衡的发展，为地方文化事业的整体繁荣贡献了创新智慧与力量。

4 案例的推广价值

4.1 对当代高校事业发展的启示

从整体数量上，我国大学以地方性大学为绝对主体，散布于全国中小型地级城市，其中又以"一座城"+"一所综合性高校"为标配。安工大学居于中小型地级城市，系地方综合性大学，具有我国地方大学的如下典型性特征：省属高校，与地方关系不温不火；囿于省域财力及自身办学历史，办学实力不强，高等教育影响力不大，目标定位不高，但一直在努力寻求创新点，以提升办学自信，优化办学形象。

从这个意义上来说，安工大图书馆在"四史"文献资源建设与阅读推广中所实现的人才培养模式及社会服务功能的创新做法，正好能使人见微知著，将对同类高校产生很大启示。

4.2 对当代高校图书馆事业发展的启示

与绝大多数综合性地方高校图书馆一样，安工大图书馆也具有典型的地域及内涵代表性，主要表现在：囿于学校办学实力，文献经费不甚充裕，馆员队伍不甚强壮，较难产生服务抓手，较难发现服务亮点，在省域高校图书馆影响力一般、话语权不大，寻求服务创新的想法不甚强烈。

从这个意义上说，安工大图书馆"四史"文献资源建设与阅读推广的创新做法，无疑会产生一剂强心的效果，将有效增强同类高校图书馆服务自信和发展定力，进而从容仿效，甚或推陈出新，转使他人借鉴。

4.3 对当代地方文化事业发展的启示

安工大及其图书馆所在的马鞍山市，也具有典型的地方代表性：身量中小，人口中少,若干所专门性高校拱卫着一所综合性高校,校地间往来有时会被人为无意识地割裂;城市化速度快,文化发展不均衡,城市发展速度与文化事业水平不相适应,正需要相对高水平的文化普及力量加入,以便一方面补缺补差,一方面学习借鉴,尽快实现区域文化事业整体进步。

从这个意义上来说,安工大及图书馆"四史"文献资源建设与阅读推广的创新做法,无疑是一声提醒,将促使诸多地方消除对高校的固有偏见,从而自愿张开怀抱,为高校一边提升办学水平,一边回报地方发展提供地域便利,共同为区域经济社会进步贡献智慧与力量。

5 案例总结

安工大图书馆"校地'四史'文献资源建设与阅读推广"案例,顺时因势,立足经济社会发展,立足高等教育社会服务功能的实现,立足新时代公众文化素质提升需求,通过严谨的内容设计、合理的实施过程,将高校与地方公共文化事业推动力量融为一体,尤其是全面梳理了所在地区"红色文献"资源布局,以及让在校大学生全面走向经济社会发展,既创新了高校人才培养模式,丰富了高校人才培养体系,提升了高校人才培养质量,又加强了所在地区公共文化事业的弱项,提升了公民整体综合素质,促进了地方文化事业繁荣,因而,值得大力提倡与推广。

场景视角下高校有声阅读推广应用策略探讨
——以巢湖学院图书馆"一本好书"微书评活动为例

杨小雨　黎小辉

（巢湖学院图书馆）

"场景"一词有两种解释意义：一种是戏剧、电影中的用语，是指在一定的时空内因人物行动或人物关系而构成的场面；另一种是指需求产生的某种条件，这个条件不限于环境、时间、地点、空间，只有条件满足，需求才能实现。

自20世纪80年代以来，以磁带为媒介的新型有声读物在中国大行其道。后来，随着新媒体及相关技术的发展，以各种平台上的长短音视频为主要内容的数字阅读在中国逐渐发展起来。这些音频和视频主要包括娱乐和知识。大部分娱乐内容以视频为主要传播形式，而知识内容主要涉及视频和音频。其中，长音频节目由于其伴生属性和多场景应用能力，更适合作为移动互联网时代的知识传播方式。网络音频的全场景时代，是指硬件制造、系统研发与内容服务一起，通过构建音频场景生态，满足读者在特定场景特征下的音频收听需求。有声读物的碎片化、伴随性优势在智能化场景构建与多元化智能终端普及下，有助于实现读者多重收听场景的按需切换，丰富了读者的有声读物的交互阅读体验。

本文以"一本好书"微书评活动为例，介绍目前场景理论在高校有声阅读推广中的应用并进一步提出有声阅读场景运用策略。

1　场景视角下高校移动有声阅读推广应用策略

1.1　应用范围

读者需求是阅读推广的开始，一个完整的需求包含目标读者、阅读场景和遇到的问题。阅读场景是指阅读需求产生的条件，比如，英语阅读，这个需求产生的条件有：

想出国留学,要考雅思和托福;参加升学考试,考得好才能入学;需要和外国人打交道,不会英语没有办法沟通,这些都是存在阅读需求的场景。

阅读推广是一个复杂的项目,包含推广场景、平台情境、读者期望、读者价值主张等诸多要素。然而,在现有的关于移动有声阅读平台阅读推广服务的研究中,大多从服务内容要素出发,很少涉及服务场景、平台情景等要素,这势必影响阅读推广的针对性、全面性。如何在特定场景中根据读者的阅读期望整合和适配情境,是有声阅读推广服务研究的重点。

1.2 技术实现方式

第一,基于场景五力的阅读推广。随着时代的进步,大数据、传感器、移动设备、社交媒体和有声阅读推广平台集成程度的逐渐提升发展,有声阅读推广越来越关注如何让读者在一个特定的时间和空间获取及时有效的信息。因此,未来有声阅读推广服务的构建应从场景的角度出发,通过对场景平台的适配,满足读者在不同时空中的阅读期望,以及提升阅读推广在不同时间、空间场景中切换的能力。第二,精准推广模式。基于有声阅读推广平台的信息环境、技术环境和服务环境的变化,有声阅读推广平台可针对特定的社区,通过内容的传播或话题讨论,实现人群精准推广和快速连接。由于有声阅读推广平台的内容推介与读者的日常出行、生活习惯密切相关,能实现内容和服务精准适应读者需求是有声阅读平台服务的优势。第三,挖掘读者的有声阅读期望。从整合和适应两个角度深入了解目标读者,积极搭建有声阅读推广平台,借助互联网快速发展的优势,拓展音频场景,强化读者感受。有声阅读推广将密切关注读者所处环境的变化,紧跟读者需求和期望的改变,实现有声阅读推广的功能价值和体验价值的创造。未来应运用实证方法对其进行进一步研究,探索有声阅读推广可持续服务,并按照构建的模型和设计的路径有效开展实践活动。第四,由重视流量转向重视场景。通过场景理论的应用,高校阅读推广活动结束了以"数量扩张"和"规模扩张"为目的的初级阶段,步入了以"成效体验"为核心的成熟发展期。其转换的目的是加强"场景-需求-场景"三者之间的联系,对读者的阅读需求、数据检索和阅读时空适配三个维度进行耦和。

2 "一本好书"案例的研究与分析

2.1 案例介绍

巢湖学院图书馆顺应数字化时代发展,融合经典阅读、网络阅读等元素的阅读推广品牌活动,打造了"一本好书"微书评活动。该活动以"文字+音频"的方式开展,参赛者精选经典图书书写书评,并以讲书的方式保留原作精髓,联合校广播台录制书评的有声版本,为广大读者提供一种新的阅读方式,打造有声阅读推广服务品牌。该项目包括书评筛选、编辑撰稿、讲书人遴选、音频录制、宣传页设计、音频推广、评选最佳领读人、颁奖8个环节。

"一本好书"微书评活动至今已经连续举办三届,参与人数众多并在学校范围内形成了较大影响。本活动由巢湖学院图书馆、校党委宣传部、校团委联合主办,大学生广播台、大学生艺术团、汤青传媒中心、青志联、化材青协、琼玖汉文化社承办。2019年9月18日到11月19日的微书评征文活动吸引了来自全校11个学院的学生参与,活动小组成员2 742人,发表作品198篇,经过审稿组审核、学生投票确定决赛晋级书评作品9篇、原创有声阅读推广作品8篇。通过与校党委宣传部合作开展"一本好书"特别校园广播栏目,每周末课后时间段在校广播台播放参赛有声阅读推广作品,并在校园食堂电子大屏幕上滚动播放有声阅读推广作品的音画版本。

阅读推广活动小组选取了超星"学习通"app小组平台作为活动参与、书评及有声阅读作品展示平台,并将活动小组链接生成二维码,利用校园海报、校园食堂电子大屏幕、巢湖学院图书馆微信公众号、图书馆官方QQ平台,以视频vlog的形式对有声阅读推广作品进行宣传和展播,吸引了全校数千名师生加入小组进行书评及有声阅读推广作品的讨论及点赞、转发。

2019年12月18日,首届"一本好书"微书评创作大赛暨"最佳领读人"原创有声阅读推广作品评选决赛在巢湖学院艺术楼报告厅举行。来自各院系的9名领读人上台进行原创有声阅读推广作品现场讲演及个人风采展示。最终44篇获奖书评集结制成纸质胶装本,9名领读人原创有声阅读推广作品被发布在西瓜短视频等音视频平台。

2.2 创新模式

2.2.1 内容编排的场景化适配

在移动有声阅读推广的内容编排方面,如果想给读者带来较好的阅读推广成效和体验,就要理解移动有声阅读的读者在不同场景中收听有声阅读音频的实际状态。作为仰赖于听觉感官的移动有声阅读推广活动,声音对读者行动和状态的"不干扰",既有其独特的音频伴随性特征,同时也有其不利于阅读推广传播的特点。首先,音频形式的阅读推广作品不便于读者储存和截取片段用于学习和研究;其次,移动有声阅读推广的伴随式收听一般发生在读者进餐、跑步、行走、购物等注意力分散的情况下,使得原本就很难将原著风貌完全展示出来的口述阅读音频变得更加难以被读者理解和感知。因此,活动团队成立了专门的音频内容团队,将整个音频内容创作流程与书评领读人融合打通。书评领读人是内容生产的强大引擎,而且每个书评都各有特点。音频团队和书评领读人共同讨论选题,由书评参赛者提供内容,再交由音频团队对内容进行二次加工,使其适用于音频传播。领读人承担着把自己创作的书评文本转换成音频的重要任务。但领读人也不是生硬地照搬原稿,而是融入自己的个人风格,为内容再次增色。打造主播IP,强化主播人设,增强读者对于音频内容的持续关注。对于有声阅读推广而言,一定要充分考虑领读人IP的打造。因为就像读者会选择喜爱的作者一样,读者同样会选择领读人。所以在有声阅读推广资源的制作上,应重点考虑打造来自书评创作一线的主播,在内容里融入主播的个性,在音频形式里加入点评和互动,强化主播人设,使领读人朗读书评的风格像和读者在聊天一样。制作适合在音频场景下使用的文本,需要从表达和叙事形式上进行加工:一方面,在表达上,要避免生硬的书面语,把新闻转化为口语化的文本;另一方面,在叙事的逻辑上,尽量是线性的,像讲故事一样连贯。因为音频的播放是连续的、线性的,读者不能像阅读文字一样随时停下来思考,随时翻看前面内容。因此,领读人在录制音频时应尽量使用简单句式,避免使用复杂的长句和过于学术化的语言,避免读者在场景内伴随式收听时因理解难度过高而放弃收听。尽量减弱音频脚本内容之间的强逻辑性,比如,在最近非常火爆的网络直播中,主播经常使用一些看似无法用逻辑规则来串联的句子,反而获得极佳的推广效果。因此,领读者尽量呈现独立逻辑的语境群落,降低内容收听难度。

2.2.2 听感设计的场景化运用

音频作品在时间设计方面力求和场景适配精准。音频时长不宜过长,否则会影响完播率。有统计数据显示,读者可接受音频节目时长的极限是30分钟。也就是说,如果一个音频节目超过30分钟,意味着很少有人可以完整听完全部内容。移动互联时代下各种媒体平台上呈现的内容都倾向节奏紧凑。就案例来说,首先,在大多数移动有声阅读推广场景中,如从教室步行至寝室、在操场上健身以及寝室熄灯后到彻底入眠的时间段等,这些场景中的有声阅读伴随并不是一个短视频的时长能够覆盖的,因此"一本好书"移动有声阅读推广作品的时长设计基于场景的考量定位为15分钟左右,以此更好地与校园场景伴随式收听需求适配。移动有声阅读推广创作者在进行听感设计时,应考虑到读者本人的专业素养和生活情景,他们不仅会获取到信息层面的内容,还会体验到感知层面的内容。例如,文学传媒与教育科学学院的领读人录制的有声阅读推广作品《倾城之恋》,以张爱玲原作故事中主人公凄美的爱情故事为主线,用清新唯美的语言解析青年男女的爱情观,使听众对亲情、爱情、友情展开反思,帮助正在经历感情困扰的读者放下心中的焦虑和痛苦。一方面,在人声听觉感受上,领读人如同学好友劝说和闲聊一般使人感觉自然;另一方面,在音乐听觉感受上,音频配以舒缓的轻音乐,使作品不仅符合原著深刻清冷的意境,也使整段作品的听感设计与读者情感场景所适配,让移动有声阅读推广读者在收听完作品后感受到开阔与释然。来自化学与材料学院的领读人录制的作品《火星救援》,开场即配以恢弘的电影原创音乐,结合原著作者的专业背景和励志的自学历程,为读者展现出一派宏大的宇宙火星景观,引发读者对科学与宇宙的探索兴趣,点燃读者学习科技知识的激情和动力。

2.2.3 "1+N"的音频平台布局

所谓"1"就是学习通 app,活动主要通过学习通 app 发布书评和音频,读者每天从学习通 app 获得书评和音频推送。"N"则是指包括喜马拉雅 FM、蜻蜓 FM、荔枝等在内的头部音频平台。相当多成熟的音频听众汇集在几个头部音频平台上,这意味着我们要在音频平台上主动去接触这些有听音频习惯的读者。此外,市场上的音频平台,在内容和主要听众类型上都各有特点。有声阅读推广在试水阶段,应先选择读者覆盖面较广、有文学类素材偏好、读者较成熟的喜马拉雅 FM、蜻蜓 FM,并选择有一定体量听众的音频 app 作为分发平台。同时,团队发挥校园广播台原有的校园媒体优势,借助多种校园新媒体平台传播,并将传统电台节目按照互联网需求改造成播客,如《一本好书》活动在学习通 app 上以学习小组的形式进行书评作品和音频的发布,在其他音频平台上则以播客的形式发布。

2.2.4 线上线下多场景平台聚合

巢湖学院图书馆自 2019 年以来开展的"一本好书"活动是新媒体时代具有代表性的阅读推广案例。活动综合运用微信公众号、QQ 空间、"学习通"app 等其他有声类 app 打造活动平台,并与传统阅读推广相结合,通过好书推荐、书评遴选、对话领读人节目录制、上传,领读人和读者一起分享阅读感言等方式,让活动的每一位参与者都参与书评的讨论,"人人都是领读人,人人都是讲书人"。大家通过共读"一本好书"相互启发阅读灵感。有声阅读推广结合传统宣传栏和海报、食堂电子大屏幕、图书馆网站公告、专题报告会、校园广播电台、QQ 群、QQ 空间、微信公众号等渠道进行普及推广。在活动进行期间,领读人推荐图书在实体书借阅量和电子书下载量的热度都会有明显提高。"一本好书"微书评活动利用微博、微信、QQ、社交网站等社交媒体,在多元技术支持下,读者可以以个体为单位进行独立的信息传播。以"学习通"app 为例,可以通过小组管理员设置互动专区、以建群方式推送语音资源,以及组织线上线下的宣传活动。小组读者通过转发评论等方式进行二次、三次传播。有声阅读推广平台兼具社交推广功能,绝大多数读者接触到有声阅读推广的资源后就会自发加入传播体系。这就是有声阅读推广与传统阅读推广极大的不同,互联平台让读书的思想火花更具推广性和社交属性。

2.3 应用成效

"一本好书"活动自 2019 年实施以来已连续举办三届,获得了全校师生的关注和认可。该创新阅读推广模式具有示范意义和推广价值,2019 年案例活动作为"庆祝中华人民共和国成立 70 周年大学生艺术展演暨第六届校园文化科技艺术节"重点活动受到全校师生的广泛关注。大赛采取学校统一组织与各二级学院、学生社团开展宣传活动相结合的形式;将优秀书评和部分活动图片汇编成册,作为资料保存,同时也为今后开展此类活动提供有益参考。

樊登读书、十点听书等听书栏目的成功,预示着未来的阅读推广工作将更多地仰赖于音频和视频。而音频作为一种有效的知识传播途径,比视频的娱乐性稍弱,但是更适合作为学习的工具。笔者认为有声阅读推广是新媒体时代对于传统阅读推广的有益补充和重要发力点。只有多创造精品有声阅读推广音频作品,才能在众多芜杂的音频信息中被读者攫取利用。

2.4 应用不足

顺应近年来流行的音频潮流,"一本好书"为读者提供了通过音频节目更进一步了解书籍的一个窗口。目前,"一本好书"阅读推广活动主要服务对象是高校学习通用户,以及各大平台的校友群中对有声阅读感兴趣的读者,活动结束后并没有跟进新的音频节目,前期累计读者数为2741人。"一本好书"活动对场景的运用刚刚起步,实际运用暂时停留在简单的录制音频节目上,与各大音频平台对接等场景应用也停留在初级阶段,对于读者使用的沉浸式体验如陪伴式、个性化、游戏化等多场景传播提升有限,且还未涉及到可穿戴设备、大数据应用、传感器技术、GPS定位系统等核心技术。具体就单个书评有声阅读推广音频作品来说,其不足表现在读者流量低,读者对于有声阅读推广平台的黏性低、活跃度低、互动度低等方面,主要原因是有声阅读推广资源特色不够明显,并且缺乏针对读者的大数据分析和个性化定制。

3 开发策略

3.1 多种场景的开发

根据不同读者在不同时空的阅读需求需要细化出更多的场景。读者的阅读需求场景可以具体分为以下几种类型。(1)生活和学习场景。生活场景包括起床、进餐、休息、购物等;学习场景包括教室、宿舍、自习室等。(2)娱乐场景。娱乐场景包括在手机上观看及收听音视频综艺节目等。(3)社交场景。社交场景包括同学之间以及同学和老师之间的互动。(4)休闲场景。休闲场景包括在校园内步行、运动、聊天、网上冲浪等。(5)咨询场景。咨询场景包括语音咨询、文本咨询、电话咨询和现场咨询。(6)校园活动场景。校园活动场景包括参加比赛、听讲座、参与阅读推广活动、参与书评活动等。(7)培训场景。培训场景包括新生入馆教育、信息素养教育课程等。(8)

应试场景。应试场景包括专业课考试、英语考试、计算机考试等考试场景。(9) 交流场景。交流场景包括群体交流、讨论、信息共享等。本案例中,尚未实现多场景的灵活运用,今后将根据读者的阅读期望进行不同类型的场景叠加,让读者真正感受到完美的阅读体验,增强读者与有声阅读资源的关联。

3.2 个性化荐书

移动互联网时代,读者个性化场景数据的获取主要依靠 GPS 定位系统和智能手机内的传感器。目前每一部智能手机平均配备 7 个以上的传感器,它们可以在任何时间、任何地点记录和反映读者的地理位置、运动状态和身体状况等数据。即使曾经被认为是难以定量的情绪和心理状态也可以通过传感器收集相应的数据。而这些数据信息可以成为阅读推广的测量依据,有助于洞察读者的实时状态,提供精准的服务。在当前的移动音频应用中,地理位置和大数据是各大平台推送程序时常用的数据信息。未来,传感器系统可以考虑将对读者的认知深化到更精确的生理层面。例如,当传感器系统收集到入睡前读者的心率、呼吸频率等信息,若判断读者在一个安静和休息的场景中,平台就推送温柔舒缓的声音节目,内容偏向温暖治愈,为入睡前的读者提供最适宜的有声书资源。

3.3 读者与馆员的角色化

在高校图书馆有声阅读推广场景中,读者不是静态的物品,也不是旁观者,而是积极深度参与阅读活动的主角。只有通过读者之间、读者与阅读推广之间、读者与有声阅读资源之间密切而深入的交流,图书馆有声阅读推广的场景才会更加"生动"。高校阅读推广工作者应该设身处地为读者的阅读需求着想。首先,做到"以人为本"。图书馆在设计阅读推广活动中的各种场景时,应该站在读者的角度来设计。请工作者把自己想象成一个读者,思考她会在什么情况下、什么场景中,才会在手机上打开图书馆的阅读推广网页或阅读推广微号。同时,图书馆的阅读推广网页或资源发布平台在建设或修改的全过程,都应让读者参与评价和改建。高校图书馆管理员也应当以一个普通读者的角色去体验和感受阅读推广的实际效用。其次,阅读推广工作者应当主动带领读者到高校图书馆来了解图书馆的工作流程,体验图书馆管理员的日常工作,进行角色互换。最后,读者与阅读推广之间的关系不是单纯的接收与提供的关系。读者在接收信息的同时也在创建大量信息,即我们所说的场景大数据,这些数据可为图书馆的阅读推广活动和资源建设等提供参考。图书馆利用大数据可以分析读者无意识或有意识的网络行为,为图书馆信息资源建设等决策工作提供有力的依据。

3.4 打破场景边界

未来,在音频产品的基础上,可将书籍中描述的场景以图片形式呈现,加上动画效果和文字对话,使音频产品可视化,读者也可以通过弹幕进行互动。可以把有声阅读资源制作成语音陪伴套装,借助多接口 U 盘,配合蓝牙耳机、平板电脑、手机等配套学习工具,实现多类媒介读取,方便读者利用休息、散步、乘车等时间收听音频节目。如果说在传统媒体时代,一种媒体决定一个场景,那么媒体时代播放技术的整合将打破场景边界。通过将音频与字幕、对话和动画效果相结合,可以用眼睛看到画面。音频可视化在未来阅读推广中值得一试。不仅可以在有声书籍方面尝试,还可以在其他领域尝试,甚至可以探索图形、音频、短视频和其他媒体混合带来的创新效果。可以说,读者的兴趣和沟通需求推动了音频可视化的新未来。

3.5 场景的迭代

对于高校图书馆阅读推广场景的构建,首先,需要分析读者的历史数据,了解不同读者在不同场景下的阅读需求预期、数据搜索习惯和信息接受偏好。其次,根据读者的场景化信息接受期望,配置不同维度的情景要素。依据该理论,根据读者对场景信息的体验和反馈设计并构建新的有声阅读场景,然后再次迭代场景信息的配置。这样,场景的生态化演化就形成了。读者希望有声阅读推广平台在合适的时间、合适的空间为他们提供个性化的阅读推广服务。有声阅读推广平台应把握场景的生态化演进属性,动态捕捉读者在不同场景中阅读需求的期望和变化,实现信息接收场景的迭代更替,促进有声阅读推广平台场景的迭代演进,并使图书馆阅读推广向更加高效和智能的方向发展。

4 案例总结

目前,大多学者和读者都会将有声阅读与浅阅读联系在一起,但是高校图书馆有声阅读推广却完全可以独具阅读魅力。在不远的未来,图书馆领域必将以场景五力的视角来研究有声阅读推广,通过对目前互联网场景中最为关键的五种技术:移动设备、社交媒体、大数据、传感器和定位系统的分析,在充分发挥高校自身专业资源优势的同时,以有声阅读推广及相关媒介趋势为契机,积极扩展高校数字资源。在音频内容方面,未来高校音频阅读推广也可能走向垂直内容领域,使"专业阅读"和"浅阅读"都能找到对应的读者群体。互联网打破了纸媒与智媒的阅读界限,作为高校阅读的践行者，如果没有高质量的智媒知识内容输出，读者与图书馆之间的关联性将越来越弱。此外，随着智能家居和可穿戴设备在高校的迅速普及，音频的全场景化趋势将越来越明显。在整个场景生态中，读者对音频内容的需求显著增加，这也可以刺激新内容的创作。今后，不断细分的场景和需求将成为音频阅读内容创新的关键。

　　正如阮冈纳赞所说，图书馆是一个生长的有机体。在阅读推广领域，不存在一成不变或永久有效的阅读推广形式。移动音频阅读平台外部环境和内部环境的变化，使得移动音频阅读平台的服务场景适者生存，平台情境元素的整合促进平台日益强大。随着移动互联网的发展，必将不断有各种场景的元素被嵌入到有声阅读推广服务中，有声阅读推广应注重数据的积累，这对于有声阅读推广高质量和长期发展至关重要。

抗击疫情，服务不断线
——图书馆为师生读者提供多维度资源服务和保障

印伟　朱英淑　张富慧
（阜阳师范大学图书馆）

1　案例实施背景

2020年初，突如其来的新冠疫情是新中国成立以来发生的，传播速度最快、防控难度最大的一次突发公共卫生事件。直至现在，距离新冠疫情爆发已有两年多的时间，目前全球仍处于疫情大流行状态，疫情是国内外持续广泛关注的重要和紧急公共卫生事件。我国的抗疫成果显著，已经进入疫情防控常态化阶段。在面对这场艰苦卓绝的历史考验时，党中央和各级政府高度重视，始终坚持把保障人民群众的生命财产安全为根本利益放在第一位，坚决打赢疫情防控战。在新冠疫情期间，大学校园的正常教学工作发生了巨大变化，如学校推迟开学，师生读者在家中进行线上教学，图书馆等公共场所不能正常开放等。在这种背景下，我校图书馆努力推出各项线上线下资源服务，与学校其他部门通力合作，守望相助，有力支撑线上教育模式，坚持书香战"疫"，保障师生读者有效获取各类学术资源，为学校的教学和科研工作提供高效优质的信息服务。

2　实施意义和目的

受新冠疫情的影响，各高校面临无法正常开学带来的诸多困难，为保证高校教学工作的正常运转，高校师生必须借助现有的网络环境以适应非常态的线上教学模式。高校师生的学习、科研活动由线下转至线上，带来了前所未有的大规模网络教学科研实践活动。高校图书馆作为重要的文献信息资源支撑机构，服务于高校的教学和科研,保障了疫情期间数字文献资源的正常获取和使用,为师生远程教学与科研提供了充分的信息服务和技术支持。在本案例中,通过归纳我馆在新冠肺炎疫情影响下具体的危机处理方式,总结突发公共卫生事件中图书馆危机应对模式,为其他兄弟院校图书馆提供参考借鉴。

高校图书馆应该确定以"师生读者为导向"的校园文化服务理念,在应对突发公共卫生事件时应肩负起自身的社会使命和责任,承担起健康信息服务的文化职能,助力"健康校园 健康社会"战略的实施。经历了这次突发性的新冠疫情,高校图书馆界越发关注图书馆危机管理,意识到在面对突发公共卫生事件时,高校图书馆应承担起更大的责任。如何在严峻的疫情形式下开展服务、维持运转,成为图书馆界面临的巨大挑战。图书馆是一个生长着的有机体,积极探索高校图书馆发展新方向,探索突发公共卫生事件环境下高校图书馆的危机管理应对模式是图书馆界需要关注的重大问题。

3 基本思路

第一,与各数字资源公司保持密切联系,及时开通一系列线上服务,为师生读者远程获取资源提供有效帮助。

第二,创建图书馆资源服务微信群和QQ群,深入了解读者的信息需求,及时为读者提供所需的信息资源。

第三,积极开展线上培训课程、线上专题讲座等,帮助师生读者进一步了解图书馆各种类型的资源,解决读者在使用图书馆资源时遇到的各种问题。

第四,积极开展线下数字资源使用专题讲座、经典导读系列讲座和入馆教育等活动,为书香校园和文化校园建设奠定基础。

4 实施步骤

4.1 推出系列线上活动

图书馆联合超星集团精心策划推出的系列线上活动主要有:"防疫专题——新型冠状病毒知识全知道""答题战疫——病毒科普知识竞赛比身手""以读攻毒——共读经典共宅家中控疫情""移动博物馆——博物馆在家逛文物活起来等"栏目,以及大量的图书、期刊、名师视频、有声读物等资源(见图1),以期更加全面地帮助全校师生在疫情防控期间充分利用网络进行专业教学,助力师生更好地开展学习、生活和科研等工作,努力丰富广大师生的精神文化生活。

图 1 智慧图书馆、移动博物馆页面

4.2 开通 CARSI 平台

为抗击疫情,共克时艰,解决我校师生在校外无法访问数据库进行学习和科研的问题,图书馆与校信息化中心积极配合,完成了我校与中国教育科研计算机网 CARSI 平台的对接(见图2)。通过该平台,我校师生在校外使用统一身份认证登录后,可以访问我校已订购的学术资源:SCIE 数据库、中国知网数据库、EBSCO 数据库、Science Direct 期刊库、Springer Link 期刊库。这一系列举措消除了数字资源利用的技术障碍,帮助广大师生在家便捷地访问校内数据库资源。

图书馆联合信息化中心完成与中国教育科研计算机网 CARSI 平台的对接

来源：阜阳师范大学图书馆 [作者：] [发布时间：2020-02-19 20:42] [点击：100]

为抗击疫情，共克时艰，解决我校师生因不能如期返校，在校外期间无法访问数据库进行学习和科研的问题，图书馆与校信息化中心积极协调和配置，完成了我校与中国教育科研计算机网CARSI平台的对接。通过该平台，我校师生在校外使用统一身份认证登录后（教职工用户名为新工号，学生用户名为学号；教职工和学生的初始密码均为身份证号后8位，如果你修改过密码请使用修改后的密码），可以在校外访问我校已订购的学术资源：SCIE数据库、中国知网数据库、EBSCO数据库、ScienceDirect期刊库、SpringerLink期刊库。

一、具体使用说明如下：
1、校外通过CARSI身份认证访问SCIE数据库的流程
2、校外通过CARSI身份认证访问中国知网的流程
3、校外通过CARSI身份认证访问EBSCO数据库的流程
4、校外通过CARSI身份认证访问sciencedirect期刊库的流程
5、校外通过CARSI身份认证访问SpringerLink期刊库的流程

二、友情提醒：
1、请在校园网外使用CARSI认证，在使用时请勿同时登录VPN；
2、请师生在使用过程中注意保护电子资源知识产权，合理使用，避免恶意下载行为；
3、除CARSI外，师生在校外仍然可以通过登录VPN访问学校订购的各类电子资源。

图 2 关于开通 CARSI 平台的通知

4.3 全方位提供线上服务

线上教学期间，图书馆不仅顺延了外借图书的归还时间，同时鉴于目前不能提供现场图书借阅服务，为满足广大师生们对相关图书文献的需求，也为了保证广大教师能够高效及时地准备网络授课资料，图书馆联合 Worldlib 公司创建 Worldlib 阜阳师范大学文献服务微信群，联合盈科公司组建盈科-阜阳师范大学学科服务微信群（见图3），通过图书在线传递的方式，为学校老师免费提供电子版参考书籍及期刊文献。

4.4 全面提供线上资源

为了抗击疫情，图书馆安排专人全天候做好网络技术保障，全力确保师生校外访问使用图书馆数字资源做到 24 小时不断线。同时，积极拓展渠道，努力确保在线资源服务只增不减。比如，联合教育部外国教材中心电子教材平台开通爱教材（Itextbook）平台使用，联合英国皇家化学学会开通 RSC 电子图书试用，联合 EBSCO 公司推出英文文献检索系列在线课程，联合超星集团为广大师生提供了每人 5 次免费大雅论文检测服务等。

图3 文献、学科服务群

4.5 举办线上线下相结合的阅读推广活动

为帮助师生读者养成良好的阅读习惯,鼓励读者多读书、读好书,图书馆以线上线下相结合的方式,定期开展"好书推荐""专家荐书""新书通报""图书借阅排行榜"等阅读推广活动(见图4)。这些活动的开展为读者和优质图书之间搭建起了沟通的桥梁,帮助师生读者更好地提升综合信息素养。

图4 系列阅读推广活动

4.6 推出"经典导读"系列活动

为了弘扬中华民族的优秀文化,积极引导和激发广大读者关注经典、热爱经典、诵读经典、传承经典的热情,图书馆推出"经典导读"系列活动。活动特邀我校马克思学院程梅花教授举办以"孔孟庄老先哲思想"为主题的讲座,从孔子、孟子、庄子、老子四位先哲面临的时代课题及其应对之策、关注的人生问题等方面进行了深入浅出的解读,并对孔子的"仁政"思想、孟子的"力辩、仁政"、庄子的"齐物论"、老子的"天道自然"思想做了重点讲解(见图5);文学院郎瑞萍副教授举办以"传统吟诵与古典诗词之美"为主题的讲座,以"自古诗词皆吟诵"开讲,详细介绍了"何为吟诵""怎样吟诵""为何吟诵",把师生引入了经典吟诵的诗人世界(见图6);法学院苗丽副教授举办以"中西方法律文化的经典导读漫谈"为主题的讲座,从法律文化与法治内涵、中华法律文化的内涵及经典内容、西方法律文化名著的内容简介、中西方法律文化思想的内涵精神比较四个方面进行了翔实全面的讲解和描述,并就如何品读法律经典书籍与大家分享了方式方法(见图7)。

图5　程梅花教授举办以"孔孟庄老先哲思想"为主题的讲座

图6　郎瑞萍副教授举办以"传统吟诵与古典诗词之美"为主题的讲座

图7　苗丽副教授举办以"中西方法律文化的经典导读漫谈"为主题的讲座

4.7　举办数字资源推广进院系线下系列活动

联合各数据库公司,同时与各学院保持密切联系,积极举办数字资源推广进院系线下系列活动,与科研处共邀中国知网资深培训师为我校读者举办以"研究生涯第一课:论文阅读写作与学术规范"为主题的培训讲座,从"有什么、看什么、怎么读、写什么、怎么写"出发,在科研选题、高效研读、成果创作、学术规范四个层面对如何利用中国知网(CNKI)数据库资源做了具体介绍,从选题的基本原则、如何利用中国知网辅助科研选题讲起,着重讲解了如何选择感兴趣的研究主题、如何精准检索学术资源;如何运用CNKI研学平台,如何运用知网平台进行高效写作(见图8);联合文学院特邀大成故纸堆专业讲师为我校读者举办专题讲座,以《大成故纸堆》数据库里相关期刊杂志的内容为例,为读者们介绍了数据库中有关民国时期的经济、教育、生活等方面的资料,帮助读者进一步熟悉和掌握这一时期的史料(见图9)。这些系列讲座能够帮助读者更加深入地了解我馆已经引进的数据库,为学校各学院的教学和科研提供了有力支撑。图书馆将继续与各院系保持密切联系,将数字资源推广进院系活动深入开展下去,帮助更多的师生读者更加高效、便捷地使用图书馆的各种资源。

图8　中国知网为我校读者举办以"论文阅读写作与学术规范"为主题的培训讲座

图9　大成故纸堆专业讲师牛建国为我校读者举办专题讲座

4.8 宣传举办各类阅读推广主题活动

积极宣传安徽省图工委和安徽省数字图书馆举办的各种类型的阅读推广主题活动,通过图书馆微信公众号平台、图书馆 LED 以及学生的各类 QQ 群、微信群及时发布活动通知,与活动主办方等保持密切联系,耐心解答参赛学生在比赛过程中提出的各种问题。我校学子在各种类型的比赛活动中取得优异成绩(见图 10)。

图 10　我校学子在各类比赛中取得的获奖证书

5 实施效果

图书馆能否做好自身的公共卫生防疫工作,如何做好线上线下服务的对接、数字信息资源的供给保障等应急服务,成为图书馆在特殊时期面临的挑战。

图书馆作为高校的文献信息资源中心,拥有种类众多、内容丰富的纸质及数字文献资源,其职能是更好地满足师生公共文化服务的需求。高校图书馆为高校师生的教学科研提供有力的教育资源支持,同时其线上信息服务满足了疫情期间师生的信息需求,对高校应对此次新冠疫情突发公共卫生事件起到了重要作用。

图书馆人始终以饱满的热情、实际的行动,为打赢疫情防控狙击战贡献自己的力量。通过线上线下系列活动的开展,图书馆不断加强馆藏文献资源建设,持续开展特色文献资源进院系的服务活动,为各学院提供更有针对性的文献资源服务,为广大师生的教学科研工作保驾护航,同时也加深了各学院及职能部门与图书馆之间的沟通和交流,帮助师生读者进一步了解图书馆各种类型的资源,为他们充分利用图书馆的各种资源夯实了基础,有效提升了师生养成良好阅读习惯的意识,助推了学院教学科研发展和学生学风建设,为书香校园和文化校园建设奠定了基础。

6 经验与启示

疫情防控期间,我校图书馆提供的各项信息服务有效降低了疫情对教学科研造成的不利影响,帮助师生读者尽快适应线上科研教学。其他各高校图书馆也应该结合高校大学生的学习科研的实际需求,积极开展在线信息素养教育,提高读者学习和科研的效率;有效整合多元化的资源,及时调整信息服务的策略、方法和内容,完善突发公共卫生事件应对机制,提高信息资源及服务保障能力,为师生读者远程获取、利用学术资源提供有效帮助。

此次新冠疫情影响深远,高校图书馆应补齐疫情期间暴露的信息服务短板,及时收集师生读者对服务的反馈信息,转变应对危机时图书馆的定位和服务模式,进一步完善现有的各项资源保障措施,通过建立健全常态化的突发公共卫生事件应急机制,完善应急预案,提高管理意识、信息资源及服务保障能力,以使未来出现同类事件时能快速做出反应,充分发挥高校图书馆的教育和信息服务保障作用,提升图书馆的服务质量。

图书馆创新形式多措并举扎实推进"我为师生办实事"走深走实
——以阜阳师范大学图书馆为例

蒋自奎　李艳梅　李宏伟
(阜阳师范大学图书馆)

党史学习教育开展以来,图书馆认真学习贯彻习近平总书记在党史学习教育动员大会上的重要讲话精神和"七一"重要讲话精神,积极谋划,创新形式,多措并举,积极开展"我为师生办实事"实践活动,确保党史学习教育与解决实际问题深度结合,努力推动党史学习教育既要入脑入心,还要见言见行,更要见实见效,以服务质量和师生读者满意度作为检验工作成效的标准,找问题、定措施,为师生解难题、办实事、做好事,着力为读者、为学科、为专业、为课程建设服务,让广大师生切实感受到图书馆的新变化、新气象。

1　开门纳谏,集思广益,开展"进图书馆"活动

图书馆以扎实推进在党史学习教育"我为师生办实事"实践活动中开展的"进图书馆"活动为契机,将党史学习教育活动同总结经验、观照现实、解决实际问题、推动工作结合起来,加强与读者的沟通交流,收集和了解读者对图书馆工作的意见和建议,以便更好地改进和完善读者服务工作,进一步提升读者满意度。学校党政领导、相关部门负责人、各二级学院党政领导相继走进图书馆,开展相关走访、调研、指导工作。"进图书馆"活动旨在通过聚焦读者所想所盼,切实将党史学习教育成果转化为提升服务读者质量的实际行动,转化为推动学校高质量发展的实际成效,把学习党史同解决实际问题结合起来,进一步深化党史学习教育"我为师生办实事"实践活动(见图1)。

阜阳师范大学开展"我为师生办实事"实践活动之"进图书馆"活动

图 1 安徽教育网报道：阜阳师范大学开展"我为师生办实事"实践活动之"进图书馆"活动

校党委书记刘树生，校党委副书记、校长程曦等校领导率先行动，带头深入图书馆，听取工作汇报、开展走访调研，详细了解图书馆运行、图书资源使用、基础设施运行等情况（见图2、图3）。他们与学生进行亲切交谈，在充分听取师生读者对图书馆服务的意见和建议的基础上，要求图书馆把"我为师生办实事"实践活动作为党史学习教育的切入点、落脚点，力求在办实事中打开发展新局面，充分借助信息技术手段，实行科学管理，不断提高业务工作质量和水平，最大限度地满足读者的需要，进一步履行教育职能和信息服务职能，为学校教学和科研工作的顺利进行提供强有力的保障。

图 2 校党委书记刘树生、党委副书记涂红松深入图书馆开展调研指导

图 3　校党委副书记、校长程曦深入图书馆开展调研指导

相关职能部门负责人及二级学院党政领导相继走进图书馆（见图 4），他们通过查看阅读环境、参观文献中心、组织专题研讨和与师生读者"零距离"交流等方式，了解图书馆资源分布、纸电资源建设及图书馆服务学科建设、服务专业认证、优化阅读环境等工作情况，在对图书馆目前的管理和服务给予充分肯定的同时，也对如何改进和完善图书馆服务的能力与水平提出了具体的意见和建议。

图 4　职能部门和二级学院相继走进图书馆开展调研走访活动

2 多措并举,迎读者进馆

2.1 延长开馆时间,增加阅览座位,优化学习环境

为进一步满足广大读者的需要,提高服务质量,更好地履行图书馆服务育人、文化育人的职责,图书馆以深化服务、提升服务水平为立足点,经与相关部门协商并报学校批准后,图书馆自2021年6月21日开始延长开放时间,开馆时间由早晨7:30提前到7:00,闭馆时间由晚上22:00延迟到22:30,每周开馆时间108.5小时。同时,图书馆积极谋划,科学合理地进行了阅览座位增加设置工作,充分利用清河校区文渊馆2、3楼的走廊以及书架之间的大空间,统筹整合了书架、书桌、座椅等设施设备的空间布局,加强空间利用与设计,新增阅览座位,升级、新增的设备等自投入使用以来,深受读者欢迎和好评。

图书馆不断创新服务,优化环境吸引读者,在馆内积极营造浓郁的文化氛围与和谐温馨的阅读环境。结合"我为师生办实事"活动,图书馆以卫生环境、文化环境、行为环境的改善为抓手,通过规范图书馆标识标牌、增加休闲阅览座椅、清理占座图书、及时维修损坏的照明灯具、增加清扫频次确保环境整洁舒心、切实维护好秩序、加大安全巡查力度等措施,使馆内环境更加"整洁、规范、优美、高雅",不断提升师生读者的阅读体验(见图5)。

图5 图书馆增添休闲阅览座椅,开展环境卫生整治

2.2 开展红色经典图书阅读推广,打造线上线下党史学习教育平台

为弘扬红色精神、传承红色记忆,我馆在逸夫图书馆二楼大厅举办了红色经典图书推广活动(见图6),展出了以中国共产党成立以来发生的重大历史事件为主线的红色经典系列图书,主要包括建党以来党和国家重要领导人的思想理论、治国理政、新思想新战略、改革开放辉煌成就、"一带一路"相关研究等相关图书80多种,共计200多册。图书馆微信平台同步推出"读红色典籍忆百年峥嵘"红色经典好书推荐专栏,打造线上线下沉浸式、立体化的党史学习教育平台,为广大师生深入学习党史提供资源、场所、服务,积极营造浓郁的阅读氛围。

图6 图书馆二楼大厅红色经典推广系列图书展台

2.3 开展专家荐书活动,积极探索导读工作全新模式

为便于学生读者在图书馆借阅专业老师推荐的优秀专业图书,图书馆于2021年6月推出了"名师推荐 阅读经典"专家荐书活动。在邀请二级学院专业负责人从馆藏图书中勾选优秀专业图书目录基础上,图书馆选出4 430种图书作为"专家荐书",在逸夫图书馆和文渊图书馆各阅览中心增设专家荐书书柜(见图7)。目前,专家推荐的图书已经全部上架供读者借阅,开展专家荐书导读活动旨在提供一种全新的导读模式,搭建师生之间互动交流的新载体,通过各学科专家教授的专业素养与智慧传播的榜样引导,激发了广大学生亲近阅读、关注学术、追求真理、探求新知的热情和志向,积极推动优良校风、学风建设,推动校园文化内涵建设。

图7 "名师推荐 阅读经典"专家荐书书柜

2.4 "你选书·我买单",让读者任性"悦"读

为充分发挥图书馆文化育人功能和书香校园主阵地作用,紧紧围绕服务师生,提供更精准的读者服务,契合读者的阅读需求,图书馆开展了"你选书·我买单"活动(见图8)。活动以书为桥,实现了与读者的"零距离",深受读者欢迎。"你选书·我买单"活动是在党史学习教育中"我为师生办实事"落实见效的生动实践,既丰富了图书馆的馆藏图书量,提升了读者对图书馆资源的满意度,也进一步营造了真读书、多读书、读好书的阅读氛围。

图8 "你选书·我买单"活动现场

3 "送"服务上门,提升资源利用率

3.1 精心编制宣传材料,主动送到读者手中

精心编制《阜阳师范大学图书馆读者手册》《图书馆座位管理系统使用方法》《爱护图书,做文明读者》等宣传材料,深入到二级学院、学生宿舍,主动把这些资料送到读者手中,使读者了解图书馆有哪些藏书,都分别放在哪里,如何借还图书,如何访问电子资源,如何使用选座系统,如何充分利用图书馆各类资源和服务等,带领读者解锁图书馆。

3.2 资源推广服务培训走进二级学院

为了帮助师生深入了解图书馆的数据库资源,掌握专业数据库的使用方法,图书馆根据不同学院的专业类型,量身定制培训内容,有针对性地开展培训。图书馆分别深入文学院、化学与材料工程学院、外国语学院、研究生处等开展了多场文献资源数据库专项培训。培训获得了广大师生的积极响应,期间还开展了图书馆资源使用指南宣讲。培训宣讲工作的开展,使师生读者进一步了解了相关专业文献资源库的资源构成及检索使用技巧,对开阔专业学科视野,提高文献检索效率,提升教学科研水平起到了积极作用。同时,也更加深化了图书馆与教学单位、师生读者的联系交流,为今后改善和提升图书馆服务工作,促进文献资源高效利用,做好"双一流"建设背景下学校重点学科文献资源保障体系建设,打下了良好基础。

3.3 举办"品阅经典"专题讲座

为了弘扬中华民族的优秀文化,积极引导和激发广大读者关注经典、热爱经典、诵读经典、传承经典的热情,图书馆联合大学生读者协会、三月文学社举办了"品读经典"系列讲座。目前,已特邀马克思主义学院教授程梅花做"国学的天空"、文学院副教授郎瑞萍做"传统吟诵与古典诗词之美"、法学院副教授苗丽做"中西方法律文化的经典导读漫谈"等品读经典专题讲座。图书馆举办品读经典系列讲座旨在引导学生通过赏析经典作品,陶冶情操,充实文化底蕴。同时鼓励同学们共同品读人文与科学经典,关注人文与科学发展,引导大家思考、追问人文与科学的问题和价值,促使学生以更高远的站位、更广博的胸怀、更开阔的眼界去读作品、去看世界。

3.4 定期向各学院推送读者借阅统计数据

为认真做好阅读推广工作,助力书香校园文化建设,激发广大师生崇尚"真读书、多读书、读好书"的热情,图书馆定期向二级学院推送读者借阅数据,既有益于各学院及时准确了解本学院学生的图书借阅情况,也有力推进了各学院积极引导和督促本学院学生多进图书馆、多读书、多读专业书,读好书、读专家推荐书,切实营造了浓郁的阅读氛围。

4 学史力行践初心,知行合一见成效

"我为师生办实事"活动的深入开展,将党史学习教育活动同总结经验、观照现实、解决问题、推动工作结合起来,开门纳谏,集思广益,广泛收集和了解师生读者对图书馆工作的意见和建议,扎实践行"学党史、悟思想、办实事、开新局"的目标要求,目前活动已初见成效。汇文系统统计数据显示,"我为师生办实事"活动开展以来,图书馆进馆人次和图书借阅量均有显著提升(见表1)。

表1 阜阳师范大学图书馆 2021 年 6 月—11 月到馆读者和借书量统计一览表

时间	到馆读者人次	外借图书册数
2021 年 6 月	100 636	6 992
2021 年 9 月	112 738	8 111
2021 年 10 月	146 108	11 652
2021 年 11 月	156 831	25 196

"雄关漫道真如铁,而今迈步从头越。"图书馆人将以"十四五"开局之年为新起点,以习近平新时代中国特色社会主义思想为指导,深入贯彻落实习近平总书记在党史学习教育动员大会上的重要讲话精神和"七一"重要讲话精神,秉承"读者第一、服务至上"的办馆理念,坚守"立德树人"的根本任务,坚持问题导向和措施导向,不断创新服务方式和模式,深入推进党史学习教育"我为师生办实事"实践活动,并将以建设读者真正满意的图书馆为着力点,努力为学校高水平师范大学建设做出更大贡献。

"接力式"学生阅读推广团队培养实践[①]
——淮南师范学院图书馆服务创新案例

米雪　余侠　许馨
（淮南师范学院图书馆）

1　案例实施背景

在国家大力倡导全民阅读的时代背景下，淮南师范学院自 2009 年起连续开展全校性、全年性阅读推广系列活动十二届，参与数达 159 845 人次，获得各级各类奖项 18 296 人次。活动的开展、成果的取得，除了依赖于学校和领导的大力支持外，也离不开师生的共同推动，为进一步推动阅读推广活动深入广大师生群体，经各部门协商决定，在校内选拔发展一批学生，作为图书馆开展阅读推广活动的有力支撑力量。

2　案例实施过程

2.1　学生阅读推广团队的选择——读者协会

淮南师范学院读者协会（简称"读者协会"）成立于 2009 年 4 月 23 日（见图1），是由校团委领导、学生社团联合会管理、图书馆指导下的非学术性学生文化社团。读者协会平均每年有 200 余名新生加入，现有会员 700 余人，累计会员 4 600 余人。读者协会始终以"贴近读者，服务读者，发挥资源优势，促进学风建设，繁荣校园文化"为宗旨，通过各种活动不断提升图书馆的服务质量和水平，更好地满足读者需求，密切读者联系，激发同学们的读书热情。

[①] 本文是 2021 年安徽高校省级人文社会科学研究重点项目《"三全育人"视域下高校"大型阅读推广"策略研究"》(SK2021A0556) 的研究成果。

图 1　读者协会成立大会

读者协会设会长、团支书各一名,副会长三名,团支委员三名,下设办公室、读书角、通讯部、外联部、宣传部、组织部,每部设部长一名,并根据情况设副部长和干事若干名。

读者协会自成立以来一直积极进取、努力提高,在多个方面取得了较为优异的成绩:先后荣获 2010 年度、2011 年度、2014 年度、2015 年度、2016 年度、2017 年度、2019 年度、2021 年度校园"十佳社团"荣誉称号,多次获得"优秀社团""大学生社团艺术文化节优秀组织奖""大学生社团艺术文化节突出贡献奖"等奖项,并于 2021 年获得中国图书馆学会阅读推广委员会颁发的"星级组织社团"荣誉称号(见图2)。

图 2　读者协会荣誉墙

综上所述,读者协会的优势和特点十分突出:(1)由一群热爱阅读、热爱分享、朝气蓬勃的青年力量组成;(2)读者协会是图书馆指导下的校内社团,与图书馆联系密切,且在学生群体中具有较大影响力;(3)读者协会内部规章制度完善,管理科学合理;(4)协会成员有想法、有创意、肯吃苦、敢作为,能在"书香校园"建设中发挥积极作用。基于此,图书馆在选择阅读推广团队培养对象时,毫不犹豫地选择了读者协会,对读者协会成员的阅读推广能力进行多角度的深入培养。

2.2 学生阅读推广团队培养举措

多渠道培养,快速提升团队成员综合素养。阅读推广人对阅读推广工作的完成质量起决定性作用。读者协会作为学生社团,具有流动性较强、新生占比较大的特点,为将该团体培养成为一支高水平的阅读推广团队,图书馆指导老师采取了广泛宣传、重点培养、以点带面的培养模式,利用图书馆场馆及资源特点,多渠道、多路径培养学生团队,以期快速提升团队成员综合素质。部分措施如下:(1)信息资源类。为使协会成员快速了解图书馆,学会使用图书馆资源,图书馆针对读者协会开展图书馆使用培训会、数据库资源使用培训会,每学期10余场,每年组织协会新成员到馆参观。(2)名师讲座类。为提升学生文学素养,图书馆推动协会成员参与"名师名家"系列讲座每学期6—10场。(3)信息素养竞赛类。对信息素养较高的学生进行重点培养,推荐参加安徽省高校研究生信息素养夏令营等活动,在信息素养竞赛中展现自我、收获快乐。(4)地方文化教育类。每学期至少开展一次地方文化教育活动,组织学生前往寿县博物馆、大通万人坑纪念馆、淮南焦岗湖等地,学习地方文化,接受红色教育,提高思想觉悟(见图3)。

图3 部分活动现场

开放式管理,提升团队成员的图书馆主人翁意识。为了让协会成员更多地接触图书馆,参与到图书馆日常管理工作中来,培养读者协会主人翁意识,图书馆为读者协会开通了最大限度的自主管理权限。将2015年9月28日成立的漂流书屋运营管理工作交由读者协会负责(见图4),同时,在图书馆三楼设专门的读者协会办公室,为协会处理日常工作提供了场所。图书馆还在官方网站开辟读者协会专栏,不仅为读者协会打开了一扇对外宣传的窗口,也体现了读者协会已经成为图书馆不可分割的一个部分(见图5)。

图4 学生开展分享交流活动

多样化促读,推动读者协会内部读书风气的形成。读者协会作为阅读爱好者自发组成的团体,本身对阅读的需求较大,同时,广泛的阅读也有利于更好地推广阅读。图书馆积极了解成员阅读偏好,营造良好的阅读条件,开展丰富多彩的内部阅读活动,引导广大成员精细化、深入化阅读,逐步推动协会内部读书风气的形成。① "读拉松"活动。为培养成员持之以恒的阅读精神,协会将"马拉松"的竞赛精神引入到阅读中,在协会内部开展特色活动"读拉松",协会成员每天坚持在线打卡阅读,展示阅读内容及心得体会,逐渐培养阅读习惯。该活动已成为协会内部常规活动,每学期一届,至今已连续开展五届,平均每学期开展不同主题的读书活动四场,总阅读时间近50 000分钟,阅读各类书籍80余本,推荐了如《蛙》《四世同堂》《百年孤独》《平凡的世界》《活着》等优秀书籍。② 阅读分享交流。在满足协会成员输入式阅读需求的同时,更强调输出式的阅读,即分享交流。读者协会平均每学期举办不同主题的阅读分享活动8—10场,给学生一个展示自我、互动交流的机会,交流分享的形式多样,如主题授课式、辩论式、讨论交流式等,让学生在交流中感受快乐,在分享中加深对知识的理解和感悟(见图4)。③ 书友促读:校外读者联谊。协会不定期与校外读者协会、文学社团等联谊交流,先后与安徽财经大学龙湖文学社、安徽电子信息技术职业学院星火文学社、安徽理工大学读书俱乐部、蚌埠医学院岁月岛文学社、合肥学院读书协会、合肥工业大学读书俱乐部、合肥工业大学潇湘文学社等联合举办阅读推广活动,如征文比赛、成语大会、朗诵比赛等,在读书中交友、会友,在互动交流中提升能力、收获友情。④ "阅读达人"暨读者协会优秀个人评选。为进一步鼓励读协成员走进书本、品读经典,同时参与到读者协会日常管理事务及阅读推广工作中来,图书馆每年从读者协会中评选出"阅读达人"暨读者协会优秀个人12名,对阅读量大、在阅读推广活动中发挥突出作用的个人提出表扬,以期发挥优秀成员的先锋模范作用,激励广大社员向优秀典型看齐,努力提升自我,积极投身工作。读者协会的自我提升为更好地带动和影响其他读者奠定了基础,是淮南师范学院建设书香文明校园的主力军和先锋队!

图5 图书馆网页读者协会专栏标识

针对性指导,培养团队阅读推广能力。大学生朝气蓬勃,具有丰富的想象力和创新力,乐于接受和尝试新鲜事物。邀请学生团队加入图书馆阅读推广工作,无形中拉近了图书馆与阅读推广受众(即在校大学生)之间的距离,从而使得阅读推广组织和宣传工作更顺利地开展。在这一过程中,图书馆指导老师需要在阅读推广实际工作中对学生进行针对性指导,不断培养学生阅读推广能力,逐步实现读者协会学生由阅读推广"客体"到"主体"的转变。

在淮南师范学院举办的多届"读书活动月""校园读书创作活动"等全年性、大规模的阅读推广活动中,均将读者协会作为承办单位之一写进每年的阅读推广实施方案中,让读者协会成为重要的组织者、实施者、宣传者,成为图书馆深入院系、深入师生的有生力量。活动策划阶段,阅读推广馆员指导学生撰写活动策划书,指导学生做好活动前期预算,对活动实施进行统筹安排,对各项任务进行合理分解、分配;在活动开展过程中,馆领导对读者协会的各项安排给予大力支持,同时关心学生阅读推广实施工作,对学生活动开展进行现场指导;活动后期,由图书馆老师指导学生撰写新闻报道,对活动开展成果进行宣传;活动结束后,由图书馆信息服务老师牵头,组织读者协会业务骨干召开活动总结大会,对活动举办过程进行复盘,对遇到的困难和处理问题的方法进行反思,力争将后续阅读推广工作做得更好更实。

读者协会在开展活动中不断完善阅读推广方式方法,能够做到有策划、有组织、有落实、有跟踪、有宣传、有总结,已经成长为图书馆开展阅读推广工作中不可或缺的青年力量。

3 案例成果展示

随着读者协会阅读推广经验的不断积累,活动开展更加广泛深入,活动形式更加多样,活动内容更加丰富,逐步形成了"听、读、创、赛、展"相结合的阅读推广体系,阅读推广目标明确、成效突出。

3.1 听·真人图书

读者协会充分利用校园资源,一方面,组织学生现场听取校内专家讲座;另一方面,部分学生也走上讲台,与其他学生分享自己从书本中获取的知识信息。通过"学生真人图书馆"活动的开展,不仅让文化知识得以传播,同时也给广大学子提供了一个展示自我、表达自我的平台(见图6)。

图 6 学生开展真人图书馆活动

3.2 读·书香校园

读者协会独立策划,组织开展了多届"书香飘师院"系列活动,通过阅读倡议、好书推荐、经典诵读等形式吸引广大师生加入阅读队伍(见图7)。

图 7 "书香飘师院"活动剪影

3.3 创·思想之光

创作是将获取的知识消化吸收后的输出,开展创作类活动是激发师生深度阅读的有效方法之一。为了引导广大学生在阅读的同时进行深入思考,读者协会以征文、读后感分享、阅读笔记展示、海报设计、封面设计等活动形式推动学生将书本知识与自身生活经验相结合,凝练出对书本、知识的感悟,对人生的思考(见图 8)。

图 8 学生开展创作活动

3.4 赛·综合素养

以赛促读,以赛促学,通过比赛检验读书成果。为了更好地传播特定的文化知识,读者协会以传统闭卷考试的形式开展知识竞赛活动。知识竞赛开始前,活动负责人将考试内容在活动群中公布,给参赛选手足够的准备时间。经过一个多月的温习巩固,参赛选手对知识内容达到熟读、熟记的程度。通过最传统的方法将科普知识宣传做细做实。

3.5 展·活动成果

积极拓宽宣传渠道,通过线上线下相结合的方式对阅读推广活动开展期间产生的成果进行宣传展示。线上以微信公众号、官方网站为主要阵地对学生朗诵、视频制作等作品进行展播,线下开展书面设计、最美读书照、书签设计等各种类型的展览活动(见图9)。通过对活动成果进行展示,为校园增添了丰富多彩的文化气息,同时也激励参与活动的同学再接再厉,争取更好的成绩。

图9 学生展示阅读推广成果

3.6 其他特色活动

除开展全年性系列阅读推广活动外,读者协会还根据图书馆发展需要及学生关注热点开展其他特色活动,如图书馆文明阅览倡议活动、消费者权益日宣传活动、学雷锋志愿宣传活动、MOOC使用宣传活动等。除此以外,读者协会还利用课余时间自发参与社会公益活动,走进敬老院,开展义务劳动,与敬老院的老人交流沟通,为敬老院的老人表演节目等,通过该类型实践活动,可以让同学们更好地了解社会,懂得"赠人玫瑰,手有余香"的快乐(见图10)。

图 10　学生在敬老院义务劳动

4　案例延伸：走向社会的小小阅读推广人

学生在学校的时光有限，他们毕业后走向社会，仍然扮演着一名阅读推广人的角色，在自我提升的同时不断吸引着身边的人加入到阅读队伍中来。笔者联系了部分往届读者协会的成员，对他们毕业后参与阅读及推广阅读的情况进行了解，以下为部分读者协会成员的回复。

吴关：走上工作岗位的我因为有和读者协会共同成长的经历，对阅读更加热爱，也特别喜欢参加阅读推广活动。这是我参加"合图故事之我们的摄影展——追云活动"时的照片（见图11），本次展览源于合肥市图书馆举办的一次征集活动，选用的都是广大读者踊跃投稿的照片。各位读者将自己所见到的云彩以照片的形式记录下来，镜头下的每一朵云都有着不同形态和色彩的美，就像每个闪烁着不同光芒的读者自己。

图 11　吴关

陈闯：在读者协会这个大家庭中成长的我更加懂得了阅读的重要性，同时也掌握了一些非常实用的阅读推广方法和技巧，"阅读推广要从娃娃抓起"，这是我多年来最大的工作感悟。在小学生群体中推广阅读，培养社会主义的接班人，应积极利用学校环境优势，以教师阅读示范、阅读方法指导、阅读心得交流等形式引导学生广泛阅读各类优秀读物，培养学生浓厚的阅读兴趣和良好的阅读习惯，掌握科学的读书方法，提升学生综合素养（见图12）。

图 12　陈闯

陈志伟：大学生活对我影响最大的便是在读者协会的那些日子，与书相伴，与志同道合的老师同学们一起推动阅读，让阅读浸润每一位读者的心灵是我觉得最有意义的事情。毕业多年,我仍然觉得自己是一名小小阅读推广人,只要看到有阅读推广类活动总是忍不住多参与、多思索,对阅读推广的意义也有了更深的理解。这张照片(见图13)为我参加上海书城23年图片展时拍摄的,展览分为文化篇、名人篇、作家篇,与广大读者分享了书城的那些年和书城的那些事。上海书城是上海历史上第一家超大型的零售书店,已有23年的历史,本着"追求最好的,奉献最美的"企业目标和服务理念,为读者提供舒适雅致的阅读环境,独具特色的服务内容常常让读者流连忘返,我经常到书城看书、借书,也时常作为志愿者为书城的其他读者提供服务。我始终觉得阅读什么时候都不算晚,在自己阅读的同时带动他人一起阅读更是人生的一大乐事。

图 13　陈志伟

张树龙:"传承优秀文化,做全民阅读推广的生力军。"这是我学生时代的理想,走上工作岗位,有了家人和孩子的牵绊,我更加意识到全民阅读的重要性,金山图书馆是离我家最近的一家图书馆,每个周末我都会带着孩子来一趟金山图书馆,让孩子接触书籍,让自己沉浸在书籍之中。同时,作为图书馆的"常客",我也会积极参与图书馆的阅读活动推广工作,为需要帮助的读者提供志愿服务,以另一种形式诠释阅读推广人的责任。这是我参加金山图书馆举办的"铭刻时代的历程——庆祝建党百年文献与版画作品特展"活动时拍摄的照片(图14),本次展览共展出 1920—1961 年的各类具有代表性、珍藏性的早期经典文献 35 本,版画内容从六个方面反映了上海——中国共产党诞生地,发生的沧桑巨变与伟大成就。非常值得一提的是,此次展览展出了《共产党宣言》第一版中文全译本,在中国共产党百年华诞之际有幸看到,实在是意义非凡!

图 14　张树龙

5　案例总结

　　淮南师范学院图书馆以读者协会为联系读者、与读者深度交流的纽带,通过培养好这样一支阅读推广团队,将图书馆的服务理念、服务内容、信息资源等传播给不同学院、不同专业、不同班级的学生,充分发挥在校大学生的朋辈效应,达到以点带面、辐射全校的目的。图书馆将继续以学生阅读推广队伍培养为重要抓手,从学生加入读者协会到学生毕业,一届又一届螺旋接力式培养,为书香校园建设贡献力量,为推动全民阅读培养生力军。

"书香安商"品牌运营的探索与实践
——安徽商贸职业技术学院图书馆阅读推广活动记

刘亚平　季学芳　胡跃宗
（安徽商贸职业技术学院图书馆）

随着全民阅读重要性的提升与学校、图书馆自身发展需求日趋强烈,高校校园文化建设日益重要,阅读推广工作的开展越来越成为校园文化中必不可少的一道风景线。我校图书馆自2017年推出"书香安商"品牌以来,紧紧围绕"书香"实施"活动平台建设、学生团队建设、品牌活动建设"三位一体的阅读推广品牌运营活动。五年来,创设活动平台5个;打造学生团队5个;组织开展各类文化活动100余次,参与人次近10万,征集读书笔记等读书创作成果近万个,朗诵、演讲等人文素养实践类创作成果近5 000个;组织参与全国、全省阅读推广类赛事近50次,各类培训活动200场次,覆盖参与选手3万余人次,获全国各类奖项近20项,全省各类奖项近150项,在高职院校中表现优异,先后16次获得省级及以上活动优秀组织单位奖,成为提升校园文化的极大助力。

1　案例形成背景

1.1　全民阅读与双高校校园文化建设需求

2020年中央宣传部印发了《关于促进全民阅读工作的意见》,明确指出要在全社会大力营造爱读书、读好书、善读书的良好氛围,引导人民群众提升阅读兴趣、养成阅读习惯、提高阅读能力,同时意见指出了全民阅读工作的重点任务,包括加大阅读内容引领、组织开展重点阅读活动、加强优质阅读内容供给、组织引导社会各方力量共同参与和加强全民阅读宣传推广等。同时,我校在《安徽商贸职业技术学院"十四五"教育事业发展规划》中明确提出要涵育文化品牌,营造人文校园环境,打造大学文化品牌。

1.2 高职院校校园文化建设不足与经营理念缺乏

高职院校校园文化建设存在滞后于时代发展,缺少明确的发展方向、发展目标及合理的发展规划等问题,使得很多高职院校的校园文化建设没有取得实质成效,校园文化建设的价值没有体现出来。一方面,高职院校人才培养强调"岗赛课证"导向,注重实用导向,文化育人缺失;另一方面,文化活动平台与载体不足,部分传统校园文化活动形式具有短周期、临时性和功利性,有的没有形成长效机制,且存在高职院校学生"阅、作、书、绘、影"等多元人文素养培养途径不够丰富的问题。

1.3 图书馆自我发展、职能定位与文献推广需求

伴随着时代的发展,碎片化阅读获取方式冲击了图书馆的文献流通量,阅读推广成为提升图书馆借阅量的重要手段之一。图书馆作为文化职能部门,必须具备一定的文化引领作用,为读者挑选好书是图书馆的职能要求,此外,图书馆藏书量逐年攀升,但借阅量低迷,激发读者的阅读兴趣尤为重要。同时,高职院校面临着双高校与职教本科双重建设压力,图书馆更应打破原有模式,在双重建设背景下谋求发展,以阅读推广助力校园文化建设、助力学校人才培养方略。

2 案例实施过程

图书馆自 2017 年实施"书香安商"品牌建设以来,大力建设文化资源,搭建学生团队,不断强化载体品牌效应,通过去中心化,以专业服务代替行政化管理,秉持自上而下与自下而上相结合的经营理念,形成了分别以政府及上级指导单位主导、图书馆主导、学生自主主导的三个阅读推广活动开展体系,大力倡导经典阅读,引领成果创作。

2.1 三个维度构建"书香安商"阅读推广活动体系

"书香安商"品牌运营与推广以政府及上级指导单位主导、图书馆主导、学生自主主导的三个维度共同构成了阅读推广活动开展体系。

2.1.1 以政府部门及上级指导单位为主导的赛事

图书馆响应上级部门号召,积极开展安徽省教育厅、安徽省高等学校图书情报工作委员会、中国图书馆学会等上级指导部门组织开展的活动,每年参与安徽省校园读

书创作活动、"书香江淮"品读经典系列活动、超星杯微创作活动、"万方杯"全国信息素养大赛、EBSCO杯文献信息获取体验大赛、图书馆杯安徽省大学生红色电影英文配音大赛、中华经典美文诵读、图书馆杯全民英语口语风采展示活动、"Proquest杯"外文文献信息检索答题大赛等。为了确保活动效果,采取了协同校内其他部门联合发文、广泛发动学生开展校赛、组织指导教师培优、成立信息素养训练营等方式,5年来,组织、参与全国、全省阅读推广类赛事近50次,各类培训活动200场次,参与选手30 000余人次,获全国各类奖项近20项,全省各类奖项近150项,在高职院校中表现优异,先后16次获得省级及以上活动优秀组织单位奖,2020年被图工委评选为"先进集体"。

2.1.2 以图书馆为主导的品牌活动

图书馆以品牌化经营理念,先后打造了"弘商讲坛""行知读书会""读者沙龙""书香安商读书月"四大品牌活动,并形成常态化,打造文化活动标杆样板,品牌活动开展情况如下:

1. 弘商讲坛

大学是人才培养基地,讲座更是大学生活中浓墨重彩的一道风景。安徽商贸职业技术学院图书馆,以"凝聚人文精神,弘扬徽商文化"为主旨,开设"弘商讲坛"。每期选择与读书相关、读者最为感兴趣的主题,为读者搭建一个与"资深者"面对面交流的平台。以资深者的视角、阅历,开拓读者的阅读视野;以资深者的理论高度,提升读者的人文素养高度。自弘商讲坛创立以来,共组织了7期活动。

2019年4月17日,我馆邀请南京大学博士生导师、教授徐雁作为"弘商讲坛"首讲嘉宾,为在场师生作了题为"'劳于读书,逸于作文'——提升人生读写能力的中国文学名著书目"讲座(见图1)。

图1 安徽商贸职业技术学院"书香安商"第二届读书月暨弘商讲坛启动仪式

2019年10月11日,我馆邀请北京师范大学艺术与传媒学院教授、博士生导师张智华做"网络时代影视文化传播"讲座。

2019年10月29日,我馆特邀主讲嘉宾——中国通信业知名观察家项立刚作客弘商讲坛,做"5G时代·努力刚刚好"讲座,为我们解密"5G时代",引导大家如何在新时代下努力向上、升华人生。

2019年的5月和12月,我馆以学校的"1+X"证书制度试点工作为契机,通过弘商讲坛的平台举办了两场英语四六级讲座:邀请新东方四六级讲师针对英语考级做"四六级无忧,'未'你而来"讲座,帮助学生找准学习方法,提升学习技能。

2020年5月,特邀山东师范大学佘瑞琴副教授做客"弘商讲坛",做了题为"疫情下的心理调适"的线上心理讲座,为广大师生开出了一份独特的"防疫心理处方",截至目前在线观看人数已近5 000。

华中科技大学图书馆信息咨询部主任、副研究馆员施亮担任主讲的第六期弘商讲坛《文献检索科学研究之助力》于2021年1月在学校智慧课堂正式上线,目前在线观看人数已近6 000。

2021年7月联合学生工作处在智慧课堂举办线上第七期弘商讲坛"传统文化与中医养生",本次讲座邀请南京中医药大学教授、主任中医师、博士生导师郭立中老师为主讲人,目前在线观看人数近2 000。

2. 行知读书会

行知读书会是图书馆的自有品牌,其命名一是借鉴了陶行知的"行是知之始,知是行之成",二是借鉴了王阳明的"知行合一",寓意要将读书会打造成一个供全校师生分享认知、践行真知的平台,使学生树立正确的生命观、历史观、情怀观,培育其综合人文素养。

图2 行知读书会

2019年11月,图书馆刘亚平老师做了主题为"元稹与西厢记"的读书分享;2019

年12月,图书馆宋亚萍老师为大家讲述"明朝那些事儿1:朱元璋篇";2020年11月,邀请人文与法律学院副教授、文学博士汤太祥老师做了题为"漫谈唐诗"的读书分享;2021年4月,图书馆宋亚萍老师以"品读苏轼"为题讲述了宋朝大才子苏轼的一生。

3. 读者沙龙

读者沙龙是图书馆2017年开创的品牌活动,通过面对面交流的方式增进读者与读者之间、学者与师生之间的交流与沟通。每一期将校内外专家、学者请到读者身边,以一本好书、一个发人深省的话题、一项技术、一条政策等形式,组织读者进行近距离的观点沟通、思维碰撞、启迪智慧、凝练思想,让全校师生在求知、求美、求乐中受到潜移默化的启迪和教育。

2017年11月,为深入贯彻学习十九大精神和习近平总书记关于"优先发展教育事业,加快建设学习型社会,大力提高国民素质"的重要讲话精神,图书馆和思政教学部联合举办了"品味经典,对话信仰"第三期读书沙龙活动。

2017年11月,为深入学习贯彻十九大精神,推动党的十九大精神入耳入脑入心,丰富"两学一做"学习教育的开展方式,图书馆推出了"《共产党宣言》经典共读"活动,激励广大师生"读原著、品经典"。

2019年4月为纪念"五四运动"100周年,开展了以"'五四'时期中国音乐文化漫谈"为主题的读者沙龙,邀请工商管理系党总支书记韩飚老师担任主讲,旨在弘扬"五四"精神,凝聚青年力量,引导广大安商学子在"五四"精神激励下,把树立远大理想和脚踏实地统一起来,立鸿鹄之志,圆强国之梦。

图3 读者沙龙

2019年11月,布莱诺大学名誉校长施耐德先生和副校长艾克先生作为特邀嘉宾参加了图书馆、现代职业教育研究所共同举办的"教育与职业"中美教育沙龙。

2021年9月,为庆祝中国共产党成立100周年,深入贯彻落实习近平总书记关于党史、新中国史、改革开放史、社会主义发展史的学习教育活动,持续深化爱国主义教育,推动学校全员阅读,图书馆联合马克思主义学院开展了"四史"系列书香安商读者沙龙活动,分别以"学党史 铭初心 担使命""回眸与远眺:社会主义五百年的历程与启示""辉煌与启示:我国改革开放43年历程回顾与展望""三线建设:新中国的宏伟工程"为主题开展了4期读者沙龙,该系列活动在线下和线上通过腾讯会议同时举办,共计吸引读者近2 000人次。

4. 书香安商读书月

书香安商读书月是为庆祝"4·23"读书节,深入推广阅读活动、提升阅读文化影响力打造的系列品牌活动,先后纳入了朗诵、征文、晒晒枕边书、图书馆百科知识竞赛、图书馆开放日、读者荐书等丰富多样的活动。

2.1.3 读者自主主导阅读推广活动

在图书馆打造品牌活动的同时,大力支持和鼓励读者自主主导阅读推广活动。目前由读者发起的阅读推广活动包括观影读书会、春秋读书会、阅读笔记创作活动、图书漂流活动、21天学习打卡、真人图书馆等,在阅读推广团队自我治理基础上大量开展由读者主导的阅读推广活动,具有活动内容与形式多样化、阅读推广主客体一体化、活动规模小次数多易复制的特点。

1. 观影读书会

从2019年始,依托读者协会社团组织开展了系列观影读书会活动,打造了阅读、交流、思考、成长的平台,把"阅读"书籍与现实生活联系起来,学生们通过共情,完成了他人生命到自我生命的转换。近两年分别开展了《边城》《一条狗的使命》《城南旧事》《阿甘正传》《建党伟业》《建国大业》等电影的观影活动。

2. 图书漂流

由毕业学生形成的图书捐赠漂流活动已连续开展三年,图书馆成立了图书漂流专区,实现了资源的循环利用,为创建绿色校园、文化校园添砖加瓦。

2.2 三个层次打造"书香安商"文化校园

"书香安商"品牌活动的开展主要包含成果创作、经典导读、文化活动三个层次。在成果创作方面,主要依靠校园文化赛事,依托安徽省校园读书创作活动、"书香江淮"品读经典系列活动、阅读笔记创作活动等深入开展征文、朗诵、绘画、书法、摄影、配音等形式多样的活动,以成果创作促进校园文化繁荣;在经典导读方面,以经典书目为基础,深入开展导读读书会、经典图书展、荐书等活动,以经典导读提升校园文化质量;在文化活动方面,依托读者群体的创新能力,凝聚图书馆的资源、场域优势,广泛开展弘商讲坛、读者沙龙、晒晒枕边书、真人图书馆等活动,以文化活动营造校园文化氛围。

2.3 三个载体完善"书香安商"品牌运营与推广要素

2.3.1 建成多样化阅读推广活动载体

通过"上级指导单位+图书馆+读者"三位一体的活动体系,以品牌活动、三级赛事、创新活动为三个抓手,不断充实活动形式与内容,建成了"读、听、展、答、写、诵、绘、影"等多样化的阅读推广活动载体。

2.3.2 建成以学生为中心的阅读推广团队载体

在大力开展文化活动的同时,努力搭建以学生为中心的阅读推广团队,培育了"读者协会""小黄衫志愿者团队""新媒体工作室""信息素养训练营""学生馆员"学生团队。通过学生团队架起读者与图书馆的协作桥梁,以学生团体为中心向全校读者辐射,实现读者自理自治、自主开展活动,让读者成为图书馆阅读推广活动的生力军。

1. 读者协会

读者协会是一支活跃在图书馆的优秀学生社团,是图书馆与学生之间最有效的纽带和桥梁,协会以"阅读助力成长"为会训,以"读书"为中心,为广大读者提供了广阔的阅读空间。目前,读者协会已招募会员1000多人,他们是优秀的"阅读点灯人",通过自我组织、自我创新的活动以及宣传、推广,深入学生基层,以"裂变、分散"形式,提升广大学生的人文素养,培育了一群"爱读书、读好书、读经典"的学生群体。

2. 信息素养训练营

图书馆依托"万方杯"信息素养大赛,大力开展赛训相融,成立信息素养训练营,开展信息素养培训活动,成为我馆信息素养活动的有力抓手。

图 4 信息素养训练营

3. 新媒体工作室

为更好地搭建新媒体平台,提升新媒体服务质量,图书馆组建了新媒体工作室运营图书馆微信公众号。工作室自成立以来,先后培养了近百名具有新媒体素养的时代新人,具备独立运营微信公众号能力,具有较高的文学艺术修养、较强的团队实践能力、良好的信息捕捉及加工处理能力。同时依托新媒体平台积极组织开展线上阅读推广活动。

4. 学生馆员

学生馆员包括勤工俭学学生和学生助理,先后有 200 余名学生志愿者参与图书馆工作,搭建起图书馆与读者的沟通桥梁,成为图书馆更好地了解读者阅读需求的"智库"。

5. 小黄衫志愿者团队

小黄衫志愿者团队是图书馆基于志愿服务活动搭建起的阅读推广团体,先后吸引百余名学生参与到图书馆的迎新、资源宣讲志愿服务活动中来,通过增强学生的主动性实现阅读推广力量的有机生长。

2.3.3 建成跨平台多终端资源利用载体

在活动平台上,以校园"第二课堂"为基础,以图书馆微信公众号、小程序、QQ、语林云等线上活动平台为补充,提升读者覆盖率与参与体验感,提升阅读推广活动的可复制性与易操作性。

在阅读平台上,为提升阅读推广效率,线下、线上活动。线下,融阅读推广入场域,如在阅览室开辟"晒晒枕边书"展示区域、优质书目展等,便于读者及时发现好书,即时阅读好书。线上,融阅读资源入推广媒介,如在微信公众号搭载图书馆电子书平台,在公众号"荐书"栏目中重点推荐可以扫码阅读的电子资源等。

1. 第二课堂

作为第一课堂的补充,我校启动课堂之外的第二大育人载体——第二课堂,图书馆深入参与第二课堂活动开展,积极配合学校打造一体化活动平台,目前为止,我馆在第二课堂上举办活动类、讲座类、竞赛类等活动超过 100 场,超过 50 000 人次参与活动,真正实现了资源共享、优势互补、各具特色、学生喜欢。

2. 图书馆公众号

基于新媒体技术,我们搭建了微信公众号平台,创新性地开辟了迎新专栏、书目推荐专栏、优秀作品展示专栏等模块,不仅提升了图书馆的服务质量、服务水平,更推广了图书馆的文化品牌,展示了学校的人文素养。2021 年图书馆微信公众号得到上万人关注,各项服务功能总计点击超过 40 000 次。通过不断提升推文质量,实现了单篇推文最高阅读量达 2 000 余次,单篇推文最高评论达 200 余条。在做精做细服务功能的同时,也丰富了线上活动。

3. 图书馆微信小程序

在"互联网+"时代背景下,信息技术的重要性不言而喻。我馆以数据资源为基础,利用新技术将数字信息资源的发布、组织、存储、管理结合起来,整合了馆内近 10 万本正版电子书,超 40 万小时有声书和视频,1 000 多种电子期刊。将资源与传统线下阅读推广机制有效融合,形成了多模块、多途径的阅读推广模式,有效提升了阅读推广的质量,为读者提供了更加科学的阅读推广服务,引导全民阅读,培养读者阅读习惯,吸引更多人参与到阅读中来。

4. 腾讯 QQ

为拓宽同学们参与活动的渠道,我馆通过 QQ 平台建立了数十个图书馆活动参与群,群内学生人数达 5 000 余人。老师们及时在群内发布活动信息,这方便了同学们及时参与讨论并报名,如有疑问也可及时进行解决,实现了资源共享和资讯信息的广泛快速传递、迅速反馈。

5. 语林云

为提升读者活动参与体验感,提升图书馆阅读推广活动影响力,我馆引入"一站式"活动服务平台语林云。通过语林云,我馆可以实现活动组织、管理、数据处理、数据沉淀等全方位、一体化服务,如实现活动的模块化组合、一键多平台发布、一键年度活动数据可视化呈现、历史活动数据沉淀等"一站式"服务。同时,读者可以实现活动作品的创作、发表、展示、分享、结集等"一站式"管理。

3 案例实施的成果

自"书香安商"品牌运营与推广五年来,我馆打造了第二课堂、微信公众号、小程序、QQ、语林云 5 个活动平台,创建了"读者协会""小黄衫志愿者团队""新媒体工作室""信息素养训练营""学生馆员"5 个学生阅读推广团队,组织开展各类阅读推广活动 100 余次,吸引参与读者从年均 600 人次跃升至 30 000 余人次,征集读书笔记等读书创作成果近 10 000 个,朗诵、演讲等文化创作成果近 5 000 个。相关工作成果得到学校领导高度认可,被安徽省图书工作委员会和安徽省教育厅等多次报道,打响了"书香安商"阅读推广品牌,极大增强了我校的办学影响力。

5 年来,图书馆组织参与全国、全省阅读推广类赛事近 50 次,各类培训活动 200 场次,覆盖参与选手 30000 余人次,获全国各类奖项近 20 项,全省各类奖项近 150 项,在高职院校中表现优异,先后 16 次获得省级及以上活动优秀组织单位奖,2020 年被图工委评选为"先进集体"。

4 案例的创新点

4.1 立体化协同

实行立体化六级协同机制,即上级指导单位、社会单位、图书馆、同级部门、阅读推广社团、读者多主体参与,优化整合阅读推广主体资源,充分发挥各主体的优势,以上级指导单位协同提升阅读推广活动影响力、以社会单位协同提升资源平台建设、以同级部门协同提升推广范围、以阅读推广社团协同实现读者自治自理、以读者协同实现主体对象置换与读者深度参与。

4.2 品牌化效应

以"书香安商"为品牌主体,同时大力发展品牌化经营模式,运用品牌效应提升阅读推广。一方面,举办"弘商讲坛""行知读书会"等样板品牌活动,由图书馆主导做精做强,强化"书香安商"集体品牌效应;另一方面,建立有效阅读推广活动晋升机制,实现阅读推广活动的系列化、常态化开展,不断实现由系列活动向品牌活动的转化,丰富了品牌内涵;此外,加强对创新活动人、财、物、场的支持,大力支持读者创新性活动的持续开展,重孵化培育。由此总体构建由品牌活动+系列活动+创新活动形成的"书香安商"品牌链。

4.3 理念化经营

4.3.1 去中心化,以专业服务代替行政管理

在读者团体的组织管理上,践行去中心化、去层级化、发展共享的理念,使图书馆管理员、读者、专任教师、校外专家等价值创造参与者的创造力及积极性得到最大限度的发挥,转变图书馆单一主体的局面,各方以主人翁精神,公平自由地参加价值创造,实现图书馆与读者协同发展、多方共赢。

健全图书馆人员管理能力,改革图书馆工作机制,提升专业性、服务性、创新性,转变工作理念,充分发挥组织能动性,搭建起跨媒体、多形式、多群体的活动开展平台,为文化活动的有力开展搭建组织基础,将图书馆建设成为开放性的资源获取与活动组织平台,由管理走向读者自发性成长,培育读者自我创造创新能力。

4.3.2 自上而下有效引导

在资源建设上,不断提升资源建设质量,启用采选平台、书单筛选、院系荐书、读者荐书等方式大力建设优质阅读资源;同时,开展阅读引导型活动与比赛,通过书单、书展引领优质读物的阅读。

在活动开展上,实行品牌活动标准化引导,打造了弘商讲坛等品牌文化活动;培养阅读团队,建立行知读书会等读书群体,为其他读书团体的发展引领方向。

4.3.3 自下而上推动

自下而上形式创新。在自上而下的资源与平台搭建基础上,下放阅读、空间、平台等资源,创新品牌孵化器,建立活动孵化机制,由读者主导的观影读书会、徽商读书会、春秋读书会得到了充分的服务支持,由读者需求推动阅读推广创新与发展。

5 案例总结

自"书香安商"品牌创设以来,大力提升了校园文化的建设力度,提升了学生的阅读兴趣,丰富了学生的文化生活,提升了"书香安商"的品牌知名度和美誉度,涌现了一批读书创作成果,使图书馆在双高校和职教本科的背景下迸发出了新的活力与张力。同时,"书香安商"品牌的发展逐渐建立起了完善的阅读推广运营机制,形成了良好的工作模式,实现了服务的创新和提升,加快了图书馆的升级转型,为新时代图书馆建设添砖加瓦。

提升综合服务软实力 促进读者服务多样化
——图书馆职工素养提升系列创新活动

刘艳玲 郭红转 张耀 姚巧云
（安徽工程大学图书馆）

高校图书馆是校园内重要的文化交流场所，做好读者服务就是做好文化交流服务。在图书馆的对外服务中，服务与被服务的主体往往都是人，而服务本身也是文化的一种外在体现。面对年轻活跃的学子，如何能让服务跟上读者需求多样化的脚步，让创新成为提升读者服务的新鲜血液？那么，图书馆如何寻求服务创新的路径呢？大致可以从两方面去考虑，一方面是静态的，另一方面是动态的。静态的即是物化的，可以体现为场地、技术、设备等；动态的则是以人为主体的知识服务。如果说新设备的投入和新技术的应用是建设现代化图书馆的硬件，那么图书馆职工本身的业务知识和综合素养则是图书馆的软件，想创新图书馆的服务，硬件设备需要更新，软件同样需要更新。

1 案例实施的背景

做好图书馆职工业务素养提升是做好读者服务的软实力保证，只有提高了职工的综合素质，才能促进读者服务的多样化。随着各种互联网新技术在图书馆的应用，与时俱进提升职工业务素养显得越来越重要。自2018年搬入新馆以来，因为空间的功能区域的变化，部门设置进行了调整，岗位设置上也同步进行了调整，根据岗位需求，学习新业务、掌握新技术，全方位提升职工业务素养势在必行。在搬入新馆之前，图书馆每周四上午会进行内务整理和业务学习。比如书架整理、卫生检查和新书接送上架等，搬入新馆之后，馆舍的卫生和书架卫生都进行了外包，这为我们开展集中业务学习提供了时间。另外，新的馆舍配备了较大型的会议室和先进的设备，这也为我们集中业务学习提供了良好的场所（见图1）。

图1　新图书馆大楼

目前，我校图书馆有两个馆舍，分别为校本部的图书总馆和国际工程师学院的图文信息中心分馆（见图2），设有文献资源建设部、流通阅览部、信息参考部、综合服务部及办公室，两馆图书实行通借通还大流通。我馆现有60个工作岗位，职工有在编人员和临聘人员。作为一个普通的大学图书馆，往往不能根据岗位需求自主招聘职工，这就导致了我们的职工素质参差不齐，学历从高中毕业到硕士毕业都有，也缺乏相关的专业学习背景和从业经历，大多数是先上岗再学习，这对我们组织的业务学习提高了要求。每年年初我们都会根据需要精心制订一年的业务学习计划，计划要考虑全馆职工的不同特点、不同岗位需求，安排形式灵活多样、层次深浅不同的学习活动。学习内容丰富，具体执行时也会根据实际情况有所调整。

图2　图文信息中心

2 案例简介

2.1 主要内容

本案例收集了 2018 年我馆迁入新馆以后的业务学习活动,主要分 6 个类别,即 6 种学习形式:技能竞赛、知识讲座、实用业务技能培训、参观交流、研讨学习、政治理论学习。线上线下结合的学习模式得以让活动持续进行;组织多部门共同参与,解决了经费不足和人力不足的问题。为了不影响图书馆的正常开放,活动一般安排在每周四上午进行,较大型的活动会安排在节假日分批进行。本案例中共有 40 多个小活动,构建了多维、立体的职工业务学习系统,如表 1 所示。

表 1 安徽工程大学图书馆职工素养提升学习活动总览表

类别	内容	次数	形式	举办部门
实用培训篇	图书馆基础业务知识培训	3	线下	信息参考部
	图书馆座位预约系统的使用培训	1	线下	信息参考部
	图书馆主页功能使用培训	1	线下	信息参考部
	新生入馆教育培训	3	线下	信息参考部
	消防知识培训及演练	1	线下	参考部+办公室
	公共安全与突发事件处理网络视频观看	1	线上	信息参考部
	高效防控疫情培训	1	线上	信息参考部
	医疗急救相关知识培训	1	线下	信息参考部
	防疫实战演练	1	线下	参考部+办公室
知识讲座篇	厦大图书馆学科服务的前世今生	1	线下	信息参考部
	我的深圳故事——简单的阅读推广人	1	线下	信息参考部
	"大学图书馆服务创新之探索与实践"系列讲座	3	线上+线下	信息参考部
	3D 打印技术	1	线下	信息参考部
	"数字人文"系列讲座	2	线下	信息参考部
	图书馆的魅力——图书馆文化建设的支柱	2	线下	信息参考部
	图书馆简史	1	线下	信息参考部
	调整自我,快乐生活——谈女性压力与情绪管理	1	线下	信息参考部
	"书与图书馆"讲座	1	线下	信息参考部
	智慧图书馆	1	线下	信息参考部

续表

类别	内容	次数	形式	举办部门
竞技活动篇	谁是排架王？（图书排架竞技比赛）	3	线下	信息参考部
	"我是找书达人"找书竞技比赛	3	线下	信息参考部
	"一站到底"业务知识抢答竞赛	2	线下	信息参考部
	文明服务示范岗评选	1次/年	线下	参考部+办公室
	户外拓展运动比赛	1	线下	信息参考部
	云端美食秀	2	线上	参考部+工会
	"爱党敬业"建党100周年朗诵比赛	1	线下	参考部+超星
思想意识篇	观看大型历史文化记录片《鉴史问廉》	1	线下	信息参考部
	"永远跟党走,阔步新时代"烈士陵园徒步行	1	线下	参考部+党支部
	国庆观看《我和我的祖国》	1	线下	信息参考部
	观看电视专题片《国魂》	1	线下	信息参考部
	职工思想理论学习	1次/月	线上+线下	党支部+办公室
	观看大型电视纪录片《为了和平》	1	线下	信息参考部
	国庆爱国专题：观看《国家相册》系列视频	1	线下	信息参考部
	缅怀英烈：参观李家发纪念馆	1	线下	参考部+党支部
参观活动篇	新馆介绍及常见问题解答	1	线下	信息参考部
	常"回家"看看	1	线下	参考部+办公室
	3D打印技术观摩	1	线下	信息参考部
	踏青参观图文中心	1	线下	信息参考部
	参观西河古镇,美好乡村体验春游	1	线下	参考+工会+支部
讨论应用篇	关于座位预约系统使用过程中遇到的问题讨论	1	线下	信息参考部
	关于图书馆占座现象解决方案讨论	1	线下	信息参考部
	关于自主学习中心使用管理方案讨论	1	线下	信息参考部
	"新技术,新方法,新服务"主题讨论	1	线下	信息参考部

2.2 活动概况

本系列职工素养提升学习活动举办了3年,活动内容根据实际岗位需求来安排,有序进行,学习形式多种多样,内容丰富,集知识性、趣味性和实用性为一体,一改以往枯燥的学习模式,极大激发了职工学习的积极性。通过灵活多样的学习,夯实了职工的业务知识基础,提高了职工的业务熟练度,提升了职工的服务水平。知识引进来、人员走出去的学习模式，不但开阔了馆员的眼界，提高了其综合素养，也提升了团队凝聚力。

在搬入新馆初期，原先我们的工作环境和工作内容以及使用的设备较老，而新图书馆有了较大的改变，为此前期的学习主要以尽快熟悉新环境、掌握新技术、熟练新业务为主。例如，带领员工参观图书馆的每个功能区域，从阅览区到办公区，从特色文澜阁到多媒体视听室，讲解每个区域的划分和设备使用，并让员工亲身体验多媒体视听室的功能。同时开展图书馆基础业务知识培训，如图书馆座位预约系统使用培训，图书馆主页功能使用培训，图书馆常见问题解答等，让员工们尽快熟悉自己的工作区域和职责，掌握新的业务技能，更好地为读者服务。

另外，在开学迎新季，我们还进行了消防知识培训演练和专场新生入馆教育培训，消防培训演练主要介绍干粉灭火器的使用方法，并演示了火灾初期的灭火方法和火灾中逃生技巧。新生入馆教育重点强调图书馆的资源推广和技术应用，提高职工对知识服务的主动性和灵活性，树立主人翁意识，全员参与每年下半年举行的读者服务宣传月活动。

疫情防控期间，我们的业务学习也没有停止，而是从线下转至线上。为提高全体职工的防疫意识和防疫技巧，我们及时安排了"高效防控疫情培训"和"公共安全与突发事件处理"线上学习。返校后为了应对疫情突发情况，还特别邀请了专业人员给我馆员工进行医疗急救相关知识培训和防疫实战演练，进一步增强了馆员的风险意识、提高了馆员的防疫技巧。

医疗急救讲座培训中医生给我们普及了日常受伤后的正确处理方法，如烫伤后第一时间应该用冷水冲洗15分钟以上；还讲解了阅览场所人员突发晕厥的应急办法，除了拨打急救电话外，还要根据具体情况采取适当的急救措施，如病人体位的摆放、人工呼吸、心肺复苏等。学习这些急救常识让我们的员工可以做到心中有数，不至于在遇到突发情况时手足无措。防疫演练分为两个部分：入馆时的排查及异常情况处理，以及阅览区的排查及异常情况处理。入馆前，工作人员对入馆对象进行体温检查和预约记录检查，未按照图书馆相关规定预约的人员不得入内，一旦发现体温异常的对象立即启动防疫预案。阅览区值班人员进行巡视、观察，若发现读者违反防疫期间座位使用的相关规定，及时进行提醒；发现体温异常情况，立即启动防疫预案，并做好相应的隔离措施和汇报工作。演习中，全馆教职工集中完成了新冠肺炎疫情防控期间应急防控措施的学习，并通过实战演练，进一步明确了新冠肺炎疫情防控规范要求。活动让每位员工都提高了防护意识和防控技能，充分了解开馆后自己的岗位职责和防疫要求，确保开学后防疫和服务师生两不误（见图3、图4）。

知识讲座是多年来我馆业务学习的常用形式，因其具有知识普及的便利性，我们一直保留着这种学习形式，并和其他业务学习活动穿插进行。因为疫情，我们的讲座也是线上结合线下进行的，有现场讲座也有线上视频，现场讲座的主讲人有馆内专业人员也有邀请的校外专家。为了一改往日纯理论知识讲解的乏味局面，我们尽量多安排易引起共鸣的学习内容。

图3　图书馆简史讲座

图4　情绪管理讲座

除了关于阅读推广、服务创新方面的讲座外,还有3D打印技术、图书馆文化建设以及女性心理情绪管理讲座等,兼有理论性和实用性,工作常识和生活常识。每年年终,我们都会总结一年的业务学习内容,回顾并加强记忆,并在年底业务考核中对少量知识点进行测试,进一步检验学习效果。

为了创新业务学习形式,加深学习印象,增加学习的趣味性,我们举办了一系列相关的竞技比赛,并设置一定的奖品作为鼓励。比赛内容涉及业务技能、知识抢答、才艺展示等,并和其他活动穿插进行,形式灵活多样。采用激励机制,以赛促学,不仅检验了工作技能,还提高了员工参与学习的积极性。通过多次竞技比赛,员工的活力得到了激发,综合素质进一步提高,团队协作力和凝聚力也得到了加强,以饱满的热情和过硬的专业本领更好地为读者服务!

2018至2019年,在搬入新馆的一年内我们举办了3类工作业务竞技活动,"找书达人""我是排架王"和"一站到底"(见图5)。这3类活动共举办了8场,分为个体与集体参与,几乎涵盖了所有员工,活动主旨在于激励所有员工尽快适应新馆的环境变化,熟悉新馆的区域划分和资源配置,熟练掌握新技术和新服务的要点。这些活动是我们进行业务学习的前期创新,比赛灵活有趣,收到了良好效果,进一步增强了职工的岗位技能,提升了读者服务水平,也为馆员提供了展示自我的舞台。

"找书达人"和"我是排架王"可以检验职工对阅览室资源分布及书目排架的熟悉程度。活动在阅览区进行,包括初赛、复赛和决赛。比赛选手用时最短且正确率最高者胜出。两个活动前后共举办了6场,胜出者获得"找书达人"和"排架王"称号和奖励。"一战到底"旨在测试图书馆职工的综合业务知识,把"首问负责制"落到实处,活动本着公平、公正、公开的原则,采取抢答积分的模式。比赛分为"谁来守擂"小组赛和"一站到底"攻擂赛两个环节,设有单选题、多选题、判断题3种答题形式,题目涉及图书馆日常工作中多方面的知识。活动现场,员工以饱满的热情和过硬的专业本领展现了较高的综合业务素质。(见图6)

图 5 "找书达人"和"我是排架王"留影

图 6 "一战到底"知识竞赛

  2019年底,由于疫情的出现,各行各业都受到了影响,图书馆的工作和管理也受到了挑战。在2020年全民居家抗疫的日子里,我们举办了多次线上学习和云活动。妇女节前后,为了缓解大家长期居家的烦闷,我们联合图书馆分工会在线上举办了"云端美食秀"。活动中,员工们拿出了美食家的风范,精心策划制作,通过网络展示了自己的好厨艺,把拍摄成的图片和小视频上传到投票小程序和微信群中进行展示,供大家观摩,品评交流,互相学习。此次活动让大家在疫情防控的特殊时期度过了一个温馨而难忘的妇女节,鼓舞了大家战胜疫情的信心。

  返校后,图书馆还组织职工进行了趣味运动比赛,通过户外拓展运动让长期居家的教职工舒展一下筋骨,缓解疫情带来的压抑,增强大家的团结协作力和战胜疫情的信心。为激励全馆职工努力践行"读者第一,服务至上"的办馆宗旨和"关爱读者、真诚服务、创新方法、提升水平"的工作理念,我馆每年开展一次文明服务示范岗评选工作。评选采用图书馆全体职工民主推荐、微信平台全校读者评选相结合的方式进行,荣获图书馆"文明服务示范岗"光荣称号的员工会获得一定的现金奖励和表彰。此活动能激发员工的劳动积极性,提升他们的创造和创新能力,在职工中树立学习的榜样和目标,营造良好氛围,切实提高图书馆的服务质量和服务水平。

  为庆祝中国共产党建党100周年,弘扬中国共产党100年的光辉历程和取得的伟大成绩,讴歌中华民族的伟大胜利,继承和发扬优良传统文化,营造浓厚的文化氛围,提高教职工的人文素养，图书馆举办了超星杯"爱党敬业"建党100周年朗诵比赛；为深入开展党史学习教育，缅怀英雄烈士，联合图书馆党支部举办了"永远跟党走，阔步新时代"健康徒步行活动(见图7、图8)。

图7　朗诵比赛

图8　徒步行活动

这类比赛评选活动的举办为图书馆教职工搭建了表现自我、展示才华的平台，使他们可以在比赛中互相学习，相互促进。活动采用激励机制，提高了大家参与的积极性，活动效果良好。比赛中，所有教职工兴致盎然、精神饱满，展现了图书馆员工的良好精神风貌，也使他们收获了知识，交流了思想。同时，有些活动也是对员工们进行的一次爱国主义教育，进一步激发了员工们的爱国热情。后期我们将会根据实际需求策划更多更好的比赛活动，先学后比，以比赛促进学习和交流，以比赛检验学习效果，以比赛激发创新服务的热情。

为提高教职工的政治思想素质和职业道德修养，与时俱进，及时了解党中央的新理论、新决策、新要求，我馆在业务学习中每月安排一次政治理论学习。学习内容主要有党的政治理论和实时下发的新文件、新政策，学习形式包括理论学习和视频观看。在理论学习中，我们会解读新文件新政策的意义，让员工能及时了解政治时事，不断汲取新信息、新知识、新理念，不断充实自己的思想，完善知识结构。另外通过观看《我和我的祖国》《国魂》《为了和平》，以及《国家相册》中相关的视频并撰写学习心得，使大家的爱国之情更浓，强国之心更切。通过每月的学习，大家更懂得作为一名高校老师要时刻注意提升自身的道德情操修养，塑造健全的人格，牢记使命，不忘初心，通过言传身教，更好地服务于读者。

搬入新馆以后我们共举办了4场参观活动。首场参观活动——"常回家看看"是新老教职工的联欢(见图9)。活动中，在职员工迎接退休职工"回家"，带领他们参观新馆，并举行座谈会，老员工回忆工作经历、职业生涯，谈感想，提建议。通过此次参观活动，新老教职工联络了感情，交流了经验。通过沟通让图书馆年轻人学习到了老一辈人勤勤恳恳、兢兢业业的工作作风和奉献精神，同时也展现了新的图书馆人关爱退休老同志的拳拳之心,一代代接力,共同为图书馆的发展贡献力量。

图9 常回家看看

第二场参观是缅怀英烈的活动,全体员工分批前往李家发纪念馆接受革命传统教育(见图10)。活动中,大家通过大量的史实、影像资料及浮雕了解了李家发烈士年少立志报国的事迹,共同追思革命先烈的丰功伟绩、致敬英雄。第三场参观是在我校国际工程师学院落成使用以后,参观图文信息中心(见图11)。图文信息中心是我校图书馆在新校区的另一分馆,管理上采取外包,但是图书资料与本部总馆实行通借通还的借还书服务。最后一场参观是美好乡村体验踏青游,参观了西河古镇和新四军第三支队在西河纪念馆。为了不耽误开馆,活动安排在暑假前夕举行,让大家畅游美丽乡村,体验和平年代的美好,怀念那些为和平作出牺牲的革命前辈,增加责任感。

图10 参观李家发纪念馆   **图11 参观国际工程师学院**

在业务学习中也会不定期的安排讨论学习,每次讨论都有一定的主题,讨论内容一般是当前馆里出现的比较多或者比较难解决的问题,如读者反馈比较多的座位预约问题、占座问题、自主学习中心的管理问题等,也会就图书馆未来的规划征求大家的意见,如智慧图书馆的建设等(见图12)。

图 12　分组讨论学习

讨论时,我们也会根据负责区域进行人员分组,有针对性地解决问题、提高效率。后期我们将会继续开展研讨学习,征求有关在馆里应用新技术、新方法的建议,建设智慧图书馆,创新与拓展读者服务。通过讨论不仅能集思广益解决问题,而且能增强职工的主人翁意识,提升责任感。

3　活动的创新点分析

3.1　学习模式创新,内容多样化,形式多种化

本系列职工素养提升活动考虑到了全馆职工的不同特点、不同岗位需求,创新了业务学习的模式。学习内容丰富,层次深浅不同,形式灵活多样,有知识技能竞赛、知识讲座、实用工作技能培训、参观交流、研讨学习、政治理论学习 6 大类。集知识性、趣味性和实用性为一体,一改往日枯燥的学习模式,极大提高了职工学习的积极性。多维度的学习活动构建,全面提升了职工综合素养,为促进读者服务多样化打下基础。

3.2　充分调动可利用的资源,为所有职工搭建多方学习交流平台

采用拉赞助、找合作伙伴的方式,解决了开展大型活动人手不够和经费不足的问题。比如,超星杯"爱党敬业"建党 100 周年朗诵比赛,超星公司赞助了可观的奖品,增加了活动吸引力;联合图书馆办公室共同举办消防知识培训和防疫实战演练的活动,解决了人手不足的问题;和图书馆分工会合作举办妇女节"云端美食秀"活动,共同策划,活动让大家在疫情防控的特殊时期度过了一个温馨而难忘的"三八"节;和图书馆党支部共同举办"永远跟党走,阔步新时代"健康徒步行活动,激发了老师们的爱国热

情和对党的忠诚;联合图书馆党支部和图书馆分工会共同组织美好乡村体验踏青游,参观西河古镇和新四军第三支队在西河纪念馆的大型活动,共同承担活动策划、开支。充分调动可利用的资源,多方合作,齐心协力办大事,搭建多方学习交流平台,让全体员工都有机会走出图书馆去参与更多的学习活动。通过灵活多样的学习形式,不但让职员开阔了眼界,提高了综合素养,也增强了团队凝聚力。

3.3 以赛促学,创新业务学习的模式

为了创新业务学习模式,加深学习印象,增加学习的趣味性,我们举办了一系列相关的竞技比赛,活动中,所有教职工兴致盎然、精神饱满,展现了图书馆员工的良好精神风貌,收获知识、交流思想。这类比赛评选活动为图书馆教职工搭建了一个展示自我的平台,大家用知识显水平,用思维亮风采。采用激励机制,以赛促学,不仅检验了工作技能,还提高了员工参与学习的积极性,提升了馆员的综合素质,使他们以更饱满的热情和过硬的专业本领更好地为读者服务!

3.4 线上线下相结合,在疫情期间,保持学习的连续性

在全民居家抗疫的日子里,我们举办了多次线上学习和云活动,保持了学习的连续性。比如,2020年妇女节为大家举办的"云端美食秀",让大家在疫情防控的特殊时期度过了一个温馨而难忘的妇女节,鼓舞了大家战胜疫情的信心。利用网络组织云学习和云活动,避免了学习的中断,也缓解了大家居家防疫的烦闷,内容上理论性兼实用性,工作常识兼生活常识,多方面提升职工综合素养。

来自馆员原创的"线上读者活动月"
——滁州学院图书馆读者活动创新案例

舒梦翔　胡元元　辜庆志
（滁州学院图书馆）

1　案例背景

1.1　史无前例的疫情影响

2020年初，新冠肺炎疫情肆虐，整个学校的日常教学活动都受到极大影响，线上教学、远程办公迅速普及开来。图书馆作为校内数字资源服务提供者，处在十分重要的地位。全国几百家数据库资源商、众多出版社等都投入到轰轰烈烈的开放访问、直播讲座、教学课堂、阅读活动中。快速建设的CARSI（中国教育和科研计算机网联邦认证与资源共享基础设施）以及各种远程线上教学手段等内容的传递与引入都离不开图书馆。图书馆成为了这一历史的见证者和参与人。

然而，除了做好信息传递、资源服务外，高校图书馆可不可以在疫情中发挥更多的作用，做一些让读者受益、让图书馆更有存在感的事？资源商推出的开放活动扩大了其自身的影响，学校其他部门在特殊时期组织、实施一些活动和举措，也在校内收获了不错的反响，图书馆理应在抗击新冠疫情这一特殊时期，发挥自身更大的效能。

1.2　图书馆本质属性的实践

图书馆是信息资源和读者之间的中介。虽然许多服务和活动都由资源商提供，但本校图书馆才真正了解本校读者的需求，真正了解怎样的服务和活动是对榫的、是对读者帮助较大的。同时，图书馆最了解读者的资源需求能否实现，且拥有读者尚未发现优秀的资源。学校其他部门很难从资源服务的角度深刻把握读者需求。因此，最了解资源商和读者的图书馆馆员应积极利用"中介性"带来的启发，以独特的理念对疫情期间有关活动进行调整、重设，真正给学子们带来价值高、意义大、帮助多的原创活动，进而探索出一条开展读者活动的新道路。

1.3 当传统"读者活动月"遭遇"线上开学"

2020年3月,受疫情影响,滁州学院实施"线上开学"政策。老师网络授课,所有学生都在线上听课、提交作业。在4月世界读书日来临之际,已举行七届的图书馆传统"读者活动月"由于没有学生在校而无法开展。

为持续开展传统读者活动,配合学校"线上教学"工作的开展,图书馆馆员以超星公司推介活动为契机,打造了滁州学院"2020线上读者活动月"系列活动,为全省高校图书馆首创。

活动从策划、设计到执行,全部由馆员原创。在内容和形势上对常规读者活动进行了创新,弥补了传统征文、朗诵、答题等活动的不足,在全校引发热烈反响,促进了读者了解和利用图书馆,提升了读者阅读、学习的积极性,就此形成了图书馆新的活动品牌。线上活动在2021年继续举行,并再次取得良好效果,有效提升了图书馆的影响力。

2 案例介绍

2.1 策划

2020年4月初,超星公司与我馆就疫情期间开展相关活动进行接洽,计划开展2—3项活动。起初,图书馆准备像其他高校一样做一次普通的资源活动,但想到各校传统读书月活动均因疫情而停滞,彼时又正值学校试行全面线上教学之时,索性开展一次读者活动月的线上系列活动,既对接了传统的图书馆主要工作,又符合当前的学校教学背景。

方案的策划从起名和定调开始,废弃了原有的"第几届读者活动月"提法,以新颖的"2020线上读者活动月"代替,名称中不放"年"字是为了突出2020年是疫情年的特殊性,不要让人把"线上活动月"当成是每年例行的普通活动。活动原则为以读者为中心,注重线上参与度,让读者在特殊时期体会到图书馆的心意,能够获得一些惯常活动中不曾获得的感受,而不是做一些花哨、热闹的"政绩工程"。

于是,团队成员潜心研究,放弃了原读者活动月中如"书香班级""读书之星"评选等以考评线下行为为基准的传统项目,对超星的4项原始活动进行重新设计,并原创2项新活动,以6个系列活动构成"线上读者活动月"。结合学校战"疫"的宣传,拟定活动宣传语为"悦读青春,战'疫'有我"。

2.2 设计

首先对引入的超星 4 项活动进行了重新设计,分别是打卡 21 天名师讲座、疫情知识答题、"书脸秀"摄影活动和抗疫诗歌接力赛。

21 天名师讲座的原方案为读者每天观看一场 30 分钟的名师视频讲座并打卡,满若干天可获超星"博雅书院"证书,经与学校协商可将此证书作为参加校内活动的认证,使学生在素质拓展等方面获得学分,结束后由图书馆自主评出一等奖至人气奖若干名。该方案偏松散模糊,推广性不强。首先,每天的讲座内容不确定,读者不知活动是否在内容上有吸引力,逐渐失去了关注的兴趣;其次,证书发放缺乏统一标准,方案设定 21 天、18 天、14 天为三个发放证书节点,对于没有卡在时间点的读者不公平;第三,证书仅标明听了某些讲座,没有具体数据,对于听了不同天数讲座的读者,学校无法区别认证他们的素质拓展学分;最后,该活动没有考核内容,图书馆评出各奖项缺乏具体的操作依据。

基于以上不足,馆员团队对该方案进行改良重设。团队首先根据读书主题及学生的关注度从名师讲座视频库里确定 21 天的讲座内容,将一些广受欢迎的名家简短讲座列为打卡内容(见表1)。同时,为配合学校线上授课的实际,引导学生养成线上听课的习惯,严格证书发放要求,必须全部完成 21 天打卡才予发放证书,并将全部课程兑换成 14 个网络学时,便于院部对活动进行认证。接着,为了提高学生参与度,不另设考核模块,并废弃该项奖项评选,改为抽奖 21 名,即只有全部听完 21 天并打卡才有学时认证,只有获得学时认证才能参与抽奖。最后,虽不设奖项但定制了学校专有证书(见图1),以学校特征为元素,舍弃了"博雅书院"模板式证书,为参与的读者提供有意义的纪念品,大力推广线上听课的方式,让更多的人参与进来。

表1 21 天名师讲座内容

讲座名称	主讲人	单位/职称
大学时代你该如何阅读?	胡翼青	南京大学教授
人为什么要阅读?	尚重生	武汉大学
纸质书VS电子书:阅读新革命	朱大可	学者、文化批评家、作家
阅读的难忘境界	赵丽宏	著名作家、诗人、散文家
史航:阅读带给我的一切	史航	著名编剧、策划人
芳华易逝,文学永存	严歌苓	著名作家
葛剑雄:读书与行路	葛剑雄	复旦大学教授
大学,我们为什么而学习?	李工真	武汉大学教授
年轻时应该做些什么?	魏新	作家、学者

续表

讲座名称	主讲人	单位/职称
王安忆:思想比知识更重要	王安忆	著名作家、文学家、中国作协副主席
人类与疾病的抗争	孙万儒	中国科学院
今天你愤怒了吗?	章劲元	华中科技大学
杨振宁:我靠"好奇心"得了诺贝尔奖	杨振宁	著名物理学家
今天,你表白了吗?	费俊峰	南京大学
今天我们为什么还需要胡适	任剑涛	清华大学教授
从审美文化到消费文化	赵勇	北京师范大学教授
恐惧背后的秘密	黄剑波	华东师范大学教授
免疫系统:人体内的"军警系统"	于益芝	第二军医大学教授
细菌,是敌是友?	陈代杰	上海交通大学教授
大学之道,在明明德	张汝伦	复旦大学教授
"浪漫得要死,狂得要命"的盛唐"诗坛"	戴建业	华中师范大学教授

图1 21天名师讲座打卡证书

疫情知识答题活动为读者参与答题,实行累计积分,根据所得积分多少颁发奖项。原题库包括100道疫情知识选择题。如果进行多次的累计做题积分,做题将变得非常单调,使读者会失去兴趣,读者的收获也很有限。考虑到读者参与的时间、兴趣度以及线上学习的实际,馆员团队从图书馆疫情间不断发布的资源服务信息中进行提取,编制了300多道涉及资源使用、访问技巧、疫情服务等与学生息息相关的单选题,生成自制题库,并将活动改名为"答题战'疫'"。读者通过做题可以通览疫情期间图书馆的信息,为线上学习提供支持,同时也宣传了图书馆。据悉,这是当时省内同类活动中唯一一个有原创题库的。

"书脸秀"摄影活动原方案是读者选取图书封面,与自己身体错位拍摄新照片的评选,因受部分学生喜爱而引入。但馆员团队对"与图书封面结合,然后评价巧妙程度"的主题并不满意,并且该类评选大多将拉票点赞作为考量依据,也令馆员担心活动易流为社交产物,不能很好突出读书的主题。因此,馆员团队对该方案主题进行深化,以表达契合度作为评价标准,要求不仅关注表面的人物形象,还关注环境及风格的契合,最重要的是与拍摄书刊的内容契合度以及是否能深刻表达内涵。在评选上也废弃了原方案的拉票点赞,改为全程由专业评委评审。这样重设的目的是提升该活动的阅读特性和专业水准,始终将活动集中在读书的这一主题上,不使其成为一场网络"拼照赛"。

抗疫诗歌接力赛是读者自行录制朗诵诗歌视频投稿参赛,活动方从中截取,把优秀作品选入,剪辑成一个完整作品,在入选作品中根据表现效果再设置从一等奖到人气奖多个奖项。但原方案没有提供诗歌,也没有清晰的剪辑思路,让读者自己选诗歌录制,后期再进行简单筛选拼接,即可形成作品。这样,操作容易,但活动意义不强,最后的作品就是一个七零八落的视频集锦,没有连贯性和统一性,很难形成完整的、有气势的接力作品。

团队成员对方案进行大幅改动,首先,将主题定为严格的短句接力,不留任何松散的连接。其次,根据长度定制诗歌,要求具备连贯性,为适宜接力的文学名篇,既能反映抗疫主旨又不直白直接,彰显与时下疫情诗歌朗诵选题的不同,要不落窠臼、耳目一新。最终作品要具备一首真实诗歌的衔接性和完整性,要真实记录读者影像,并通过配乐、剪辑进行一定的艺术升华。

馆员团队经过仔细遴选,用顾城的《信念》、食指的《相信未来》(节选)、舒婷的《这也是一切》三首诗排布组成接力赛诗歌(见表2)。共分为42段,以标号顺序发布供读者选择参与,后期采用汪峰《光明》、义演"相信未来"素材进行配乐和背景搭配,形成完整作品。

表2 抗疫诗歌接力赛诗歌内容

序号	内容
1	土地上生长着信念
2	有多少秋天就有多少春天

序号	内容
3	是象就要长牙
4	是蝉就要振弦
5	我将重临这个世界
6	我是一道光线
7	也是一缕青烟
8	我要用手指那涌向天边的排浪
9	我要用手掌那托住太阳的大海
10	摇曳着曙光那枝温暖漂亮的笔杆
11	用孩子的笔体写下:相信未来
12	不是一切大树,都被暴风折断
13	不是一切种子,都找不到生根的土壤
14	不是一切真情,都流失在人心的沙漠里
15	不是一切梦想,都甘愿被折掉翅膀
16	不,不是一切都像你说的那样!
17	不是一切火焰,都只燃烧自己而不把别人照亮
18	不是一切星星,都仅指示黑暗而不报告曙光
19	不是一切歌声,都掠过耳旁而不留在心上
20	不,不是一切都像你说的那样
21	不是一切呼吁都没有回响
22	不是一切损失都无法补偿
23	不是一切深渊都是灭亡
24	不是一切灭亡都覆盖在弱者头上
25	不是一切心灵都可以踩在脚下,烂在泥里
26	不是一切后果都是眼泪血印,而不展现欢容
27	一切的现在都孕育着未来
28	未来的一切都生长于它的昨天

续表

序号	内容
29	希望,而且为它斗争
30	请把这一切放在你的肩上
31	不管人们对于我们腐烂的皮肉
32	那些迷途的惆怅、失败的苦痛
33	是寄予感动的热泪、深切的同情
34	还是给以轻蔑的微笑、辛辣的嘲讽
35	我坚信人们对于我们的脊骨
36	那无数次的探索、迷途、失败和成功
37	一定会给予热情、客观、公正的评定
38	是的,我焦急地等待着他们的评定
39	朋友,坚定地相信未来吧
40	相信不屈不挠的努力
41	相信战胜死亡的年轻
42	相信未来、热爱生命

除去引入重设的活动,图书馆还自主推出了两个新活动。彼时恰逢安徽省高校图工委第六届书香江淮互联网阅读活动期间,以往的读者活动月是直接将该活动纳入宣传内容,动员师生参与。馆员团队觉得线上活动月应做出一些变化,于是原创了校内线上征文活动和朗诵活动,分别叫"悦读书评"和"书声入耳",以"一次参与、双重评奖"方式向读者推介,即参与这两项活动可同时获得书香江淮平台的再评资格,简称"一作双评"。

"悦读书评"要求读者投稿包涵真实阅读感受,注重文学性和思想性,有严格的原创考评。有参考他人创意、抄袭等不良行为的均取消评奖资格,套用、改编他人文句(非引用)的则给予专项扣分。

"书声入耳"以参赛音频做一次考评定论,不进行二次线上或线下的复评,音频中的任何失误都会被作为扣分依据。要求作品为经典中文作品朗诵,考察能否深入展现原文内涵,能否表现出原文的重点或亮点,是否具备较强艺术感染力,能否引起听众的情感共鸣等。

虽是"一作双评",但校内评选是与省平台评选相互独立的,严格采用活动评价尺度,并不是简单对照省平台的获奖情况给予二次奖励。

2.3 执行

在发布与宣传上，考虑到"线上读者活动月"是馆内首创的一个新鲜事物，又直接配合学校"线上开学"，馆员团队除了在图书馆常规渠道发布信息、开展宣传外，还在学校平台进行推介。以前，此类活动是图书馆与团委等学校部门合办，属于学校统一协调的事务，而 2020 年线上活动月为馆员小团队独立策划的，受疫情影响没有其他部门参与，在学校能得到怎样的反馈，团队心里是没底的。但接洽后得到的结果却令人出乎意料，学校对策划方案高度肯定并迅速回应，认为该方案很好契合了"线上开学"的新形势，能促进"线上教学"良好氛围的形成，将"2020 线上读者活动月"作为学校官网的校务通知发布，活动成果也作为校务通知进行推送。这是图书馆活动首次登上校务通知，同时学校新媒体等也全文播发了具体活动安排。此外，作为一项直接面向读者的自发活动，图书馆并没有主动联系学院以行政手段开展宣传动员工作。

评审方面，充分考虑实际进行了一些创新。竞赛类评审专家以图书馆学科馆员为主，不再另行专门聘请专家。评审专家组专业背景涉及中文、英语、计算机、机械、美术、音乐、教育学、图书馆学等多学科，以评审团投票的形式评选相关获奖作品。在摄影、朗诵等专业领域则邀请校外专家对最终结果给出具体意见。

在"悦读书评"活动评选中，对入围的好作品进行学术检测和公网检索的双查重。采取这种做法主要来自馆员实践经验，在其他活动中很少使用。一些文章除了从报纸、期刊摘抄外，还会从公网博客、论坛等上面套取，有些学术检测平台不能发觉。双查重的目的是让"摘抄、拼凑、粘贴"者不能投机取巧，让那些有不好写作习惯的学生可以改掉缺点，在全校树立"真读书、写真文"的大学生学习风范，避免出现有些知名征文活动发生过的获奖作品抄袭的尴尬。

"书声入耳"的考评是极具特色的，不像众多朗诵、主持比赛，该评选不进行当面复评，以选手递交的音频文件做为唯一评判依据，类似"中国好声音"的盲选，让一些不善于当面展示的学生能完全发挥出自己应有的水平。评判首先围绕规则符合度展开，如题材、时间、主题等因素；其次是准确度及普通话考核，细细评判读音、停顿等是否有失误，以及文章的熟练度；再次是声音及情感考察，围绕声音效果及情感展现展开；最后是朗诵技巧及感染力考察，看能否深入展现原文内涵。

这些竞赛类活动原则上只设一个一等奖，像体育竞技一样，即一定要告诉大家谁是第一名，这会给参与者一个积极的心理暗示，高手会跃跃欲试，看看能否成为最佳。对于合作作品，如果获奖，将给每位参与者分别颁发证书和奖品，避免多人分享一份奖励的尴尬和不便。

以往的读者活动，评委评完发布结果即为结束（少量会有公示），一般都没有明确而具体的评选说明。馆员团队为提升读者收获及增进线上互动，在征文、摄影、朗诵等竞赛类活动发布结果的同时，汇集学科馆员、校外专家的意见对比赛及突出作品进行评点,并公开发布在图书馆微信公众号等平台,告诉大家评选依据及获奖作品优点在哪、不足在哪。让参与的读者明白今后该如何发力,如何提高水平。同时,也就此公开接受质疑(目前还没有),让不认同者可有的放矢地提出疑议,或者我们评选有误、积极改正,不断进步,或者疑议消除,让活动更具影响。获奖作品还会在图书馆新媒体平台登载,进行有特色的推广。

由于抗疫诗歌接力全权由馆员团队策划,所有概念阐释及效果呈现只有团队成员最清楚,因此重头的视频制作没有找专门的公司,全部由馆员自己完成。团队成员为此专门学习了视频截取、剪辑、混音、配字幕等制作技术,利用多种软件,区别于现今短视频风格,以无特效无商业 logo 的原生方式,制作出近5分钟的最终成品。

2.4 反响

2020 年,活动信息发布后,仅"校务通知"平台就有 4 000 多次点击,虽然图书馆没有与院系进行任何行政性对接,各学院主动参与的积极性却很高,参与人次超过了以往任何一次图书馆组织的活动。有的学院领导主动带头参与活动,有的学院自发要求学生至少参与两个子活动,甚至有 11 所省内其他高校的 40 余名学生也通过超星学习通平台参与到讲座打卡等活动中来。活动奖项设立与奖品发放均由本团队成员自行组织,共颁出 924 份打卡证书,评出 81 个奖项,发放 111 份奖品,读者反响普遍较好。例如,我校计算机与信息工程学院以喜报形式在官网重点报道了该院学子参与线上读者活动月的情况,这在以往的传统读者月活动中从未发生过。

2021 年,线上读者活动继续开展,其中"悦读书评"和"书声入耳"的参与人数较去年又有一定增长。

"线上读者活动月"激发了读者创作热情,获奖及参与的读者在其他奖项中也收获了好成绩。例如,"悦读书评"获奖者赵健雅的作品同时获得了学校宣传部疫情征文第一名和省图工委"2020 我们的芳华"二等奖;彭艾琳的作品在"2020 我们的芳华"中获得了二等奖;2021 年的悦读书评获奖者黄亚情等也在省图工委第三届"超星杯"微阅读创作大赛中斩获奖项。"线上读者活动月"竞赛活动的"一作双评"及"点评登载"对于开展阅读推广及推进省平台活动起到积极的促进作用,其意义比单纯的宣传动员要大。读者通过参与活动可积累经验,获取指导,促进自己进步。例如,2020 年"书声入耳"的二等奖选手张言标、李京航组合 2021 年再度参赛,终在毕业前收获了一等奖,并且作品也入选了"第七届书香江淮"的朗诵复赛(后因个人原因弃权)。

以资源服务内容出题举行答题活动成为了图书馆一个常态项目,可以促进资源使用的推广,活动借助的超星平台答题模块现已作为学校智慧图书馆建设的一个应用项予以呈现。

"2020 线上读者活动月"已然成为滁州学院的专有品牌,目前在公网搜索该关键词弹出的都是我校及我校图书馆的信息。2020 年疫情期间,如此正式而完整的高校读者月品牌活动并不多见。"悦读青春,战'疫'有我"由当时响亮的口号成为一个历史的见证,只要提起就会令人想起当年的线上教学生活,"线上读者活动月"将自己与线上教学紧密地结合在了一起,品牌形象挥之不去。

由于名称设计和活动形式设置较为新颖,一些原创的子活动成为校园内大受欢迎的活动品牌,最突出的就是"书声入耳"朗诵活动。所有人都爱上了"书声入耳"这四个字,在许多活动都需要摇旗呐喊动员师生参与的校园里,"书声入耳"却从不需要动员,大批朗诵和播音爱好者不断地把自己的作品投递过来。2020年的一等奖获得者李淑霏在参评校十佳大学生的官方介绍上,把"书声入耳"的得奖经历列在主要成绩中,足见大家对此活动的喜欢,也使活动在学校更知名。

3 案例启示

3.1 发挥馆员能动性

图书馆组织的活动多由资源商等外来团队主导,馆员在其中发挥的功用并不明显。这也是当今图书馆的业务外包形式之一。外来团队介入图书馆工作虽带来了便利,却也让图书馆对外来服务产生依赖,将一些行业领域的发展先机拱手让人,图书馆消亡、馆员无用的论调不时甚嚣尘上。

"线上读者活动月"即是一次对该论调的反驳。通过发挥馆员能动性,在不依靠资源商、其他部门、学生及志愿者的情况下,图书馆员工可以独立开展出色的读者活动,向外界展现了馆员的风采,也提升了图书馆的影响力。

事实证明,寄望于外界打造高度契合本校现状的高校图书馆服务是不现实的。馆员不能像看黑盒一样对本馆文献资源服务置身事外,必须如白盒测试一般投入到资源服务中,对其进行契合度的改良,使其对读者而言更具温度。"线上读者活动月"活动设计与"线上教学"的合拍,都是馆员深入开展资源服务实践得来的创新理念。只有充分发挥馆员能动性,才能让图书馆服务及活动产生更大的效益。

高校中经常有一些认为图书馆不受重视的声音,甚至一些馆员也这么认为。不可否认的是,许多图书馆的资源服务别说老师、同学不知道,就连相关的馆员都不清楚,更别提让馆员尝试实践和改进服务了。如果自己都不关心自己的事情,又如何让别人关心、重视呢?只有积极发挥馆员的能动性,才能实现从应用、改进到创新的不断进步,才能改变图书馆面临的某些不利局面。

在迎来百年未有之大变局的今天,面对疫情等突发事件的影响,馆员能动性的发挥显得尤为重要,知识的学习、能力的锻炼、经验的运用变得难能可贵。馆员要具有主导事务的觉悟,面对突如其来的未知,才可以掌握主动,让图书馆事业立于不败之地。

3.2 不忘初心,勇担为读者服务的历史使命

"线上读者活动月"活动品牌讲的是馆员的奉献,用的是馆员全心全意为读者服务的赤诚之心。馆员应承担起肩上的历史使命,做优秀的"读者勤务兵",努力发挥教辅功用,给读者带来更多的收获。像一首歌唱的那样,"谁说站在光里的才算英雄"。亲身去做"服务员""志愿者",不忘初心、牢记使命,实践习近平总书记对图书馆"滋养民族心灵、培育文化自信"的崇高指示,方才不辜负这大好年华。

建立两馆学科分库,打造特色馆藏体系,资源服务双重整合,建设推广融于一体
——以安徽科技学院图书馆为例

葛园园　顾有方　杨礼凯
(安徽科技学院图书馆)

1　案例实施的背景——生存与发展的时代要求

1.1　安徽科技学院图书馆简介与龙湖新馆的建立

安徽科技学院图书馆前身为成立于1950年的皖北高级农林学校图书馆,于2005年2月更名为安徽科技学院图书馆。我馆馆藏以农业科学、工业技术、信息科学和生物技术等应用型图书为主;社会科学、自然科学门类齐全;形成了专业化、特色化、综合化的纸质资源和非纸质资源协调发展的馆藏结构。至2021年11月底,馆藏纸质文献资料共计124万册,在全省高校图书馆中位居中小型图书馆行列。

2019年,龙湖综合信息中心(即龙湖分馆)的建成是我校图书馆历史上的一件大事,从此安徽科技学院图书馆拥有了凤阳校区馆和龙湖校区馆两个馆区。我校龙湖校区有6个教学学院,凤阳校区有10个教学学院,如何合理地分配两馆纸质藏书以满足我校教学与科研需要,为广大师生更好地提供服务,成为我馆需要解决的一大难题。

1.2　为何选择学科分库模式及如何打破近70年来的馆藏模式

第一个重要原因是,我馆的馆区比较少,只有两个;且我馆人员数量较少,尤其是管理层,懂技术、精于业务的不多。如果采用总分馆模式,那么总馆和分馆在图书资源的分配、行政及业务隶属关系和员工的管理等就会成为极难解决的难题。根据学校规划,各学院原有的纸质文献建设经费已划转图书馆统筹使用,这也是我馆选择馆藏模式所需考虑的重要因素。

第二个重要原因是,我馆每年的图书采购经费有限,如果分馆收藏有特色的资源较多的话,势必形成与中心馆重复建设的局面。因此馆领导决定采用平行馆的管理模式,同时利用划分学科分库和通借通还的方法来解决两地图书馆服务于不同学科对象的问题。

第三个重要的原因在于,我馆自建馆以来一直采用两种不同的二线典藏模式。一种是早期使用的传统的二线典藏制,即由基藏书库和多个辅助书库组成,基藏书库(或称样本书库)提供室内阅览,各书库按分类法排架;第二种模式为,开架借阅后,基藏库取消,建立密集书库,同时所有图书开架借阅。这两种模式体现了很多像我馆这样的中小型高校图书馆典藏发展的历程。

我馆建馆 70 多年来,纸质图书的典藏布局完全以各大类图书数量、馆内空间结构和架位限制为主要依据,以工作流程衔接和业务效率为出发点,是一种完全内向式的典藏风格,已不能适应现代文献资源建设技术的快速发展、师生教学与科研的深度需求满足和学校办学规模的迅速扩张。在学科资源布局方面,将书库粗分为自然科学书库、社会科学书库和文艺书库的原有典藏模式也已远远不能满足各方面需求。实施新的馆藏模式后,我馆在划分学科分库的基础上,保持原有密集书库不动,增加建立了新书与精品图书书库,规定了新的借阅期限,实施真正的三线典藏模式。

1.3 建立学科分库也是纸质书刊一体化集成建设与服务的需要

对于中小型高校图书馆来说,书、刊在流通中的一系列手续、方法和制度均大同小异。由于将书、刊人为地严格分开,许多读者为了检全、检准所需文献,不得不往返于各种书、刊阅览室外借处和书、刊库,倘若该馆书刊分类标准不一,就更加大了检索难度。这不仅要耗费读者大量的宝贵时间和精力,而且容易导致漏检和误检。另外,也不利于学科和资源建设馆员全面地了解、掌握和研究馆藏。这就要求图书馆必须打破书刊的形式界限。我馆在建立学科分库的基础上,将相应类目的期刊资源集中在藏阅一体室内,成功实现了在资源建设上"纸质图书+纸质期刊",在资源服务上"借阅+浏览+自修"的建设与服务双重集成体系。

2 我校图书馆学科分库建设的现实必要性分析
——系统预测,多元谋划

(1) 指向性必要:各分库专业分布一目了然,直接将我校有专业学科需求的教师定位至各书库,方便读者检索,体现用户至上理念。

(2) 展示必要:农学、动植物、生命科学是我校特色馆藏,历年中文图书资料收藏要求达到国内收藏的完全级水平,可通过分库展示出来。工业技术类藏书同样十分丰富,按收藏级别已达到国内收藏的研究级水平,同样需要展示出来。

(3) 学科服务必要:学科与参考馆员是我校图书馆的重要发展趋势,学科馆员服务的图书资源基础就是专业书库。

(4) 提高利用率必要:近年来,各学院师生,指出很多好书深藏于书库,浏览书架时无法发现,学科展示与高度集聚有助于提高我校图书馆各类书籍利用率。

(5) 共建共赢必要:便于图书馆与各教学院部共建共享,改变各学院纸质资源建设参与度不够的局面。

(6) 特色服务必要:便于将来针对我校各学院,甚至各学科专业开展学科特色服务。

(7) 前瞻原则必要:配合我校目前以及将来的学科专业建设,发挥文献保障作用,对我校2025年计划更名为"安徽科技大学"与建立博士点的目标起到重要支撑作用。

(8) 用户满意必要:由于在以往的书库建设过程中,各学院用户参与度不高,导致个别教师与图书馆采购部门沟通不畅,存有怨言。设立学科分库之后,各学院藏书一目了然,自身特色和不足十分明显,有助于双方有效沟通,提高了用户满意度。

(9) 用户交流必要:根据我校独有的学科专业设置与发展目标,建立各具特色的学科书库有利于各相关专业读者进行知识交流、互相启发,有利于他们对相关学科与专业书籍的广纳博收、扩大知识面,符合高校人才培养厚基础、宽口径的要求。

3 由学院专家主导,由虚拟到现实、由逻辑到实体——具体实施的两步走方案

3.1 两步走方案

第一步:由馆领导出面联系各二级学院分管领导,每个学院派遣专家两名(一名为博士或具有副高职称的专任教师,另一名为参与过图书馆组织的现场采购的专任老师),参加由图书馆馆长主持的"图书馆学科分库建设论证会",科学梳理馆藏的逻辑结构,建立网上虚拟学科分库。受各学院教师代表的课时安排限制,论证会分时分批次召开。划分学科分库的主要依据是我校学科与专业的历史传承与战略规划、各二级学院建院的主要特色、教学与科研的实际需要以及凤阳与龙湖校区两馆馆内书库的实际场地限制等。在此过程中,专家给出明确、一针见血的分库建设意见。

第二步:根据学校总体发展思路和目标,在条件具备的基础上,对虚拟学科分库下的各类纸质图书进行整合,形成实体学科分库,并统一整合纸质期刊资源,以及实现借

阅浏览自修于一体的功能,最终建成各藏阅一体室。

3.2 学科分库划分的论证结果

经过深入激烈讨论,并统一汇总意见,论证结果如下:

(1) 财经与管理科学库(大经济学分库):C 大类、F 大类,共计 184 874 册(龙湖分馆)。

学院老师论证主要意见:一个理由是,经济学与管理学在独立发展的过程中,特别是在管理学诞生后,两者互为补充,相互依存度越来越高,在相互借鉴和学习的过程中共同发展。经济学借助管理学对实践的研究实现了对人类生活各个领域的扩张,管理科学在利用经济学理论和方法的基础上对人类实践活动进行了更精确、更具逻辑性的解析。另一重要理由是,我校管理学院各专业均开设了西方经济学与政治经济学类课程,而我校经济学院各专业均开设了管理学相关课程,且我校 C 大类图书的主要借阅用户(约占总量的 50%)为财经学院与管理学院师生,该学科分库的对口负责学院为财经学院与管理学院。

(2) 理学库(龙湖分馆):N 大类、O 大类、TQ 大类,共计 62 008 册。

学院老师论证主要意见:理工类的基础课程与研究方向均集中于此,便于集中征询教师需求与集中建设基础学科资源,同时便于将我校化学化工学院所有专业资料(即 O6 二级类与 TQ 二级类)集中于此。该学科分库的对口负责学院为化工与材料工程学院。

(3) 工业技术库(龙湖分馆):P 大类、T 大类(去年凤阳校区的 TP3 类的 2/3)、U 大类、V 大类,共计 161 799 册。

学院老师论证主要意见:高度分化基础上的现代科学和工程技术如今呈现出高度综合的趋势,不同学科的知识、理论、方法、技术、手段的交叉渗透正发生在广泛的学科领域,现代工业科学已经步入了多学科交叉融合的大工科时代。就我校的专业设置来看,我校的汽车与交通类各专业集中在机械工程学院,学科相关度非常高,因此 U、V 大类设置在工业技术库。地理信息系统是近 20 年来新兴的一门集地理学、计算机、遥感技术和地图学于一体的边缘学科,就我校情况来说,该专业虽然开设在资源与环境学院,但从其课程体系与培养特色来看,工科色彩浓厚。征询该专业老师的意见,将 P 类图书放在工业技术书库,方便师生对整个 T 大类图书的浏览与参考。该学科分库的对口负责学院为机械工程学院、电气与电子工程学院与信息与网络工程学院。

(4) 农业与生命科学库(大农学库,凤阳分馆):Q 大类、R 大类、S 大类、X 大类,共计 186 742 册。

学院老师论证主要意见:该库针对的食品与健康、农学、动科、资环学院均与大农口密切相关,这与我校的专业传承密切联系。我校以农学专业起家,生物、植科与生命科学等专业均为从原农学院中分出的。另一个主要理由是食品与健康的中医涉及 R、

S类,资环学院的农业资源与环境,植物保护等主干专业方向均是农学交叉学科。该学科分库的对口负责学院为农学院、动物科学学院、生命与健康科学学院与资源与环境学院。

(5) 法政与语言科学库(凤阳分馆):A大类、D大类、H(去掉H3类的1/3)大类,共计151 362册。

学院老师论证主要意见:该库基本整合了人文学院、外国语学院与马院的主干专业所需资源,且人文科学类的主要学术型类目集中于此,是学术性最强的人文科学书库。又因我国属社会主义法制体系,A类与D类学科相关性明显。该学科分库的对口负责学院为马克思主义学院、人文学院与外国语学院。

(6) 教育、心理科学与素质教育库(凤阳分馆):B大类、G大类、K大类,共计161 957册。

学院老师论证主要意见:根据相关的图书馆专业文献研究及大数据研究显示,教育科学、心理科学、素质教育类是学科发展研究中高度相关的学科,学科之间相互引用率高。从高校图书馆实践上看,高校图书馆读者借阅与此大量关联,文献之间利用启发较高,易就近成类,扩大借阅量。就文献借阅率来说,这几个大类都不算太高且大体相当,易于集中存放,集中剔旧。该学科分库的对口负责学院为马克思主义学院与体育教学部。

(7) 基础技能库(一)(凤阳分馆):E大类、I大类(占2/3)、J大类(占2/3)、H3(约占2/3)、TP3(约占2/3),共计232 284册。基础技能库(二)(龙湖分馆):I大类(占1/3)、J大类(占1/3)、H3(占1/3)、TP3(约占1/3),共计112 205册。

学院老师论证主要意见:教师代表曾提出了以下两种方案,争论的焦点在于K大类图书。部分老师认为我校图书馆馆藏K大类图书包含大量人物传记和游记等,文艺色彩浓厚,应放在文艺书库;但大部分老师代表认为K类图书的借阅率远不如文艺类图书,且收藏目的以提高学生综合素质为主,所以应放在素质教育库。而E类图书因为其借阅量相当大,所以应放在文艺书库无误。最终选择方案二。

附:方案一:将E大类7 885册与K大类67 419册运至龙湖校区作为文艺库基础,I,J大类不动,以后逐年新增的I,J大类一律分至龙湖校区图书馆。方案二:将H3二级类与TP3二级类、I大类进行按复本分配,同时改库,分至两校区图书馆。

(8) 新书库(包含精品展示区)。

关于此书库,大家意见比较一致,即存放本年度采购新书、我馆馆藏精品图书、我馆高频借阅图书和我校教师出版或参与出版的各类图书。

4 分工不同,各有特色——我馆文献资源建设老师提出的图情专业意见

4.1 以全国出版情况划分

没有无源之水、无本之木。纸质图书建设的成效除了各种方案策略外,主要还是看全国图书的出版情况和文献利用率。图书馆采编部人员根据2018年全国图书出版情况,提出了以下看法。

由表1可以看出,每年出版量较大的类型依次为文教体育类20余万种、文学类近6万种、工业技术类近5万种、经济类3万余种、史地类近3万种、法政类近2万种。上述几类图书补充空间较大,易就近结合、单独成库。从近3年文献借阅率来看,借阅量最高的为财经与管理类图书,占比约为28%;其次为工业技术类约为23%;再次为文艺类约为20%,易单独成库;其余各类应相对集中,按主题相近成库,既体现了学科专业性,又平衡了各库借阅量。

从近3年文献利用率来看,语言学类、文学类、经济类、艺术类、政治法律类、工业技术类、社会科学综合类图书利用率较高,应该分别集中建库以持续吸引广大读者借阅;其他各类,也应当单独按学科列出展示,就近成库,体现专业特色。在宣传资源的同时,便于集中征询各学院教师、学生的意见,体现共建共享原则,搞清各类资源建设的关键问题所在。

表1 2018年全国出版情况

		新版	重印
A类		新版 603	重印 371
	哲学类	新版 6 125	重印 3 958
	社会科学	新版 3 105	重印 2 665
	法政类	新版 13 501	重印 5 471
	军事类	新版 885	重印 503
	经济类	新版 19 977	重印 15 251

建立两馆学科分库,打造特色馆藏体系,资源服务双重整合,建设推广融于一体

续表

		新版	重印
自然科学总论		新版 441	重印 379
	数理科学与化学	新版 3 061	重印 6 728
	天文学地球科学	新版 2 091	重印 1 137
	生物科学	新版 1 992	重印 1 915
	医药卫生	新版 13 472	重印 10 101
	农业科学	新版 3 061	重印 2 294
文化科学教育体育		新版 75 381	重印 134 153
	语言文字类	新版 8 114	重印 13 253
	文学类新版	新版 37 079	重印 21 830
	艺术类	新版 16 969	重印 11 519
	历史地理类	新版 13 021	重印 6 423
	工业技术	新版 20 451	重印 28 885
	交通运输	新版 2 692	重印 3 049
	航空航天	新版 420	重印 286
	环境科学	新版 1 636	重印 925
	综合性 Z 类	新版 2 929	重印 817

表 2　两校区学院分布

凤阳校区		龙湖校区
农学院	人文学院	财经学院
食品工程学院	外国语学院	建筑学院
动物科学学院	继续教育学院	管理学院
资源与环境学院	马克思主义学院	电气与电子工程学院
生命与健康科学学院	创新创业教育学院	化学与材料工程学院
机械工程学院(将移至龙湖校区)	体育教学部	信息与网络工程学院

4.2 各学科分库典藏级别

根据我校专业建设的重要性及经典藏书理论划分的各学科分库典藏级别如表3所示。

表3 各学科分库典藏级别

大经济库	理学库	工业技术库	大农学库	法政与语言库	素质教育库	基础技能库
研究级	完全级	研究级	完全级	研究级	大学级	大学级

注：以上各级别均针对国内收藏而言

5 实施"两步走"战略的第二步——实体图书的位置布局与图书馆的搬迁

经馆务会进一步研究，为实现全馆纸质资源系统配置，以各学科分库的划分标准为依据，将各库纸质图书与纸质期刊集中在一起，在开架阅览和借阅的同时，融入自修室功能，形成真正的学科藏阅一体室。

5.1 实体图书的位置布局

5.1.1 凤阳校区各书库藏书量

凤阳校区各书库藏书量如下（此数据已减去密集书库各类分布信息）：
三楼　A、B、C、D、E、F、G、H、K、N、P　共计藏书量约 405 721 册；
四楼　Q、T　共计藏书量约 197807 册；
五楼　O、R、S、U、V、X、Z　共计藏书量约 209 949 册；
六楼　I、J　共计藏书量约 152 024 册；
总计 965 501 册，其中三楼书库容量最大。

5.1.2 龙湖校区各书库位置及容量

龙湖校区各书库位置及容量如下（据馆务会信息整理）：
三楼　刊 1/2，书 1/2　94 000 册左右；
四楼　电 1/2，书 1/2　94 000 册左右；
五楼　书 1/2，书 1/2　188 000 册左右；

六楼　档 1/2,书 1/2　94 000 册左右；
七楼　书 1/2,书 1/2　188 000 册左右；
八楼　书 1/2　73 000 册左右。

5.1.3　关于实体典藏分布的布局

所有测算图书数量已将龙湖校区临时图书室计入。由于我馆计算机与英语图书复本量为 3 的比较多,划分时暂以 3 为标准,如果为 2 和 4 则均分。

（1）龙湖校区

文艺与基础应用库(含新书)(一)：包括 I 大类(占本类 1/3)、J 大类(占本类 1/3)、H3(占本类 1/3)、TP3(约占本类 1/3)、E 大类,共计 102 974 册。位置设定：龙湖校区三楼、四楼。

工业技术库：P 大类、T 大类(去除 TP3、TQ)、U 大类、V 大类,共计 153 971 册。位置设定：龙湖校区五楼。由于新馆空间条块分割严重,空间不够时向四楼或六楼转移,设立工业技术库(二)。

理学库：N 大类、O 大类、TQ 大类,共计 61 619 册。位置设定：龙湖校区六楼。

财经与管理科学库：C 大类、F 大类,共计 155 837 册。位置设定：龙湖校区七楼、八楼。

（2）凤阳校区

法政与语言科学库：A 大类、D 大类、H(去掉 H3 类)大类,共计 80 065 册。位置设定：凤阳校区四楼。

文艺与基础应用库(二)(含新书)：E 大类、I 大类(占 2/3)、J 大类(占 2/3)、H3(约占 2/3)、TP3(约占 2/3)211 389 册。位置设定：凤阳校区三楼。

农业与生命科学库：Q 大类、R 大类、S 大类、X 大类,共计 184 854 册。位置设定：凤阳校区五楼。

教育、心理科学与素质教育库：B 大类、G 大类、K 大类,共计 145 202 册。位置设定：凤阳校区六楼。

5.2　图书的搬迁

在图书的搬迁中,我们依然采用了两步走的实施方案,即先利用汇文系统进行数据调拨,再进行各学科点对点的搬迁。这样做的好处是可以先对各库图书数量情况有一定了解,便于保证搬迁方案制定的准确性与系统性,同时便于在图书点对点搬运过程中对数据进行修正。

6 创新点——中小馆资源建设与服务的思路突破

（1）在开展学科服务上，国内中小型高校图书馆虽然响应积极，但始终受到人员、资金和技术等方面的限制。我馆这种以资源建设带动学科服务的做法给中小型图书馆提供了一个很好的样本。

（2）受资金、管理和人员等因素的限制，中小型图书馆在异地馆区管理模式的选择上，一般不宜采用总分馆模式，我馆实行的这种平行分馆加学科分库的模式值得推广。

（3）在资源宣传方面，由于近年来高校图书馆纸质文献的借阅量普遍走低，对各馆的阅读推广与资源建设都产生了十分不利的影响。我们通过建设学科分库的模式，加强了图书馆与教学科研人员的沟通，增强了他们的责任感，以他们来带动各院部的学生共同进行文献资源建设，收到了良好的效果。

（4）我们采用"图书馆学科分库建设论证会"的方式，征询老师的建议，充分体现了对老师的尊重，挖掘了他们头脑中的知识，同时引导他们了解图情专业知识，实现了各学科知识与图情专业知识的融合，提升了图情专业知识和图书馆员在老师心目中的学术地位。

（5）在各院部领导的配合下，我们针对各学科分库选取了分库建设对接人，使得我们每年的图书订单采购均实现教师推荐全覆盖，实现了资源建设与推广融为一体，真正让老师感受到了"我们的书库我们建设"的理念。

（6）我馆以学科分库建设的逻辑和实体模型为核心，将原有纸质期刊资源融进各书库，并将各借阅一体室功能设置成借阅、浏览与自修为一体，大大提高了纸质图书和期刊的利用率，实现了资源与服务的双重整合。

（7）为中小型高校图书馆的纸质书刊一体化建设提供了一个可借鉴的思路。

7 实施效果与意义——意料之中与之外的收获

（1）阮冈纳赞图书馆学五定律指出，"书是为了用的"。高校图书馆要更好地为教学和科研服务，馆藏布局须坚持藏用结合、以用为主的原则，以科学合理的藏书布局提高藏书的利用率。两馆学科分库建立后，对我馆服务创新工作起到了极大的推动作用。

（2）我馆采编部门以此为资源建设基础，调整思路并制定了《配合硕士点建设图书资源方案》,针对各库资源建设的需要从研究生部每个专业点选取一名研究生代表作为资源建设对接人。

(3) 从2019年起我校图书馆实行全订单的采购模式,由于各书库订单有了对口学院的对接管理,所有采购订单均实现了教师推荐品种全覆盖,极大地提高了教师荐书的积极性,使"我们的书库我们来建设"的观念深入人心。

(4) 在资源采购方面,采编部门根据两馆各具特色的学科分馆典藏类型,设置了不同的招标"分包"方式,使得书商报价有章可循,防止了恶意报价。

(5) 图书馆采编部门在下半年采购结束时,根据各学科分馆的藏书范围,对各学院老师、各学院科研团队制作了各具专业特色的推荐书目,实现了定题推送,大大提高了推送的精准度,得到了广大老师的好评。

(6) 期刊部门根据学科分库的划分标准,制作了相应的年度纸质期刊征订目录,整合了纸质期刊与图书资源,真正实现了各书库纸质书刊的藏阅一体化。

(7) 在由图书馆流通部门组织的新生入学培训活动和技术部门组织的各种文献资源使用讲座中,流通部和技术部负责人向广大新生细致介绍了各书库的收藏特色、管理方式和使用方法,彰显了图书馆的学术水平与专业技术水平,得到了广大师生的赞赏。

(8) 文科各学科分库的建立对我馆参考咨询服务工作的推动作用最大。文科用户的资源需求类型多样,包括图书、期刊、报纸、档案、手稿、口述资料、图片等,且更希望直接查阅实体文献原件,对获取的途径、方法与过程关注有限。尤其是文史类专业,对图书的需求量最大。一般来看,文史类用户对中文文献的需求大于外文文献,对老旧资源的需求大于新资源。文科各分库的建立为参考咨询馆员的工作提供了坚实的基础,他们以各教研室为主题、以文科院部所承担的各科研与教研课题为主题,制作了各种推荐书目,推送给文科院系的读者,取得了良好的效果。

(9) 2021年3月,我馆与湖北三新文化传媒有限公司联手,借用第十七届(春季)全国地方版图书线上博览会的选书平台,在全校范围内宣传师生选书。由于学科分科的观念深入老师的心中,仅在校老师就选取各专业图书书目3 000余条,这是往年采用各种个人推荐的宣传方式所不能达到的效果。

春诵水、夏阅山、秋览城、冬读人
——皖西学院阅读推广"四季""两平台"模块化创新服务案例

郭培 李湘 曹红梅
(皖西学院图书馆)

1 引言

图书馆阅读推广是图书馆通过精心创意、策划,将读者的注意力从海量馆藏引导到读者学习科研必须的、或者能够提高读者各类素养的、或者读者感兴趣的馆藏,以提高馆藏利用率的活动。在新时代背景下,阅读推广是每个图书馆的基础工作,也是重点工作之一,很多图书馆都有自己的活动体系或品牌活动。

2 "四季""两平台"模块化服务背景

2018年以前,皖西学院图书馆每年都开展多项阅读推广活动。但是由于缺少顶层设计,图书馆阅读推广活动设计不够系统化,活动开展的深度和广度不够,读者参与度不高,新媒体的利用不充分,宣传的力度不大,校内影响力有限,不能很好地带动馆藏资源的使用及特色资源的深度开发,不利于读者信息素养的提高。

2019年,皖西学院图书馆借与六安市裕安区文化与旅游局校地合作的机会,正式策划启动"四季""两平台"模块化阅读推广服务,着力于阅读推广的模块化推进,探索本校特色化阅读推广服务模式,使图书馆阅读推广服务系统化、体系化。此项服务至今已持续开展3年(见图1)。

图 1　校地合作

3　"四季""两平台"模块化服务内容

3.1　开学季系列活动

此模块服务活动于每年的 9 月至 10 月开展,服务对象主要是入学新生。服务内容主要包括:制作精美的新生手册,举办数据库海报展,开展现场咨询活动,联合数据库提供商设立联合展台并接受现场咨询,组织新生入馆参观教育、线上入馆教育等(见图 2)。

图 2　开学季系列活动

图 2　开学季系列活动

3.2　信息素养提升季系列活动

此模块服务活动于每年的 11 月上旬完成策划，11 月中旬至次年 1 月开展。服务内容主要包括：开展"大学学习与图书馆""文献检索技巧""知网资源与使用"等讲座，举办馆藏文献常识大赛暨文献检索大赛（见图 3）。

图 3　信息素养提升季系列活动

3.3 读书月系列活动

此模块服务的各项活动时间跨度为一年,活动密集推广时间为每年的2月至5月。服务内容主要包括:动员并参与省图工委举办的系列活动,世界读书日系列阅读活动、如数字资源传递及数字资源讲座、读书月优秀作品展等(见图4)。

图4 读书月系列活动

3.4 毕业季系列活动

此模块服务的各项活动在每年的4月至8月举办,服务对象主要是即将或已经毕业的大学生。服务内容主要包括:毕业班读者图书借阅排行前30名表彰,搭建毕业季文献信息获取保障服务体系,推出大学生就业创业、求职技能与职业资质提升线上视频讲座,推送毕业论文(设计)写作学习资源(见图5)。

图 5　毕业季系列活动

3.5 "每周一小时"资源宣讲平台

"每周一小时"资源宣讲于学生在校期间每周三举行,面向全校师生介绍各大数据库的使用方法。2019年秋季学期以来,图书馆利用"每周一小时"资源宣讲平台先后举办了120余场数据库资源使用讲座。同时,利用新媒体发布包括中国知网、万方、EBSCO等数据库资源的介绍与操作技巧视频,实现线下学习不间断,线上学习不掉线,线上线下相结合"双轮驱动"(见图6)。

图 6　"每周一小时"资源宣讲平台

3.6 新媒体资源宣传平台

此服务主要着力于在图书馆微信公众平台、官方 QQ、微博公众号、小程序、各类互动群等新媒体资源宣传平台,发布入馆教育视频、推送各类书单、"夜读"、节假日系列推文、馆内动态及通知公告、资源介绍与使用说明、新书书目信息;利用校团委 PU 平台,发布活动与讲座信息,吸引读者参与。以 2021 年为例,"皖西学院图书馆"微信公众平台发布阅读推广服务信息 157 条,菜单栏更新 1 次,当前关注 7 548 人;"皖西学院图书馆"微博发文 32 条,当前粉丝 3 603 人,累计发文 780 篇;"皖西学院图书馆"官方 QQ 年度发布阅读推广服务信息 48 条,信息发布累计 1 697 条。"皖院读书会"微信公众号年度阅读推广服务信息发布 6 条,粉丝 280 人;"皖西学院读书会"年度阅读推广服务信息发布 185 条,累计 2 503 条[①]。

4 服务创新点

(1) 新生全覆盖。新生季活动每年服务我校 5 000 余新生。

(2) 信息素养提升。每年皖西学院 13 个学院均会推荐 1 至 2 支队伍参加文献检索大赛,学生可以参与选题、检索、分析、汇报演示的全过程,进而带动我馆数字资源的使用及读者信息素养的提高。

(3) 读者参与服务过程。充分发挥图书馆"悦读桥"学生志愿团队的服务作用,通过网络和新媒体平台进行阅读服务宣传,宣传力度及效果较此前有较大提高。

(4) 抗疫期间服务不掉线。抗疫期间,图书馆充分利用网络新媒体开展内容丰富、形式多样的阅读服务工作,馆内服务快讯多次被先锋网、皖西日报等媒体报道转载。

(5) 毕业生服务体系化。根据毕业生文献需求特点,皖西学院图书馆组织策划了毕业季系列活动。2019 年,首次针对毕业生开展模块化、体系化的资源推广活动。

5 主要成就

皖西学院图书馆"四季""两平台"模块化服务通过编制新生手册、新生全员入馆教

---

① 数据统计截至 2021 年 12 月 20 日。

育、全校性文献检索大赛、"每周一小时"数据库使用讲座、毕业季活动、读书月活动、新媒体阅读推广、图书馆资源远程访问渠道开拓等系列体系化活动取得显著成效,得到了校内外的普遍认可。2018年至2020年,皖西学院图书馆连续3个年度荣获"十佳阅读推广人"[①]。2021年11月13日,皖西学院图书馆因阅读氛围浓厚,被央视新闻、共青团中央等媒体报道[②],并被浙江在线、腾讯网等转载(见图7)。

图 7 主要成就

[①] 皖西学院图书馆2018至2020年度安徽省"十佳阅读推广人"获奖人员分别是:郭培、舒和新、陈晓玲。
[②] 王利,葛启文,陈东.[央视新闻]背包排队、水杯站岗 考研学子清晨用物品排队进图书馆[EB/OL].(2021-11-13)[2022-02-16]. https://content-static.cctvnews.cctv.com/snow-book/index.html?item_id=13779811478106784882&toc_style_id=feeds_default&share_to=wechat_timeline&track_id=36d55d9a-a61b-41a5-9433-25412d203435&from=timeline.

6 推广价值

经过 3 年的实践与打磨,皖西学院图书馆"四季""两平台"模块化服务逐渐成熟,服务推广价值日渐凸显。这种服务模式顺利实现了我馆阅读推广的体系化、模块化与制度化,创新了阅读推广的形式,拓宽了阅读推广宣发渠道,充分激发调动了读者参与阅读推广活动的积极性,促进了图书馆资源的再开发与再利用,带动了馆内各项工作的变革创新。

三位一体,统筹兼顾
——淮北师范大学图书馆人才队伍建设探索与实践

马利华 刘丹 王茜楠
(淮北师范大学图书馆)

1 引言

人力资源是高校图书馆发展的重要资源之一,图书馆工作归根结底是要人来推动的。有这样一种说法,在图书馆服务所发挥的作用中,建筑物占5%,信息资料占20%,而图书馆馆员占75%。由此可见,图书馆馆员是图书馆事业的灵魂。

新时代背景下,图书馆人力资源工作的创新与改进对图书馆的管理水平、服务质量都有重要的推动作用。通过图书馆人力资源整合,能够充分调动馆员的积极性,激发馆员的热情和创造力;使馆员能够更加热爱自己的岗位,更加主动地为工作贡献出自己的一份力量,提高工作的效率和质量;促进高校图书馆创新人力资源管理的发展,从而提高图书馆的核心竞争力。如何通过人才队伍建设促进图书馆服务质量提升,为学校科学研究提供支撑,是我校图书馆迫在眉睫的任务。

2 案例背景和思路

2.1 案例背景

淮北师范大学图书馆始建于1974年,前身是淮北煤炭师范学院图书馆。图书馆设有采编部、流通部、期刊部、参考咨询部、技术服务部5个业务部门和行政办公室。各个部门在做好各项传统服务的同时,积极开展深层次信息资源服务和阅读推广活动,以及馆际互借、文献传递、信息素养教育、查收查引代办、科技查新、学术不端检测等科研支持服务。随着读者阅读与科研需求日益增长、信息技术的迅速发展以及高校图书馆服务手段的智慧化,目前我馆在人力资源管理方面遇到诸多难点。

(1) 馆员老龄化,年龄断层严重。我馆在岗人数为50人,其中40岁以下12人,50岁以上16人,馆员年龄明显断层,老龄化严重,不利于图书馆未来发展(见图1)。

图1 馆员年龄分布

(2) 馆员学科背景复杂。大部分馆员为非图情专业人员和校内其他部门调入人员,图书情报专业馆员仅6人(见图2)。专业人才稀缺,不利于推进图书馆深层次服务。

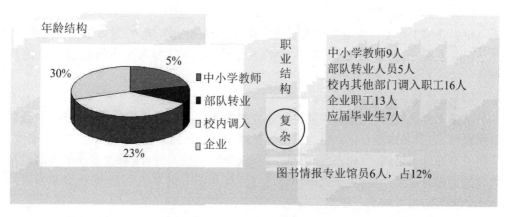

图2 馆员专业背景分布

(3) 专业人才引进难。我馆馆员来源渠道单一,只能靠学校政策人才引进或调拨,但图书馆很难获得人才引进指标(见图3)。

2019年以来，引进2名博士家属，1人校内部门调动

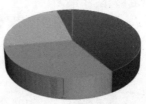

图3　馆员学历分布

基于以上3个原因，图书馆只能从内部谋发展，整合现有的人力资源，提高核心竞争力。

2.2 案例思路

大学图书馆的馆员队伍建设宜立足当下，面向未来。读者需要什么样的服务，我们就培养什么样的人才；馆员有什么样的特长，我们就提供能够发挥其特长的平台。

(1) 人才培养原则

根据我馆工作实际需要和读者服务需求，提高馆员业务能力，发挥馆员自身优势，总结出联系实际、按需培养、注重质量的人才培养原则，为人才队伍建设提供前行条件。

(2) 人才培养保障

从学术会议、经费保障和奖励机制等方面为人才队伍建设提供保障措施，提高馆员积极性，为图书馆专业化队伍建设提供支持和保障。例如，建立学术会议交流制度，为馆员争取外出培训、参观、交流的机会；积极争取学校支持，申请教学评价办的教师教学能力提升专项经费、人事处的师资培训经费和图书馆专项经费；对校级和省级活动比赛获奖的馆员给予一定的奖励等。

(3) 人才培养目标

根据人才培养计划，建设一支业务精、能力强、想干事、能干事的高校图书馆骨干专业人才队伍。

3 活动概况

在初步制定人才培养方案后,馆领导根据淮北师范大学图书馆现有的馆员资质、工作环境和资金配比,根据实际情况设计了"四步走"方案,为我馆人才队伍建设提供切实可行的计划(见图4)。

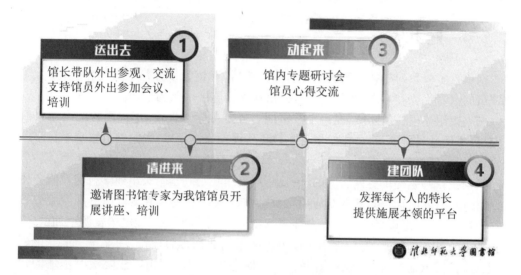

图4 "四步走"方案技术路线图

3.1 送出去

开展人才培养,首先要做的是调查国内各级各类有代表性的先进图书馆,做好交流计划。由馆领导带领相关部门负责人实地调研,参观学习他馆实际工作与发展情况,开拓决策层视野,增长图书馆相关专业知识。

3.2 请进来

邀请图书馆界专家为我们的馆员开展专业讲座,提升馆员专业能力,在图书馆职业素养上提高馆员业务能力。例如,邀请浙江工业大学图书馆党总支书记王诚做"浙江工业大学莫干山校区图书馆文化软装工程建设"线上专题讲座;安徽大学图书馆馆长储节旺教授做"图书情报学术论文写作投稿与项目申报的若干技巧"专题讲座;安徽省图书馆副馆长王建涛研究馆员做"安徽省图书资料系列专业技术职称标准条件与评审模式详解"线上专题讲座等。

3.3 动起来

在开展专家授课的同时让馆员们动起来,让他们把参与学习和外出交流的心得体会讲出来。馆内汇报交流让暂未出去交流学习的同事也能学习到相关专业知识,获得双份收获,达到共赢。例如,邀请技术服务部李化明讲解"汇文系统专题培训",副馆长赵恒讲"图书馆员职业素养与能力提升"等。

3.4 建团队

在执行了一系列扎扎实实的人才培养措施后,我馆为发挥每个人的特长,充分了解馆员的自身优势和需求并组建团队,提供让大家施展本领的平台。

图书馆组建了科研团队,在每个月定期召开专项学习会议,把握高校图书馆科研方向、分享研读科研项目,合作申报各类教科研课题。近年来,我馆馆员成功申报多项校级、省级科研项目,并发表多篇论文。

为向我校师生提供更深层次的学科服务,副馆长马利华牵头组建学科建设服务团队,积极申报"新时代信息获取与应用"公选课,并从各学院聘请学科馆员深度服务教学科研需求;王子轩以各学院各专业需求为依据,联系资源商开展电子资源培训讲座;胡珍为各学院师范认证、专业评估工作提供图书馆数据;刘丹牵头图书馆与淮北市烈山区人民法院共建"司法实务专馆"的工作,促进法学院在烈山区法院实习基地的建设。此外,还有许多推动学科建设服务的实例,如与教育学院融合教育体验空间,服务师范教育;聘请外国语学院教师任学科馆员,更好地满足学院教学科研需要;联系维普数据库支持生科院参加省级学科竞赛;支持美术学院和历史学院的图书资料室建设等。

阅读推广工作一直是淮北师范大学图书馆的亮点。参考咨询部张理华带领王茜楠等人组建阅读推广团队,指导图书馆学生社团组织各种阅读推广活动,如举办每年的大型读书活动和"4·23"世界读书日系列活动,积极参与安徽省乃至国家级阅读推广活动赛事等。团队一直致力于把阅读活动做好、做细、做精,打造我校全民阅读活动品牌,全面提升淮师大学子综合素质。

人才队伍的建设关键在于"人",提高图书馆的团结力和向心力,使整个图书馆保持活力充沛和斗志昂扬是建设图书馆人才队伍的一项重要工作。因此,我馆组建"馆员之家"工会小组,带领大家携手共进,成长路上"一个都不能少"。工会小组每年组织春游踏青、秋游采摘、趣味运动会等各种团体活动,让"家庭成员们"愉悦身心的同时,增添归属感,增强集体凝聚力。

4 活动成果

在全体馆员的共同努力下,淮北师范大学图书馆近年来在科研及各项活动中收获颇丰。

4.1 集体荣誉

(1) 2019年安徽省妇联授予淮北师范大学图书馆"安徽省巾帼建功先进集体"荣誉称号(见图5)。当年,省属高校系统仅有3家单位荣获该称号,我校图书馆是唯一获得该项荣誉的高校馆。

图5 集体荣誉(一)

(2) 2020年我校图书馆再次荣获安徽省高校图书馆"先进集体"荣誉称号,这是我馆连续第5次获得该称号(见图6)。

图 6　集体荣誉(二)

4.2　团队收获

淮北师范大学图书馆在实施人才队伍建设方案后,组建了多个团队,各个团队都取得了一定成绩。

科研方面,2020 年我馆馆员共计发表科研论文 7 篇;获批安徽省教育厅重点研究项目 1 项,安徽省教育厅一般研究项目 2 项,安徽省图工委一般项目 3 项。

高田副研究馆员申报的"中国古代家训中的阅读史料整理与研究"(项目批准号:21BTQ018)获批国家社科基金一般项目,这是我馆首次获批国家社会科学基金项目。张晚霞研究馆员申报的"目录学语境下中国古代科学在儒学中的内在发展理路研究"(项目批准号:21YJA870012)获批教育部人文社会科学研究规划基金项目。这也是安徽省 2021 年唯一获批的图书馆、情报与文献学学科教育部人文社会科学研究项目。

副馆长马利华牵头申报的"新时代信息获取与应用"公选课开授;在马克思主义研究生论坛上介绍思政库;联系维普数据库支持生科院参加省级学科竞赛,并帮助他们取得好成绩;学校专业认证工作稳步开展。

在阅读推广方面,图书馆成功举办淮北师范大学第三十届大型读书活动暨第四届校园读书创作活动报告会;在 2017 年安徽省教育厅等六部门主办的首届校园读书创作活动中,荣获"优秀读书品牌活动奖";2019 年再次突破,荣获安徽省第三届校园读书创作活动"优秀组织奖";2018—2021 年,连续四届在"书香江淮"互联网阅读活动中荣获"最佳组织单位奖";2021 年在中国图书馆学会阅读推广委员会主办的第二届"图书馆杯"主题图像创意设计征集活动中荣获"星级组织单位奖"等。

5 案例创新点

综上所述,淮北师范大学图书馆也曾在人力资源分配等问题上遇到瓶颈,但我们迎难而上,积极挖掘自身优势、合理统筹人才资源,并总结出以下创新点:

(1) 根据我馆实际情况制定"量体裁衣、统筹兼顾"的三位一体团队建设方案,立足现实、按需培养、结合实际、发挥优势(见图7)。

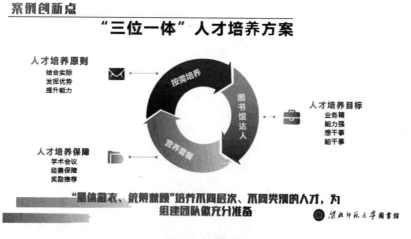

图7 方案创新

(2) 开拓视野,提升能力,发挥特长,组建团队,有效整合人力资源,提高图书馆核心竞争力(见图8)。

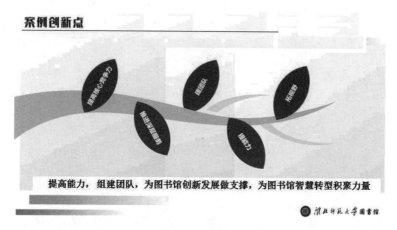

图8 思路创新

我馆将以此为契机，持续合理安排人力资源，发挥每位馆员的优势，在现有的条件下做好我校图书馆人才队伍建设，实现图书馆效益最大化。同时，也希望能为兄弟院校图书馆人力资源配备提供借鉴依据，共同为我国高校图书馆人才队伍建设贡献微薄之力。

三全育人背景下高校图书馆服务育人实践
——智慧空间与红色传承

王家玲　储杨　杨超
（铜陵学院图书馆）

1　案例背景

立德树人是新时代中国特色社会主义教育的灵魂和精髓,构建全员、全过程、全方位的"三全育人"大格局是高等院校推进落实立德树人任务的根本目标。作为当代大学生的"第二课堂",图书馆是高校的信息资源中心、学术交流中心以及学习中心,是一个充满激励因素、鼓舞人心的场所。图书馆室内建筑风格、装饰场景布局、家具陈设风格等蕴含的学术内涵和人文气质,以可感知的形态氛围烘托图书馆的价值追求,体现时代的审美需求,激发和支持学生探索精神和创新精神的形成,促进环境育人;德育软环境的创设,德育资源的推广引导,可以在潜移默化中塑造读者灵魂,德育育人;将图书馆丰富的资源、优越的环境与周到贴心的服务融入大学生学习生活全过程,可促进图书馆参与全程育人,落实图书馆服务育人功能。

我校翠湖校区图书馆六楼东的电子阅览室于2009年建设完成,建成后深受师生的欢迎。但随着互联网、人工智能等技术的高速发展,学生电脑的普及以及手机上网的广泛使用,读者获取信息方式发生了巨大的变化,同时受到装修风格单调、电脑设备老旧、配套设施滞后、服务模式单一等因素影响,已无法满足师生们学习、科研、创作、审美等多样化需求,导致电子阅览室读者接待数量持续下滑,服务育人能力大打折扣(见图1)。

为打破现有格局,我馆从环境、资源、技术、设备、服务等多角度出发,将原有电子阅览室改造成"智慧学习空间"(见图2)。通过空间再造、沈浩精神等德育软环境的创设,促进图书馆环境育人、德育育人;将图书馆服务融入大学生学习全过程,促进图书馆全程育人。

图 1　原电子阅览室

图 2　智慧学习空间

2　案例介绍

经过深入调研和反复论证,"智慧学习空间"于 2019 年底改造完成。通过重新装修、优化布局,并将数字技术、现代化设备及各种信息资源相融合,引导读者主动交流思想和分享智慧,促进学习研究和知识创造,培养读者自主学习和创新的能力,促进环境育人。利用丰富的馆藏资源和我校优秀毕业生沈浩的先进事迹,营造场景体验式学习氛围,传承沈浩精神,发挥沈浩精神铸魂育人的作用。"智慧学习空间"将图书馆的资源、服务及环境融入学生学习全过程,充分发挥了高校图书馆服务育人的功能。

2.1 空间再造,环境育人

"智慧学习空间"通过重新装修,优化空间,灵活布局,关注读者需求,促进环境育人。将数字技术、现代化设备及各种信息资源相融合,引导读者主动交流思想和分享智慧,促进学习研究和知识创造,培养读者自主学习和创新的能力。

首先,环境舒适、技术设备先进。智慧学习空间依据读者学习、科研、创作、审美等多方面需求,对空间进行科学布局。干净整洁的地面、柔和的灯光、明亮的色彩、舒适的沙发椅和阅览桌、原木书架、干净明亮的落地窗,给读者一种轻松惬意的阅读环境,同时具有浓烈的文化氛围。配置满足研讨式交流、案例分析、信息查询等自主学习需要的笔记本电脑、投影仪、智能电视、交互一体机、白板等硬件设施,实现无线网全覆盖。最终达成以优良的硬件设施主动引导读者交流思想和分享智慧,促进学习研究和知识创造,培养读者自主学习和创新能力的目标(见图3)。

图 3 研讨间资源配置

其次,空间规划科学合理,满足读者多样化需求。整个"智慧学习空间"分为接待咨询区、自主学习区、电子阅览区、研讨区、多功能路演区五块学习空间(见图4)。① 接待咨询区。该区域有学生咨询及教师咨询答疑的固定区域,区域形式紧凑开放,使咨询者可以放松无紧张感,兼有私密交流空间。② 自主学习区。舒适的沙发椅和阅览桌、便利的电源及信息点,配上原木书架和满满的书籍,为读者提供了良好的自主学习的环境。③ 电子阅览区。为读者提供了全新高配置计算机 20 台,保留有原电子阅览室功能,满足读者查阅资料、使用电子资源的需求。④ 研讨区。设置了两种规格的研讨空间,小研讨间可容纳 6 人,大研讨间可容纳 12 人,配备相关设备设施,满足读者研讨需求。⑤ 多功能路演区。配置了50个座位,桌椅可移动、折叠,可依需灵活布置房间布局,配备相关设备设施,可满足人数较多的读者活动需求。

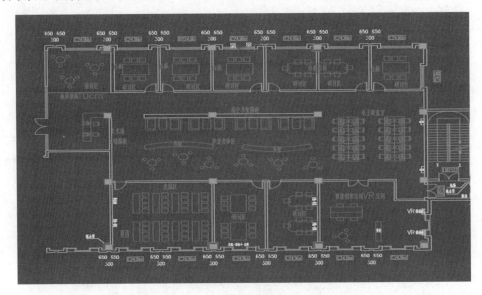

图4 智慧学习空间布局

再次,布局灵活、关注需求。"智慧学习空间"空间布局灵活,每个区域的功能不是固定不变的,会随着读者需求的变化而变化。研讨间可以开展小型的小组研讨、创艺展示、培训交流等活动。路演区可根据读者不同需求,用于开展小组研讨、学术交流、教学培训、创艺展示、创新赛事、社团活动、影音欣赏、诵读学习等各项活动。此外,根据读者需求的不断变化,"智慧学习空间"的空间布局也会不断调整,为读者提供周到贴心的服务。因暑期留校的学生大部分是考研备考者,"智慧学习空间"路演区、研讨间需求减少,图书馆对自主学习区进行了布局改造,置换了学习区和路演区桌椅,新增了70个自习座位,为暑期留校备考的学生提供了安静优雅的自习环境。为更好地服务读者,暑期书架上的图书也会以考研资料为主。

2.2 "汇声"服务,全程育人

"智慧学习空间"的自主学习区摆放着一排整齐的原木书架,它就是我们的"汇声"书架。"汇声"的含义是"汇聚读者的声音,根据读者的需求推送图书"。从入学到毕业,全程跟踪大学生的学习生活与阅读需求,紧扣重要时间节点、重大事件、历史文化主题等,动态地为读者提供图书文献,融入"三全育人"理念,参与到大学生学习全过程中去。

(1) 依据流通数据分析、图书馆志愿者的调研,挑选出最受欢迎的图书,放在"汇声"书架的"热点图书"栏中。这个栏目为固定栏目,体现了我馆阅读服务紧跟师生需求、与时俱进(见图5)。

(2) 依据大学生学习生活的重要时间节点，为读者提供"新生专栏""毕业专栏""考试专栏""考研专栏""考证专栏"等多个动态栏目。全程跟踪大学生学习生活与阅读要求，在合适的时间为其推送合适的书目，参与到大学生学习全过程中去。

(3) "图书漂流"栏的设置。"图书漂流"起源于20世纪六七十年代的欧洲，意在推动文化传播。我馆在"汇声"书架上设置"图书漂流"栏，旨在促进文献共享，提升书籍利用率。一方面可将学生的闲置图书进行有效流通，另一方面也尝试以"漂流"进行文化传播。

图5 "汇声书架"和专栏

2.3 红色传承，铸魂育人

"智慧学习空间"还是一个红色传承空间，通过营造场景体验式学习氛围、红色书目展示、开展红色教育主题活动等多种方式传承红色基因，发挥图书馆铸魂育人作用。

(1) 传承沈浩精神。小岗村第一书记沈浩是我校优秀毕业生。为传承沈浩精神，我校先后建设了"沈浩精神纪念馆""沈浩之家""沈浩精神传承网"等多个沈浩精神传承基地。我馆在新生入馆教育和志愿者培训中，通过组织读者或志愿者在"智慧学习空间"观看《第一书记》《永远的忠诚》等红色电影，参观"沈浩精神纪念馆""沈浩之家"等方式，了解沈浩精神，发挥沈浩精神铸魂育人作用(见图6、图7)。

图 6　参观沈浩纪念馆

图 7　重温红色记忆

(2) 2021 年是中国共产党建党 100 周年。在这个重要的历史节点上,我馆在"汇声"书架上设置了红色传承专栏,将红色经典故事、党史学习等红色文献挑选出来,最大便利地提供给师生阅读,深化红色文化教育,进一步增强读者爱党爱国的情感,培育和践行社会主义核心价值观。

(3)在"智慧学习空间"开展红色电影观影心得交流会、红色故事诵读比赛、红色主题阅读等多种活动,加深读者对红色历史的理解,增强爱国主义教育效果,给读者以知识的汲取、心灵的震撼、精神的激励和思想的启迪,传承红色基因(见图 8)。

图 8　红色主题交流与研讨

3　案例成效

3.1　增加了到馆人数，提升了图书馆形象

"智慧学习空间"因其轻松舒适的环境、科学合理的布局，深得广大师生读者的喜爱；空间的创新服务体现了馆员对读者需求的关注，深受广大师生读者的欢迎。因此，"智慧学习空间"成为学校的特色打卡地，增加了到馆人数，加深了读者对图书馆馆藏资源与服务的了解，提升了图书馆在广大师生读者心目中的形象。截至2021年11月12日，总预约人次达到3 338人，总预约时长达8 501小时，总使用时长达6 920小时，研讨间和学习空间阅读区共接待读者4.8万余人次（见图9）。

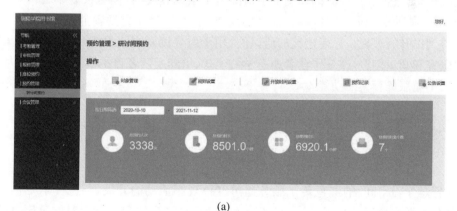

(a)

图 9　智慧学习空间预约后台统计

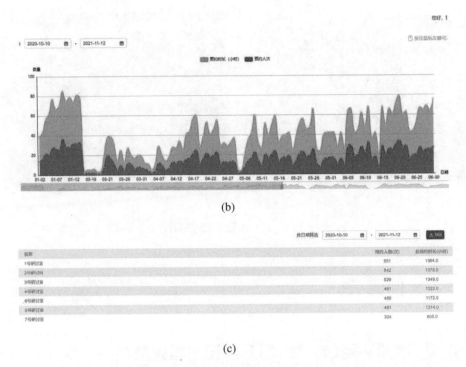

图 9 智慧学习空间预约后台统计(续)

3.2 增强了图书馆服务育人功能

轻松惬意的阅读环境、科学合理的空间布局、浓烈的学习氛围，在潜移默化中促进了环境育人、德育育人，读者的个人素养在这种潜移默化中得到了提升。与原电子阅览室相比，"智慧学习空间"的环境卫生情况有了很大程度的好转，读者不会留下个人垃圾，不会携带食物进入空间，离开时也会摆放好桌椅，这正是读者个人素养在潜移默化中得到提升的表现。思想碰撞的研讨间，用于引导读者交流思想和分享智慧、促进学习研究和知识创造，改变了读者原有学习模式、培养了读者自主学习和创新能力，增强了图书馆服务育人的功能。

3.3 加深了读者对红色历史的了解，增强了读者的爱国爱党情怀

"智慧学习空间"的红色传承服务通过红色观影活动的开展、红色传承专栏的设置、红色主题交流活动的开展等一系列的红色教育举措，加深了读者对红色历史的了解。基于对红色历史的深入了解，我馆读者在一系列的省级红色主题活动中，获奖众多。此外，"智慧学习空间"的红色传承服务还增强了读者爱国爱党情怀。2020年10

月至今,图书馆志愿者申请入党人数相对往年有大幅度增加(见图10、图11)。

图 10 沈浩精神传承基地

图 11 红色教育掠影

4 案例总结

"智慧学习空间"从环境、资源、技术、设备、服务等多角度出发,对原有电子阅览室进行改造,科学合理布局,创新服务,把图书馆的资源、服务及环境融入学习全过程,充分发挥高校图书馆服务育人的功能。案例成效显著,增加了到馆人数,提升了图书馆形象;增强了图书馆服务育人功能;加深了读者对红色历史的了解,增强了读者的爱国爱党情怀,传承了红色基因。

　　"智慧学习空间"只是我馆局部空间改造的成果,虽取得一些成效,但图书馆整体空间存在装修落后、空间布局欠佳、技术设备有待更新、服务创新能力有待提升的问题。后期我们将以图书馆7至8层的整体改造为契机,考虑未来需求,进一步设计以用户体验为中心,整合Web4.0、设备、资源、服务、环境及整个图书馆网络,实现由实体空间、虚拟空间、用户体验空间、信息交互空间等构成的多维系统。在新的历史阶段,我馆将继续以"三全育人"为核心理念,充分挖掘读者需求,开展更多的创新服务;将我校优秀毕业生沈浩的先进事迹和精神更多地融入到我们的服务当中,把图书馆打造成以读者需求为导向的智慧空间与以沈浩精神为标杆的红色传承空间,为读者和学校赋能。

打造五个阵地，深度服务学校发展
——淮北师范大学滨湖校区新馆空间建设

肖敏　丁云芝　赵恒

（淮北师范大学图书馆）

1　案例背景及意义

文献和空间是图书馆的两大根本性资源，共同决定着图书馆的命运。在新时代和新形势下，用户对图书馆各类服务的需求发生变化，现代图书馆空间建设理念也随之发生改变：从以文献为中心转向以读者为中心，注重从读者的多样化需求出发，组织资源并提供服务。当前各级各类公共图书馆、高校图书馆都在尝试利用各种条件去建设、改造、创新空间布局，力图通过空间形态及布局的变化，为读者提供更优质、更精准的服务。

据教育部高校图书馆事实数据库统计分析，2016年全国高校图书馆馆均建筑面积24 949平方米，2020年增长到25 682平方米；仅安徽省内，2020年就有8所高校图书馆的馆舍处于建设中，如安徽职业技术学院、阜阳职业技术学院、安徽工业经济职业技术学院等。此外，2020年教育部要求三本院校全部转设，此背景下成立的独立本科院校也将面临新馆建设问题。由此可见，本案例具有较强的实践借鉴意义。

现代图书馆空间建设理论为图书馆功能设计提供了基本遵循。"第三空间"理论和"第三代图书馆"概念是经常被提及的现代图书馆空间建设理论。"第三空间"理论的核心特征是自由、宽松、便利。高校图书馆作为大学校园的第三空间，要从读者的综合体验出发，营造更加轻松愉悦的阅读气氛。吴建中指出"第三代图书馆"具有5个基本特征，即"注重人的需求、注重可接近性、注重开放性、注重生态环境、注重资源融合"。"第三代图书馆"从过去为藏书、设备及其相应设施而设计向为人、社区及其交流创新而设计的方向发展，主张将各种资源有机融合，促进人与人、人与信息之间的交流。

"第三空间"和"第三代图书馆"都强调在现代图书馆建设过程中要坚持用户本位，尊重并满足用户的空间社会化需求。淮北师范大学图书馆基于空间建设理论及相关研究,结合校情馆情实际,初步确定了新馆空间功能定位和布局,力求在实现保存和传播知识这一空间建设目标基础上,深度服务学校人才培养、学科建设、教师教育和科研创新。

2 淮北师范大学滨湖校区图书馆建设概况

2.1 图书馆建筑概况

淮北师范大学滨湖校区图书馆位于滨湖校区的中心位置,正对学校东大门,是学校的地标性建筑(见图1)。该建筑于2021年底全面完成基建施工,总建筑面积约3.8万平方米,地上9层,地下1层,拟设计藏书200万册,阅览座位4000座。图书馆建筑分为中、东、西3个部分,从整体外观看呈无上边框的横向矩形形态,大门向南。从室外经过台阶直接到二楼,二楼进门处是大厅。大厅空间既是读者缓冲区,也是信息集中地。图书馆的通知通告、相关活动介绍、数据库宣传、各层索引图、总服务台等将全部集中在这个空间。大厅两侧共4部电梯,电梯后面是2个通往各层的楼梯,读者从大厅可以去往所有功能区域。

图1 新馆外貌

2.2 空间设计理念及原则

新馆坚持"藏－展－阅－享"四位一体的设计理念。"藏"即藏书,图书馆作为一个知识生产的基地,书籍就是知识,是所有延展功能的基础;"展"是展示、展览,空间应该有足够的开放性和宽容度,能承载不同形式的展示和展览,包括书籍展示、校园文化及地方文化的展览;"阅"即阅读,为师生提供舒适的阅读空间和多元的阅读体验;"享"既是享受,也是共享,图书馆应该是开放的、公共的且是读者乐于使用的空间。

新馆采用现代简约的设计风格,文化装饰上凸显书卷气和地域性。在图书馆原有的硬装基础之上,整体软装装饰以原木色为主,使其与空间大面积冷色的地胶相和谐,并搭配深色和冷色加以点缀。从材质上,采用原木、实木等低含胶量的产品,个别区域采用 E0 级现代家具,确保家具设施优质、环保和实用。新馆拟分三期建设,一期建设旨在满足读者的基本需求的基础上,建成 2 个特色库室,即山萝书院和融合教育体验空间;二期和三期将在一期建设基础上不断完善其他区域的建设。

2.3 空间功能布局

图书馆内部功能布局不再拘泥于传统形式,而是在保证整体功能齐全的情况下,突出重点和特色,以主题馆的形式提供特定领域的专藏文献和服务。图书馆一楼用于密集藏书和信息化基础设施建设,设置密集书库、网络机房等;二楼提供大厅综合服务和休闲阅览及交流,设置总服务台、展示区、研讨间、融合教育体验空间、休闲书吧和小型报告厅;三楼主打特色库室,设古籍阅览室、山萝书院、校友特藏库、捐赠书库、现刊阅览室和教师研修室;四至六楼以藏阅为主,中间主阅,两侧主藏,中间大开间为综合阅览室,东西两侧为书库;七楼以数字服务为主,设电子阅览室、培训室、数字体验区;八楼主要是文化展示和办公区域,设成长空间、成果展示空间、学科研究中心、地方文化空间和培训室。

3 淮北师范大学滨湖校区图书馆五个阵地空间建设实践

淮北师范大学图书馆以新馆建设为契机,在打造智慧图书馆的同时,探讨空间建设如何深度服务学校发展。以学校整体发展和用户个体需求为导向,通过特定的空间设计,深度服务学校人才培养、学科建设、教师教育和科研创新等。

3.1 拓展红色阅读空间,构建意识形态宣教研阵地

开辟精品阅览展示区,该区位于二楼大厅核心位置(见图2)。以培养"四个自信"为目标,展示四史、中国特色社会主义思想发展历程、马克思主义中国化的著作及新时

代中国特色社会主义理论的理论类与成就类图书。

书库内嵌入红色经典阅读区。在三楼特藏书库开辟红色经典区域,以中图法 A 类的精品图书、馆藏系列红色刊物为主,提供深度研究类服务。设置视(音)频播放间。在二楼休闲阅读空间和七楼电子阅读区提供所有馆藏视频资源,以供查阅,并通过电视屏定时播放红色经典视频、新时代专题纪录片与宣传片。

图 2　精品阅览展示区效果图

规划流动展示区(见图 3)。该空间集阅读引领、思想交流与宣传展示等功能于一体,既可以和各类展厅联动,在展览同期举办相关延展阅读,也可以作为一个半开放的研讨室或者报告厅使用。未来图书馆将积极寻求与机构、团体、专家学者合作,在这个空间举办经典阅读、学术沙龙或公益讲座。

图 3　流动展示区效果图

3.2 广设研讨空间,谋划自由研讨阵地

开设多种类型的研讨室(见图4)。除了在文献上为读者提供保障外,图书馆还在空间上为学术交流提供服务。在二楼东面设置大小不一、各具特色的研讨室共13个;在三楼开辟教师专用研讨空间,供教师进行学科竞赛交流、课题与学科建设研讨;专设学科教学研讨间,为本校学科教学方向研究生提供学术研讨与教学模拟实践。各类研讨间内拟配备可移动桌椅、大屏电脑、可移动白板等,为师生提供自由的研讨氛围。

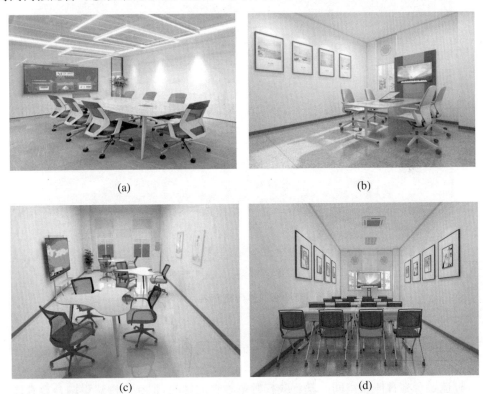

图4 不同类型研讨间效果图

充分利用交通空间休闲交流区域(见图5)。廊道、阶梯等交通空间是偶遇式社交的主要场所。图书馆将四至六层两侧电梯中间的廊道内打造成休闲交流区,每层设计各不相同,既有阶梯状长凳,也有休闲沙发。

(a)

(b)

图 5　交通空间休闲交流区域效果图

3.3　贯彻融合教育理念,打造特色师范教育阵地

打造融合教育体验空间。基于我校师范教育的性质,拟在2楼建设融合教育体验空间,展示特教专业的相关图书和设备设施,在全校范围内普及融合教育理念。在这个空间里,读者能直观地体验视障、听障等群体的世界,通过光盘视听、盲文阅览等更好地理解特殊需求群体在日常学习生活中的心理和需求,从而为以后的教师职业生涯中树立正确的教育观念,助力学校培养一批卓越的基层教师,特别是特殊教育专业教师。

专设教材库(见图6)。馆藏范围含学前教育、特殊教育及中小学教育使用的各学科教材教参,并每年补充购置最新版教材教辅资料,针对性地满足我校师范类各专业本硕学生的文献需求,助力我校高水平师范大学建设。

图 6　教材库效果图

3.4　关注学生成长,谋划健康发展阵地

设置成长空间。对新生活习惯和环境的适应、课程的压力以及由学校和生活引起的消极情绪是新生面临的普遍难题。根据调查,大学新生普遍较少主动寻求教师和专业人士的帮助,大多数会选择自我调节或默默忍受。因此,自我成长是大学新生适应的本质与核心,也应该成为大学新生适应干预的主要任务。图书馆关注低年级学生的自我成长,为其适应大学、自我定位、提升修养、心理健康提供轻松的自我疗愈阅读空间,并通过讲座、沙龙等多种方式主动进行群体性心理辅导与针对性心理互动辅导。

建设心理健康调适空间(见图7)。以心理健康测评、音乐方式放松、体力发泄设备为核心,深度介入学生成长、心理健康全过程。通过高科技手段如 VR 可穿戴设备等,读者可以获得心理健康知识和馆藏心理类图书等信息;还可以通过心理关爱自助系统开放的高信效度心理量表,获得反映个体心理差异及衡量个体心理元素水平的数据;通过 VR 技术构建的反馈场景,实时监测呼吸、心率等生理指标,进行安全可控的沉浸式心理减压放松、身心素质训练、恐高幽闭脱敏训练、脑力开发训练等心理实验。另外,智能音乐放松系统可利用音乐对情绪和心理的影响,为读者营造舒适惬意的调适空间。

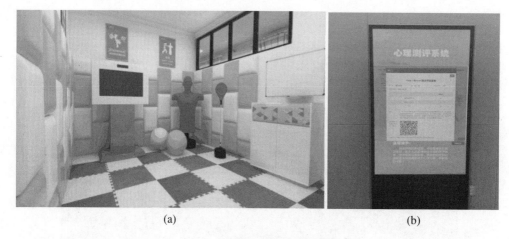

图 7　健康调适空间效果图

3.5　展示历史积淀,构建文化传承阵地

建设山萝书院(见图8)。山萝书院是为传承学校著名开拓性学者吴孟复先生的学术思想而打造的集纪念性、研究性于一体的学术空间。书院为师生提供一个传播经典文化、传承人文精神、陶冶审美情操、立德树人的交互性学术展示平台。吴孟复,字山萝,山萝书院也因此得名。吴孟复先生是民国时期安徽籍著名学者,桐城派大师。先生躬耕杏坛、奖掖后学,是教师表率、学界楷模。书院整体构成要素包括3个方面:一是吴孟复先生生平介绍及其在淮北师范大学从教期间的书信、手稿等遗物展示区;二是与吴孟复先生相关的代表著作展示区;三是学术研讨区。书院整体装饰偏新中式古典风格,配备民国风家具。学术研讨区可开展小范围经典阅读相关的教学、讲座和读书沙龙等学术交流活动。

(a)

图 8　山萝书院效果图

(b)   (c)

图 8   山萝书院效果图(续)

建设地方文化空间和成果展示空间(见图 9、图 10)。地方文化空间拟全面展示学校、淮北的地方文化成果,如淮北的区域历史、民俗文化(梆子戏、花鼓戏)、著名历史人物等,传承、宣传淮北地方文化。成果展示空间拟展示建校以来我校师生在学术研究、教育教学等方面取得的成果与荣誉,通过专题展示提升师生的归属感和荣誉感。整个空间的塑造富有历史感和文化感,清晰地表达了学校推崇博学、慎思、励志、敦行的价值导向。

图 9   地方文化空间效果图

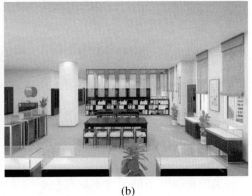

(a)   (b)

图 10   成果展示空间效果图

基于"第二课堂成绩单制度"的阅读推广实践
——以黄山学院图书馆为例

罗伟　李迎迎　刘铁红

（黄山学院图书馆）

1　引言

自2014年全民阅读第一次被写入《政府工作报告》以来，社会各界掀起了阅读推广的热潮，各级图书馆尤其重视阅读推广工作的开展。在互联网、移动终端、自动化设备等新兴事物的冲击下，图书馆的传统业务不断缩减，这也成为了图书馆消亡论的主要依据。因此，阅读推广成为图书馆新的业务增长点[1]。在此背景下，近年来高校图书馆阅读推广活动日益丰富。

高等学校图书馆是学校的文献信息资源中心，是为人才培养和科学研究服务的学术性机构[2]。因此，高校图书馆是对大学生进行阅读推广的首要阵地，也是高校学生的第二课堂。黄山学院图书馆将阅读推广活动与"第二课堂成绩单制度"对接融合，发挥图书馆的资源优势，大胆创新方式方法去调动读者参与阅读推广活动的积极性，取得了良好的效果。

2　案例背景

2.1　阅读推广的困境

当前高校图书馆阅读推广存在着很多问题，比如，活动定位不明，缺少大学图书馆的特色；主题单调，活动效果有限；较少考虑大学生个性化需求，科研因素不足等[3]。究其原因，阅读推广是一个系统工程，阅读推广主体、阅读推广对象、阅读推广内容和阅读推广方式四大要素应该是一个有机整体，任何一个要素出了问题都会影响整体的效果。比如,阅读推广主体是否是兼具多方面的知识和技能的综合性人才;阅读推广对象是否对活动内容感兴趣,参与活动的意愿强不强;阅读推广内容是否能满足读者个性化需求,是否符合读者的兴趣爱好;阅读推广方式是线上还是线下,是否注重用户体验,等等。

本案例主要是以黄山学院图书馆阅读推广的一些做法为例,针对阅读推广对象要素做的一些创新性实践和研究。当前,大学生在阅读内容和参与活动的选择上趋于"功利化",本科生在校期间仅专注于专业课的学习成为一种普遍现象,学习就是单纯为了学分,对于学分之外的阅读推广活动兴趣不高。长期以来,读者的参与度不高成为了一直困扰我校图书馆阅读推广的难题,如何调动读者参与阅读推广活动的积极性已成为图书馆迫切需要解决的问题。

2.2 第二课堂信息化平台

为了培养青年学生的社会责任感,有效地教育、引导学生全面成长成才,全面提升学生的创新意识、创业精神和创造能力,根据团中央、团省委关于在高校推动开展"第二课堂成绩单"的工作安排,黄山学院校团委积极推进第二课堂信息化平台建设。经过调研选型、方案草拟和试点测试,于2017年12月份以"到梦空间"管理系统为平台,逐步有序地在我校推行"第二课堂成绩单"制度。"第二课堂成绩单"制度规定学生必须修满"第二课堂成绩单"学分方可毕业,第二课堂和第一课堂成绩均装入毕业生学生档案。

基于以上两点,为了解决图书馆阅读推广活动中读者参与度不高的问题,图书馆积极与校团委对接,将参与图书馆阅读推广活动纳入"第二课堂成绩单"制度的考核范围,形成了基于"第二课堂成绩单制度"的阅读推广模式。把图书馆阅读推广活动与我校"第二课堂成绩单"制度挂钩,旨在通过浸润式的阅读推广去影响读者的行为和习惯,同时实现图书馆"第二课堂"的育人功能。

3 组织与工作

3.1 基本思想

基于"第二课堂成绩单制度"的阅读推广模式立足于图书馆实际,充分发挥数据和信息化的作用。以"第二课堂成绩单"制度为切入点,将图书馆"第二课堂"育人功能与阅读推广活动相融合;以数据为驱动,使阅读推广活动内容真正符合大学的需要、满足大学生的需求;以支撑教学和科研为目标,在专业性、学术性的基础上持续提升阅读推广的深度。

3.2 机构设置与人员构成

图书馆在第二课堂信息化平台"到梦空间"上设立了两个阅读推广机构,分别是图书馆部落和大学生读者协会部落。图书馆部落负责图书馆发起的阅读推广活动,目前成员有 86 人;大学生读者协会部落负责大学生读者协会发起的阅读活动,目前成员有 310 人。

图书馆成立了专门的阅读推广团队,实行分级管理,按部落、学院、学院成员三级组织架构(见图1)。图书馆设一名指导老师,具体事物全部交给由学生组成的阅读推广小组具体实施。将人员设置细化到各学院设置一名负责人,负责每次活动的方案制定、宣传、推广及评价。图书馆指导老师会定期对小组成员进行培训和辅导。学生的积极性很高,队伍也一直在不断地壮大。

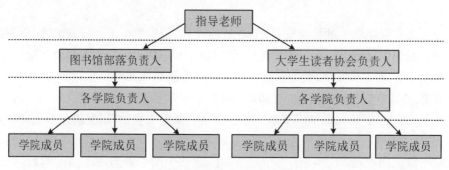

图 1　阅读推广组织机构图

3.3 工作流程

阅读推广组织工作流程主要包括 5 个主要步骤(见图 2)。第一步是制定活动方案。第二步是在活动方案制定好以后,提交相关部门审批。审批后的活动方案交由阅读推广小组进行平台发布,这是第三步。第四步是开展活动,如果是线上活动,读者线上报名后,需进行线上签到;如果是线下活动,读者可线上报名,但需进行线上线下双签到,然后进入活动实施阶段。最后一步,活动实施完成后,依据不同的活动类型进行学分认定,并完成学分发放。

图 2　工作流程图

3.4　工作要求

（1）活动方案制定

活动方案制定前应开展充分调研和论证。活动主题应鲜明、定位应明确、内容应遵循高等教育规律和人才培养规律。

（2）活动组织

科学制定活动方案，在规定的时间、地点和范围内精心组织活动，确保活动安全有序、质量可控、取得实效。

（3）活动总结

活动结束后，阅读推广小组应及时做好活动宣传报道、材料归档、学分认证、撰写书面总结等工作。

4　案例成果

4.1　案例效果

黄山学院图书馆自实行基于"第二课堂成绩单制度"阅读推广以来，效果立竿见影，彻底解决了阅读推广活动读者参与度不高的问题。比如，在 2020 年安徽省高等学校图书情报工作委员会举办的 ProQuest Center 外文文献检索大赛中，我校参与人数 1 000 人（活动限额 1 000 人）（见图 3）；在安徽省高等学校数字图书馆举办的第五届"EBSCO 杯"文献信息获取体验大赛中，我校参与人数高达 3 198 人（活动限额 3 200 人）（见图 4）；在 2020 年的"超星杯"阅读活动中，我校参与人数高达 3 285 人（活动不限额)(见图5);在安徽省高等学校图书情报工作委员会举办的2021"e搜发现杯"信息检索大赛中,我校参与人数高达2 998人(活动限额3 000人)(见图6)。

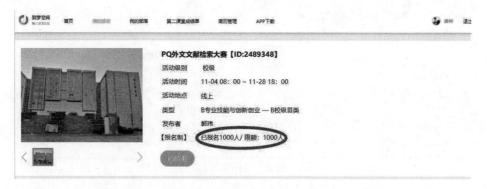

图3　2020年ProQuest Center外文文献检索大赛活动截图

图4　第五届"EBSCO杯"文献信息获取体验大赛截图

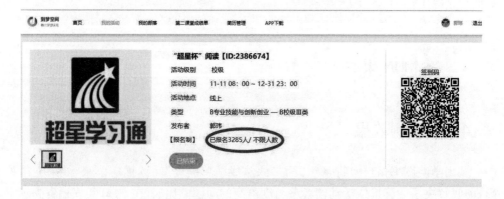

图5　2020年"超星杯"阅读活动截图

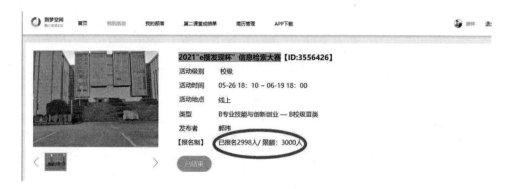

图 6　2021"e 搜发现杯"信息检索大赛截图

2019—2021 年，图书馆共通过到梦空间平台发布活动 76 次，总参与人数高达 44 973 人，平均每场 591.75 人；大学生读者协会部落共发布了 61 次活动，总参与人数 21 618 人，平均每场 354.39 人(见图 7)。

B	C	D	E	F	G	H	I	J
活动状态	活动名称	级别	活动分类	活动主办方	报名方式	最大报名人数	已参与人数	报名开始时间
进行中	第五届"e博在线杯"诵读经典活动	校级	B校级Ⅲ类	图书馆	报名制	500	395	2021/9/29 10:00
已结束	留下书香，带走灰尘	校级	D校级Ⅲ类	图书馆	评审制	不限	30	2021/6/1 10:00
已结束	图书馆社科三阅览室倒架	校级	D校级Ⅲ类	图书馆	评审制	不限	30	2021/5/24 14:00
已结束	图书馆阅览室二维码更换	校级	D校级Ⅲ类	图书馆	评审制	不限	43	2021/5/20 9:00
已结束	图书馆书库书籍倒架	校级	D校级Ⅲ类	图书馆	评审制	不限	42	2021/5/16 9:00
已结束	图书馆自习室二维码更新	校级	D校级Ⅲ类	图书馆	评审制	不限	48	2021/5/17 9:00
已结束	2021"e搜发现杯"信息检索大赛	校级	B校级Ⅲ类	图书馆	报名制	3000	2998	2021/5/11 8:00
已结束	第五届"EBSCO杯"文献信息获取体验大赛	校级	B校级Ⅲ类	图书馆	报名制	3200	3198	2021/4/28 10:00
已结束	PQ数据库线上培训讲座	校级	B校级Ⅲ类	图书馆	评审制	不限	136	2021/4/27 7:00
已结束	"党旗飘飘，红色经典"第四期	校级	A校级Ⅲ类	图书馆	评审制	不限	121	2021/4/28 7:00
已结束	"讯飞杯"全国高校英语口语大赛	校级	B校级Ⅲ类	图书馆	报名制	600	598	2021/4/25 7:00
已结束	"重温红色经典"主题书展志愿维护活动	校级	D校级Ⅲ类	图书馆	评审制	不限	37	2021/4/22 7:55
已结束	知网使用技巧培训讲座	校级	B校级Ⅲ类	图书馆	评审制	不限	139	2021/4/21 7:55
已结束	"青年心向党"朗诵大赛	校级	A校级Ⅲ类	图书馆	评审制	不限	459	2021/4/14 7:00
已结束	第七届"书香江淮"互联网读书征文大赛	校级	C校级Ⅲ类	图书馆	报名制	800	684	2021/4/14 7:00
已结束	"辉煌中国"摄影作品征集大赛	校级	C校级Ⅲ类	图书馆	评审制	不限	617	2021/4/14 8:00
已结束	"党旗飘飘，红色经典"第一期	校级	A校级Ⅲ类	图书馆	评审制	不限	185	2021/4/10 7:00
已结束	助力"读者之星"	校级	D校级Ⅲ类	图书馆	评审制	不限	37	2021/4/10 7:00
已结束	"书写红色篇章"征文创作大赛	校级	A校级Ⅲ类	图书馆	评审制	不限	627	2021/4/7 7:30
已结束	超星学习通使用技巧培训讲座	校级	B校级Ⅲ类	图书馆	评审制	不限	200	2021/4/7 7:30
已结束	清浮沉，享书香	校级	D校级Ⅲ类	图书馆	评审制	不限	87	2021/3/16 20:00
已结束	图书馆清理	校级	D校级Ⅲ类	图书馆	评审制	不限	358	2020/12/30 10:00
已结束	第十二届读者服务月总结大会	校级	C校级Ⅲ类	图书馆	评审制	不限	126	2020/12/22 10:20
已结束	"我和图书馆"主题摄影大赛	校级	C校级Ⅲ类	图书馆	评审制	不限	1608	2020/11/10 11:00
已结束	《我是阅读推广人》海报设计大赛	校级	B校级Ⅲ类	图书馆	评审制	不限	1552	2020/11/6 10:00
已结束	研究生考研讲座	校级	B校级Ⅲ类	图书馆	报名制	200	197	2020/11/3 9:00
已结束	"爱国心、报国情、强国志"主题征文活动	校级	A校级Ⅲ类	图书馆	报名制	500	500	2020/11/1 8:00
已结束	PQ外文文献检索大赛	校级	B校级Ⅲ类	图书馆	报名制	1000	1000	2020/10/31 7:30
已结束	图书馆使用问卷调查	校级	C校级Ⅲ类	图书馆	评审制	不限	1101	2020/10/31 7:00

图 7　部分活动统计图

4.2　获奖情况

基于"第二课堂成绩单制度"的阅读推广极大地调动了读者参与阅读推广活动的积极性。有了读者的广泛参与，黄山学院图书馆在安徽省高等学校数字图书馆和安徽省高等学校图书情报工作委员会举办的活动中屡获佳绩，以下是部分获奖情况。

(1) 荣获安徽省高等学校数字图书馆举办的第三届、第四届和第五届"EBSCO杯"文献信息获取体验大赛优秀组织奖(见图 8)。

(a)   (b)   (c)

图 8   "EBSCO 杯"优秀组织奖获奖奖牌

（2）荣获安徽省高等学校图书情报工作委员会举办的第四届、第五届书香江淮"品读经典　对话信仰　弘扬社会主义核心价值观"互联网阅读活动优秀指导单位（图 9）。

(a)   (b)

图 9   优秀指导单位奖获奖奖牌

（3）荣获安徽省高等学校图书情报工作委员会举办的第四届安徽省"e 博在线杯"诵读经典，飞扬青春校园诵读创作展示活动优秀组织奖（图 10）。

图 10   优秀组织奖获奖奖牌

5   数据挖掘

目前，黄山学院图书馆使用的第二课堂信息化平台"到梦空间"统计和分析功能还相对有限,主要包括活动次数统计、参与活动的人数统计、读者参与活动的数据以及完整参与活动的读者的数据等。这些数据有一定的价值,能够为阅读推广活动评价提供一定的参考依据。特别是参与活动的读者数据,能够具体到读者的院部和专业。目前,通过对这些活动数据的统计、分析和进一步地挖掘,在我校图书馆的实际应用主要有以下3个方面。

5.1 用于阅读推广活动的效果评价

阅读推广评价是整个阅读推广活动生命周期中不可或缺的组成部分,缺乏效果评价的阅读推广是不完整的。国际图联和联合国教科文组织共同编写的《公共图书馆服务发展指南》指出,"图书馆应当定期评估其推广和宣传工作,并确保评估的结果能够成为未来项目规划的参考依据"[4]。当前,高校图书馆阅读推广活动普遍缺乏绩效评估机制,存在注重过程不重评价的现象[5]。

长期以来,黄山学院图书馆因缺乏阅读推广信息化平台的支撑,一直未能建立有效的评价机制。自实行基于"第二课堂成绩单制度"的阅读推广以来,通过到梦空间平台,图书馆能够掌握较为详细的活动数据,包括活动运行、问卷调查、多维度的人数统计、读者评估及意见反馈等。通过数据统计和比较分析,能够对阅读推广活动进行比较客观的评价,初步建立了阅读推广评价体系。

5.2 用于阅读推广活动策划和设计的依据

阅读推广活动策划和设计是整个活动的首要环节,在很大程度上决定了整个活动效果。活动的设计和策划不能简单地照搬照抄,更不能闭门造车、凭空想象。合格的活动策划和设计应该具备较强的针对性、丰富的内容和新颖的形式等特点[6]。通过对活动平台数据进行统计分析,图书馆可以掌握不同院部、专业的读者参与不同活动类型的偏好,结合效果评价、读者的意见和建议等,可为图书馆进行有针对性的活动策划和设计提供依据。

5.3 用于图书馆评价各院部考核的依据

一直以来,图书馆为各院部评价打分的依据仅仅来源于纸质资源的借阅情况,比较片面。近些年来,受到互联网、移动终端和自动化设备等新兴事物的影响,电子资源越来越受到读者的青睐,纸质资源借阅量逐年下降。而目前图书馆大部分的数据库资源都是以机构IP地址认证的方式进行访问的,访问统计数据难以具体到院部、专业。因此,电子资源的访问情况一直未纳入图书馆评价各院部的打分体系中来,而仅仅以纸质资源借阅情况来打分评价,使得各院部对图书馆给出的评价分数质疑不断。

自图书馆实行基于"第二课堂成绩单制度"阅读推广以来,可以通过平台统计出各院部、各专业读者参加电子资源类阅读推广活动的详细数据(图11),把这些数据也纳入打分指标。虽然未能完全解决电子资源访问统计深度不够的问题,但在一定程度上体现了各学院、各专业读者对图书馆电子资源的使用情况,丰富了评价打分指标体系,使评价结果更具说服力。

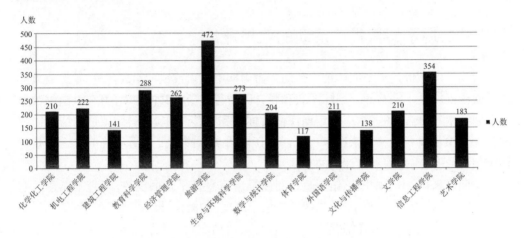

图 11　2020 年"超星杯"阅读活动按院系统计参与人数柱形图

6　下一步的工作思路

目前,黄山学院图书馆实行的基于"第二课堂成绩单制度"模式的阅读推广从根本上解决了阅读推广活动读者参与度不高的问题,但"到梦空间"平台数据采集和分析的功能还很有限,远远不足以满足图书馆的需求。我们需要掌握更多的数据,如读者信息数据、读者行为数据、资源数据和资源利用数据等,通过数据去驱动更加精准的阅读推广服务。

随着人工智能、大数据和 5G 等新技术在图书馆管理中的应用日趋深入,智慧图书馆时代已悄然而至。在提供各项智慧型服务中完成阅读推广成为智慧图书馆的日常工作内容之一,也是图书馆服务转型的重要途径[7]。以智慧图书馆为平台开展阅读推广必然是未来高校阅读推广的主要方式。因此,黄山学院图书馆在"十四五"规划中把智慧图书馆建设列为主要内容。我们下一步的工作思路是,在当前基于"第二课堂成绩单制度"的阅读推广模式的基础上,主要通过丰富阅读推广类型、强化阅读推广动机和目标分析、借鉴传播营销学的经验以及培养跨学科人才 4 个方面的努力[8],去构建更加适合图书馆业务的智慧化阅读推广平台。

7 结束语

图书馆正处于从数字图书馆向智慧图书馆发展的转型期,图书馆阅读推广也面临着新一轮的升级换代。在"互联网+"和智能技术高速发展的新环境下,数据和流量就是王道。对于图书馆来说,资源就是数据,流量就是读者参与的证明。这就要求图书馆在抓好资源建设的同时,要紧跟时代发展步伐,依托大数据和互联网,针对不同类型读者的个性化特征,推送更加精准化的阅读资源,大胆创新方式、方法,调动读者参与阅读推广活动的积极性。这样,我们的图书馆事业将会永葆青春!

参考文献

[1] 田磊.关于图书馆阅读推广几个问题的思考[J].国家图书馆学刊,2016,25(2):96-101.
[2] 中华人民共和国教育部.教育部关于印发《普通高等学校图书馆规程》的通知:教高[2015]14号[A/OL].(2015-12-31)[2022-08-25].http://moe.gov.cn/srcsite/A08/moe-736/53886/201601/t20160120_228487.html.
[3] 杨新涯,尹伟宏,王莹.论大学图书馆阅读推广的转型[J].图书情报工作,2020,64(17):58-63.
[4] 胥迅,姚敏.公共图书馆阅读推广活动评估初探[J].大学图书情报学刊,2013,31(1):45-47.
[5] 吕咏梅.利益共享环境下高校图书馆阅读推广服务的瓶颈及反思[J].科技资讯,2017,15(36):252-254.
[6] 关绍伟.基于大学生阅读行为的阅读推广改进策略[J].图书馆学刊,2016,38(12):82-84.
[7] 王波.阅读推广、图书馆阅读推广的定义:兼论如何认识和学习图书馆时尚阅读推广案例[J].图书馆论坛,2015,35(10):1-7.
[8] 李燕波.国内智慧图书馆研究中的"不智慧"[J].国家图书馆学刊,2014,23(1):63-68.

"四新"建设下图书馆服务模式探索
——以皖南医学院图书馆为例

汪全海　姚垚　吴义苗
（皖南医学院图书馆）

1　案例背景

1.1　时代背景

2021年是中国共产党成立100周年、"十四五"开局之年，也是高等教育进入普及化、建设高质量体系的一年。在这个特殊的时空交汇点上，中国教育正处在最好的发展时期，高等教育正进入全面提质创新的新时代。习近平总书记提出，"把握新发展阶段，贯彻新发展理念，构建新发展格局"。这是统筹中华民族伟大复兴战略全局和世界百年未有之大变局，与时俱进地提高我国经济发展水平、塑造我国国际经济合作和竞争新优势做出的重大战略判断和战略抉择。

教育部与相关部门联合启动实施"六卓越一拔尖计划2.0"，全面推动"四新"建设（新工科、新医科、新农科、新文科建设）交织融合，全面振兴本科教育，提高高校人才培养水平和质量，推动高校教育内涵式发展。"四新"建设是高等教育应对科技革命和国际竞争挑战的战略性选择。

1.2　学校情况

皖南医学院建于1958年，临床医学学科进入ESI全球排名前1%，入选安徽省高峰学科。我校涵盖医、理、工、管、经、法6个学科门类，其中国家级特色专业1个、省级特色专业9个、国家级一流专业2个、省级一流专业8个、国家级专业综合改革试点专业1个、省级专业综合改革试点专业11个；拥有省重点学科2个，国家中医药管理局重点学科1个，省级重点专科、重点培育专科20个，3个专科入选中国医院科技量值专科百强。当前，我校进入建设高水平医科大学关键时期，更名大学申请已列入安徽省"十四五"高等学校设置规划,博士立项单位建设处于攻坚阶段。但其科技发展水平距离建设目标和要求仍有差距,迫切需要面向新时代的高等教育文献资源保障体系。

作为学校的文献情报中心、知识交流中心、文化记忆中心和师生活动中心,高校图书馆在资源服务、能力提升、阅读推广等方面具有先天优势,应与"四新"建设人才培养需求相匹配,为学校专业人才的培育及教学科研提供支持保障,构建面向新时代的高等教育文献资源体系。皖南医学院图书馆以学校发展规划为引领,围绕"四新"建设人才培养需求,主动面向学院、科研团队、师生个人开展嵌入式学科服务、智慧平台支撑等服务。具体来讲,主要从平台建设、信息服务、空间拓展3个方面进行了服务模式的探索。

2 案例实施及成效

2.1 平台建设

开通线上服务,支撑移动化服务育人。图书馆微信公众平台凭借其营销推广、信息传播的优势,成为了高校图书馆新媒体建设中的最大热点。我馆微信公众平台创建于2018年,是以皖南医学院图书馆为主体运营的微信平台服务号,现有粉丝8 823人,是展示图书馆形象的重要窗口和服务载体。

我馆集成已有服务,搭建图书馆微信公众平台和个性化菜单模块。将"以人为本,服务至上"的宗旨与移动化载体结合,利用网络新媒体技术手段的优势打通"三全育人"建设的"最后一公里";将网络育人与服务育人有机结合,搭建兼具文章推送与服务模块的网络结构;通过微信公众平台菜单三类服务链接搭建移动化网络服务育人架构,将书目检索系统、阅读活动推广、信息素养教育、红色阅读专题嵌入其中,提供全方位、全时段、全覆盖的服务育人、网络育人支撑。图书馆微信公众号菜单设计及结构模式如图1所示。

第一,服务模块为"信息发布",以主题式文章推送作为切入点,在重要的时间节点、事件节点将最新通知公告、活动信息、资源推广等信息广泛有效地传递给师生读者,使日常服务与移动化服务网络模式结合,有力支撑各项工作的开展。第二,服务模块为"资源发现",包括学术资源、在线书城、视频和博看有声,配合馆藏资源检索、文献资源发现和图书荐购业务等,读者在关注微信公众平台后能够快速找到服务入口,主要为图书馆资源建设服务方向提供支持。第三,服务模块为"我的图书馆",与读者借阅图书服务连通,通过此模块可进行账号绑定、解绑、图书馆常见问题答疑、借阅信息查询等,主要与图书馆的读者服务业务相关,支撑读者借阅、图书流通功能的移动化载体建设。

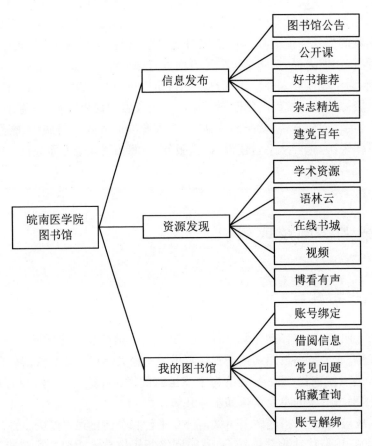

图1 官方微信公众平台菜单设计及结构模式

图书馆微信公众号主要运营内容包含馆情公开、阅读推广和信息素养教育3个板块。

(1)馆情公开。配合赭麓校区图书馆改造后重新开馆,推送《赭麓校区图书馆开馆:从此,我愿与你朝朝暮暮》一文,及时向师生读者介绍赭麓校区图书馆开馆动态;配合新学期开学、年末主题,推送《图书馆攻略,献给新入学的你》《新书上架早知道》《图书馆预约入馆操作流程》《图书馆2021年毕业手续全攻略》等文章;配合建党百年,图书馆充分发挥在中华优秀传统文化弘扬、红色基因文化传播普及等方面的独特优势,多举措打造党史学习教育文献资源系列服务平台。特别策划"建党百年活动版块",在图书馆微信公众号中推出"建党百年"学习专栏,内容涵盖党建专题、红色视频、党建图书、党刊精读等,打造不受时间地点限制的"口袋式"移动学习平台,满足师生读者利用电子终端设备随时随地进行党史学习的需要(见图2)。

图2　微信党史专题推介

（2）阅读推广。配合馆内各项阅读推广活动,推送"读书月"和"读者服务宣传月"活动预告、知识竞赛、经典读书创作展示活动、"给我一分钟"好书推荐大赛等,借助新时代网络育人手段打造传统文化育人氛围,潜移默化地引导师生亲近书本、融入书本,为精神打底、为人生奠基(见图3—图5)。

图3　读者服务宣传月系列活动启动仪式

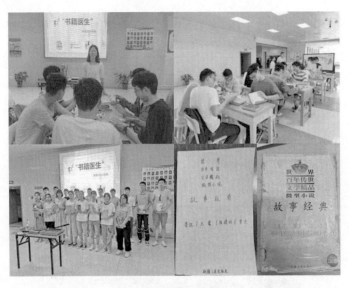

图 4 书籍医生修书活动

阅读推广|国奖获得者图书推荐第一期　　阅读推广| 教授荐书

皖南医学院图书馆　2021-12-27 17:02　　　皖南医学院图书馆　2021-06-28 16:55

(a)　　　　　　　　　　　　　(b)

图 5　校领导荐书、教授荐书、国奖获得者荐书

（3）信息素养教育。将信息素养教育与日常工作有效结合，将信息素养教育与迎新工作有效结合，将信息素养教育与资源推介相结合，利用图书馆微信平台开展个性化的信息素养服务。例如，开展新生和留学生入馆培训、图书资源建设与服务调研、师生数字资源利用情况调查、信息素养讲座、馆藏资源推介、数字资源专题讲座等活动，

为各学院不同需求的师生提供多样化的信息素养服务（见图6）。

图6 微信平台的个性化信息素养服务

其中,在馆藏资源推介中,图书馆在微信公众号和部门主页上分专题推送党史知识和党史学习教育主题资源,如中国共产党思想理论资源数据库、新时代思政教育数据库、中国党建知识资源总库、习近平新时代中国特色社会主义思想学习文库、读秀知识库以及党史相关知识,内容涵盖党史相关电子图书、文献、高清系列图片、视频展示等资源。

同时,精心挑选3 000余册"四史"图书,在借阅室打造以"学习百年党史 凝聚奋进力量"为主题的"四史"教育专题书展,激励全校师生学史明理、学史增信、学史崇德、学史力行。组织"马克思主义在中国文献中的百年党建"红色主题图片观展活动,通过"西学东渐""必由之路""万象更新""劈波斩浪""源头活水"5个部分生动展示马克思主义在中国的传播之路,将党史与图片结合,纸质电子资源融汇,线上线下借阅交互,全方位、立体化推介推送党史党建文献信息,打造书香浓郁、随手可得的党史学习阵地(见图7)。

图7 纸电融汇的党史学习教育主题资源推介

建立机构知识库,助力学校数字校园建设。为助力学校一流学科、博士点建设,扩大学校在科研、学科建设方面的影响力,我馆主动服务,积极搭建以学校"学者为中心"的机构知识库。目前,已初步完成前期建设的数据收集及整理工作。该平台主页由7

个栏目构成,包括首页、成果、院部、学科、知识图谱、机构学者等(见图8)。通过聚类分析和数据挖掘,分析优势学科,院内科研团队最新方向、发展趋势,有助于学院重点学科建设,并为科研决策提供高效的数据支持。同时,其还可作为科研管理和绩效评估的工具。主要功能包括:(1)学者成果存储和展示服务。为学者提供成果存储服务,并根据学者权限设置(校外公开、校内公开、不公开)有限制地公开相关成果,建设学者个人主页,提供二维码名片(学者微主页)服务;(2)学者科研合作服务。学者主页除提供科研成果外,还提供学者研究方向和主题信息,完整地收藏与展示学者的学术成果,可以帮助学者很快找到合适的合作者;(3)学者统计和分析服务。为部分学者提供统计和分析报告,可作为学者主页亮点内容。

图8 机构知识库主页

2.2 信息服务

教学培训方面,以培养大学生创新思维和能力为导向,拓展信息素养教育内涵建设,以综合专题讲座、检索教学和数字资源检索大赛等为主要形式,构建符合大学生"双创"活动、科研创新团队等需求的信息素养教育培训体系。

(1)开展综合专题讲座。立足"信息检索与获取",推介图书、期刊、数据库等不同类型、不同领域的优质信息资源。在重要节点做好备考辅导,针对不同类型的考试,解析备考全流程,内容涉及考试考情分析、复习要点梳理、关键流程精析等,积极解答读者关心的问题。定期针对不同层面、不同需求的用户举办信息检索、科研论文写作与期刊投稿技能培训等。

(2)开展检索教学。馆院合作,将信息素养纳入到学院专业课程学习中。面向不同学院,甚至是不同专业,按照学生的专业特点和研究方向,开展有针对性的教学及引导,组织信息检索、信息管理、信息利用的教学活动,让学生掌握信息检索和利用的原理,培养学生的创新思维和科研能力。目前,正在临床医学院、麻醉学院、医学影像学院、口腔医学院、护理学院、药学院、公共卫生学院、检验学院、人管学院9个学院开展了信息素养教学工作,检索课程教学正覆盖我校大多数专业。

(3) 组织检索大赛。联合各二级学院团委,面向全校学生举办馆藏数字资源知识检索大赛。以推荐主题(如建党百年、抗疫精神、小康社会、三胎政策、奥运精神、神州十三号、乡村振兴、校园网贷、健康中国、留守儿童、脱贫攻坚等当今大学校园内的热门话题)和自选主题相结合的方式,采取6分钟ppt演讲的形式,内容包括检索的理由、信息检索的步骤(说明检索的关键词、数据库以及检索到多少与此相关的文献)、选手自身对文献的筛选、评估和综合分析,最后形成带有自身见解的汇总报告。2018年至今已成功举办3届,以此普及数字资源知识,激发学生主动探索更多前沿研究的兴趣,提升他们的检索实践技能和科研创新能力,助力大学生双创项目、科研项目的申报和产出(见图9)。

图9 检索大赛选手风采

在开展嵌入科研与学术的学科服务上,面向学院、科研团队等提供资源检索、信息组织、知识咨询、数据管理等对口服务。图书馆积极深入教学一线,与学院领导、图情联络员、专业教师和学生进行了深入的沟通交流,广泛征询师生对于学习、教学、科研的文献资源需求,切实解决师生遇到的难题(见图10)。同时,针对管理服务的需求和意见,面向学院、科研团队等提供资源检索、信息组织、知识咨询、数据管理等服务,为"精准医学"科研小组、"启明星"小组打造个性化数字资源(见图11),助力科研成果产出。其中,"精准医学"科研小组中本科生获国家级、省级大创项目和校大学生科研资助项目20项,发表高水平科研论文15篇(二类以上11篇,单篇IF最高7.9)。

图 10 深入学院、师生开展交流

图 11 个性化定制英文数字资源平台

开展查收查引、"三新"项目查新等方面的服务。我馆多年来持续为学校、附属医院教研人员、研究生奖学金评选等提供查收查引、论文分区及影响因子查询服务；为第一附属医院"三新"项目出具查新报告；开展论文检测服务工作。通过查收查引工作，可以为科研人员的各种申报材料增加份量、为科研管理部门的管理决策提供客观依据（见图12）。

(a) 查新报告　　　　　　　　　(b) 查收查引报告

图12　查收查引

2.3　空间拓展

在工作思路上，我馆充分考虑到实体空间、虚拟空间和多样化服务融为一体带来的影响，对旧馆进行了空间再造。优化了空间布局结构，重构了空间功能，促进了服务创新和深化，为各类创新性活动提供了新的交流学习、协同共享空间。

（1）调整空间布局，使得空间利用率最大化。将空间由封闭式小空间调整为大开间敞开式结构，打造更多功能化空间，以适应不同类型群体的学习、互动需求和开展各种活动的需要。

（2）优化实体阅读空间，丰富文化意境。阅览区域采用"厅堂式""阶梯式""走廊式""阳台式"等"泛阅读空间"设计，使读者能在各色阅读环境中有不同的阅读体验。

（3）建设现代化智慧空间，提供多样性体验服务。以读者习惯的模式结合新技术提供互动式、场景式的各种智能化体验，促进图书馆业务管理更高效化，实现图书馆服务智能化。

赭麓校区图书馆是基于旧馆改造的阅读空间项目，于2021年9月正式启用，主要开放区为三楼书刊借阅室。借阅室面积约400平米、藏书近万册、期刊80余种，有阅览座位近百个。室内还配有电子书借阅机、数字资源查询计算机等设备，整体环境优美、设施先进、功能齐全，可为读者提供全方位的服务（见图13）。

图 13　赭麓校区图书馆环境

滨江校区图书馆阅读空间是基于赭麓校区图书馆空间再造后的升级项目(见图 14)。以图书馆五楼东侧现有空间为基础,围绕智慧化、现代化图书馆的发展需求和方向,重新规划图书馆空间功能。从满足读者个性化、多样化的需求,提升服务水平,营造浓厚的文化氛围、学术氛围等多角度出发,打造集学习、阅读、交流、社交休闲于一体的形态更加多样、更加实用,体验更加便捷、更加舒适的智慧化开放共享空间,以满足读者在图书馆进行阅读、学习、交流、创新、休闲等多样化的需求。例如,学习区、研讨空间的设立,为读者提供自主、自助式学习讨论的空间与场所;闲适阅览区、休息区等的设立,为读者提供集交流、休闲、阅读于一体的多样化休闲空间;3D 互助打印区、VR 虚拟区等创客空间的设立,为读者提供创意激发、新技术体验的空间。

图 14　滨江校区图书馆阅读空间

图 14　滨江校区图书馆阅读空间(续)

3　案例创新点

（1）深化图书馆内涵建设，以用户服务的多样化需求为导向，基于旧馆改造的图书馆空间再造，打造个性化的"专属空间"，实现服务由传统向创新的转变、大众化向个性化的转变。

（2）以培养"四新"人才为导向，把握新发展阶段，贯彻新发展理念，开展嵌入式学科服务、智慧平台支撑等服务，全力助推学校一流学科建设、博士点立项建设和大学更名，构建面向新时代的高等教育文献资源体系。

十年铸就书香校园阅读品牌

郑燕　陈静静　吴亮
（合肥经济学院图书馆）

2021年1月，原安徽农业大学经济技术学院成功转设，更名为合肥经济学院。学校拥有高教基地校区和大学城校区2个图书馆，总面积达20 488.97平方米，阅览座位近2 000个。其中高教基地校区图书馆于2012年10月建成并投入使用，大楼共5层，馆内设教材参考阅览室、电子阅览室、文献检索室，涵盖文学类、艺术类、经济类、自然科学类、综合类和工具书等多学科多专业领域图书，拥有汇文集成管理系统和计算机网络服务系统。目前实行大流通门禁式管理模式，开放时间为周一至周日7∶30—22∶00。现有馆长1名，馆长助理1名，馆员5名。我馆自2012年创办第一届"书香校园"大型系列读书活动开始，至今整整10年。10年来，图书馆不忘初心、牢记使命，坚持高质量地举办各项读书活动，开展阅读推广，推动书香合经院建设，铸就书香校园阅读品牌。

1　案例背景

2012年11月，党的十八大报告历史性地写入了"开展全民阅读活动"，将之列为建设社会主义文化强国的一项重要举措。从2014年起，"全民阅读"作为文化建设的一项基础性工程，连续多次被写入《政府工作报告》，提出要"大力推动全民阅读"。至此，全民阅读上升为国家发展战略。纵观历史，真正占据经济社会发展制高点的民族，总是那些善于读书的民族。

图书馆作为高校重要的职能部门，在丰富校园文化生活、营造学习氛围、服务教学科研和管理决策等方面发挥着非常重要的作用。图书馆应积极主动地加入"全民阅读"的队伍，将建设书香校园和阅读推广作为自身的使命，为国家这一发展战略的实施做出应有的努力和贡献。

1.1 建设书香校园的意义

著名学者朱永新说:"一个崇尚读书的民族,必定是理性优秀的民族,崇尚读书的社会必定是充满希望的,而崇尚读书的校园必定是一个健康、充满活力的校园。"

图书馆举办的书香校园读书活动,就是利用校内现有的资源,通过图书馆的引导,在校内打造系列读书活动,营造"全校阅读"及"全民阅读"的环境和氛围,培养学生自主阅读习惯,提升学生的思想道德和科学文化修养,培育和践行社会主义核心价值观,通过阅读受益,从而丰富知识、陶冶情操、启迪智慧。特别是希望学生知道通过读书不仅可以拥有知识,而且可以拥有持续获得知识的能力,使读书伴随自己一生的成长。

1.2 坚持 10 年做一件事

图书馆充分发挥学校文化育人的主阵地作用,通过系列读书活动的开展、推广,不仅对打造书香校园文化品牌、提高校园文化品位产生积极推动作用,也促进了图书馆阅读活动推广的可持续发展。

十年来,我馆坚持做阅读推广,每年开展系列读书活动,书香满校园。自 2012 年开展第一届书香校园大型系列读书活动以来,在主办方的精心准备下,主题明确鲜明,形式创新新颖,学生参与面不断扩大,收获了丰厚的读书成果。截至今年,累计开展读书沙龙、读书交流 24 场,诵读和演讲 17 场,辩论赛 6 场,征文创作 9 场,省内各项比赛获奖 102 个,参与师生累计 30 000 余人。

2 案例介绍

2.1 第一届"书香校园读书季"大型系列读书活动概况

2012 年 10 月,图书馆创办了第一届"书香校园读书季"大型系列读书活动(见图 1),成立了"希望之星"读书俱乐部,以激发学生的读书积极性,并参与图书馆的管理,协助图书馆开展各项服务工作,架设起图书馆与读者之间的桥梁,使图书馆成为我院学生读书治学、素质拓展的重要基地。主题为"书香伴我成长,多读书、读好书、人人爱读书,书香满校园"。首次向全校师生提出倡议,呼吁大家"坚持性读书、选择性读书、实践性读书、积极参加校内的各项读书活动",不论是为"嗜好"读书,还是为了"学习"读书,都会给人带来乐趣,养成一种良好的生活方式,使人受益终生。第一届活动历时 2 个月,开展了 3 场讲座、1 场读书心得演讲比赛,共有 3 200 余人参加。

图 1 第一届"书香校园读书季"大型系列读书活动闭幕式

2.2 第二届"书香校园读书季"大型系列读书活动概况

2013年,图书馆举办了第二届"书香校园读书季"系列读书活动(见图2)。环境能够塑造人,人在特定的情况下会融入环境,自己的言行也会随之发生变化。好的阅读氛围对于人的阅读就像水对于鱼儿一样重要,只有沉浸在里面的时候,才是最幸福、最生动活泼的。本届活动主题为"书香伴我,放飞梦想"。我们充分利用各种载体开展了经典作品诵读、演讲比赛、知识讲座、读书沙龙等活动。读书季持续了2个月,共有2 800余学生参与。通过读书活动,图书馆持续发挥第二课堂的重要作用,广大学生读者在知识的海洋中遨游,不断提高自身理论文化知识素养。

图 2 第二届"书香校园读书季"系列读书活动启动仪式

2.3 第三届"书香校园读书季"大型系列读书活动概况

2014年,图书馆举办了以"弘扬社会主义核心价值观"为主题的第三届"书香校园读书季"大型系列读书活动(见图3)。为贯彻党的指导思想,推动社会主义文化大发展、大繁荣,加强和改进学生的思想道德建设,不断丰富学生的精神文化生活,引导学生健康阅读,促进师生阅读活动深入开展,组织了知识讲座、主题演讲比赛等活动,共有3 000余学生参与。

图3 第三届"书香校园读书季"系列读书活动

2.4 第四届"书香校园"大型系列读书活动概况

2015年,图书馆举办了主题为"创新驱动未来"的第四届书香校园读书活动(见图4)。科技创新,驱动发展,是启发思想的源泉。任何一门技术都是由思想所驱动的。相对而言,科技也反作用于思想。高尔基曾说:"科学是我们时代的精神系统。"所谓精神系统就如同大脑一样,时代的大脑也就是指引时代发展的源泉。科学技术所需要的脑力也在不断地淬炼着人们的智慧与思想,使人们的精神世界更加丰富与饱满。所以,说科学创新是启发思想的源泉也不为过。本届活动开展了经典作品诵读比赛、读书沙龙、知识讲座、校园书签制作大赛以及"创业、创新、发展"主题演讲比赛。

图4　第四届"书香校园"系列读书活动表彰大会

2.5　第五届"书香校园"大型系列读书活动概况

2016年,图书馆举办了主题为"创新、协调、绿色、开放、共享"的第五届书香校园读书活动(见图5)。党的十八届五中全会在谋划"十三五"时期经济社会发展规划时,首次提出"创新、协调、绿色、开放、共享"的发展理念。创新是引领发展的第一动力;协调是持续健康发展的内在要求;绿色是永续发展的必要条件和人民对美好生活向往的重要体现;开放是国家繁荣发展的必由之路;共享是中国特色社会主义的本质要求。本届活动组织了经典作品诵读、成语知识竞赛、演讲比赛、专题讲座、辩论赛、图书漂流等活动,历时3个月,共有3 000多人次参加。

图5　第五届"书香校园"系列读书活动闭幕留影

2.6 第六届"书香校园"大型系列读书活动概况

2017年,图书馆举办了主题为"感恩在路上"的第六届书香校园读书活动(见图6)。作为新时代的大学生,他们有比较强的自主意识、民主意识、法律意识,但是感恩意识较淡薄,依赖思想和享乐思想较严重,在建设社会主义精神文明和构建社会主义和谐社会的今天,加强大学生的感恩教育已刻不容缓。本届读书活动举办了经典作品诵读、诗词竞赛、"读书分享与成长"和"感恩伴我成长"读书讲座,历时3个月,共有3 300多人次参加。从本届开始,我馆首次参加了由安徽省教育厅举办的第一届读书创作活动,从此走出校内,向省内各高校馆学习经验。

图6　第六届"书香校园"大型系列读书活动闭幕留影

2.7 第七届"书香校园"大型系列读书活动概况

2018年,图书馆开展了主题为"读书引领人生,创作点亮梦想"的第七届书香校园大型系列读书活动(见图7)。梁实秋曾说过:"最简便的修养方法,就是读书。""闲来无事常读书"可以使我们陶醉在书中世界,忘掉一切。读书可以净化心灵,使人更纯洁、更真诚;书引领我们走向辽阔,教会我们沉静、教会我们谦卑、教会我们与万物相濡以沫。开展了读书推荐、图书漂流、校园读书创作、经典作品诵读、辩论赛和知识讲座,历时半年,共有4 000多人参加。

2.8 第八届"书香校园"大型系列读书活动概况

2019年4月23日,图书馆举办了主题为"和经典相伴,与博览同行"的第八届书香校园大型系列读书活动启动仪式(见图8)。从古代的四大名著到如今的诗歌散文;从头悬梁锥刺股到如今的奋发图强,我们的祖辈留下了一本又一本令人深思而又回味无穷的好书。从本届开始,不论在活动的内涵建设上还是活动仪式感上,都有了创新和进步。图书馆面向全校师生开展的现场经典作品诵读活动,首次将读书活动场地选在室外广场,仪式感满满,成功营造了浓厚的读书氛围。

图7　第七届"书香校园"系列读书活动闭幕留影

图8　第八届"书香校园"大型系列读书活动启动仪式

本届读书活动包括一月一主题、每月荐书、图书漂流、经典作品诵读、教师阅读沙龙、专题讲座、阅读接力、文学知识竞赛、国学知识竞赛、辩论赛、图书馆休闲空间设计大赛等11个不同类型的校内活动。同年,积极组织师生参加省图工委举办的各项活动,参加了2019"外研讯飞"杯口语大赛、第二届超星杯新时代微文学创作大赛、第五届书香江淮互联网阅读系列活动、"e博在线杯"第三届校园读书创作活动、信息素养大赛等赛事,获省级奖23项。

2.9 第九届"书香校园"大型系列读书活动概况

2020年3月,图书馆举行了主题为"与书香为伴,和智慧同行"第九届书香校园大型系列读书活动。因疫情影响,上半年学生不得返校。于是,图书馆开展了线上系列活动,介绍疫情期间如何利用开放平台进行学习、教学和科研活动,如何使用"智立方"进行科研定题知识讲座,以及微视频、微电影、摄影大赛等活动。在疫情防控常态化后,下半年成功举办了2020年"讯飞杯"全国高校英语口语大赛安徽赛区颁奖仪式,是学院及我馆一次很好的、全方位的向其他图书馆和图书馆同仁学习、交流的好机会。

(a) 颁奖仪式暨学术报告会

(b) 我馆获特别贡献奖

图9 承办2020年"讯飞杯"全国高校英语口语大赛安徽赛区颁奖仪式

2.10 第十届"书香校园"大型系列读书活动概况

2021年恰逢建党百年,图书馆举办了以"读红色经典书籍,树崇高理想信念"为主题的第十届书香校园系列读书活动,并于"4.23世界读书日"举行了活动启动仪式(见图10)。通过诵读红色经典读物,学习、传承红色革命传统,弘扬红色爱国主义精神;让学生了解外部世界,增长见识、增加涵养、吸取智慧、培养性情、净化心灵、养成良好的读书习惯;从众多的伟人身上汲取强大的精神动力,坚定自己的理想信念;促进学生知行合一,培育健康的人格;培养学生持之以恒、百折不挠的意志和毅力;构建良好的校风;从更高层面上讲,足以弘扬中华民族传统文化,传承文学精髓。

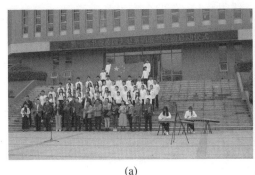 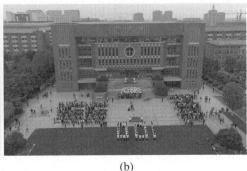

(a) (b)

图10 第十届"书香校园"系列读书活动启动仪式

本届读书活动开展了每月荐书、微视频大赛、读书创作系列活动、图书漂流、知识讲座、主题演讲、专题讲座、朗诵等多项校内活动,且组织师生参加了2021年安徽省校园读书创作系列展示活动、第五届"e博在线杯"校园诵读创作展示活动、2021年全国高校图书馆"讯飞杯"英文经典品读大赛、第七届"书香江淮"阅读系列活动、第四届超星杯"新时代·微文学"创作大赛。此外,首次参加省外活动"慧源共享"全国高校开放数据创新研究大赛,我馆在校内组建4支团队报名参赛。今年省内各项赛事也已落下帷幕,我馆推送的作品取得了不错的名次,目前获奖44项。

3 案例成效

3.1 活动参与部门及人数

自2012年创办了第一届"书香校园读书季"开始,到第四届"书香校园"大型系列读书活动,再到今年第十届"书香校园"大型系列读书活动,实现了从最初的面向学生,到如今面向全校师生;从最初图书馆独自举办各项活动,到如今各职能部门、各二级学院积极参与;从最初只局限校内读书活动到如今参加省内各项读书活动,再到今年,参加了省外读书活动。活动参与人数、受众群体、服务对象等方面都有了显著提升与扩展。

3.2 活动影响力

每一届读书活动都有上千名学生积极参与,人数的递增也说明读书活动在学生群体中越来越受重视。另外,从每届活动获奖人数上也可见其影响力在提高。

从 2017 年第六届读书活动开始,我馆时刻关注省图举办的各项赛事。而后几年,一直积极参与省内活动,并且获奖情况不错,使得我馆、我校在安徽省本科高校中也有了一定的影响力。

3.3 省级各项比赛成绩突出

2017 年我校参加安徽省第一届校园读书创作活动共有 10 人获奖,在"e 博在线"诵读经典飞扬青春校园微阅读活动、书香江淮"品读经典 对话信仰 弘扬社会主义核心价值观"互联网阅读活动、超星杯"新时代·微文学"创作大赛、"讯飞杯"全国高校英语口语大赛等比赛中,分别获得征文、摄影、朗诵以及优秀指导老师奖、最佳组织奖、最佳贡献奖等奖项共计 102 个。

4 案例创新点

4.1 团队建设

团队建设上,既有校内各部门团队建设也有馆内团队建设,其中馆内团队建设又包含馆员团队和师生团队。

在活动初期,图书馆的读书活动只有一个主办单位——图书馆。当时认为这只是图书馆的活动,不好打扰别的部门,就埋着头悄悄地进行。想法很狭隘,格局还未打开,这样的状况持续了很久,到第七届时才开始有改变。图书馆本身是没有学生群体的,需要靠各系部、各二级学院的学生来参与,并且还需要团委、校办的大力支持和宣传。在团队的建设和交流上,渐渐开启了多部门合作。到了第八、第九、第十届,很多活动的主办方不再仅仅局限于图书馆,而是和校办、校团委、继续教育学院等多部门共同主办,并协同各二级学院协办。

馆内团队的建设上,也在悄然发生着变化。因人力有限,初期的读书活动指定由具体的某位老师负责。这样做的局限性是读书活动的水平直接受到负责老师的能力和精力影响,在馆内难以调动大家的积极性,造成各自分工、互不干涉的局面。但是,图书馆是一个集体,图书馆的活动并不是个人活动,而如此大型的读书系列活动更应该是全馆所有人共同努力参与的事情。所以,在后期的几届活动中我馆全员参与、共同协商。如此一来,不仅产生了很多思想碰撞,也增进了同事友情、增强了集体荣誉感。

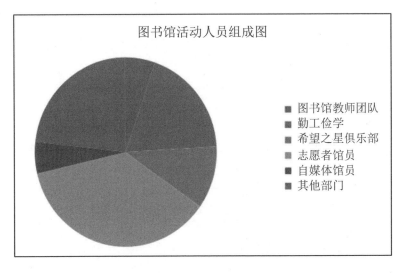

图 11　各类团队建设

另外,在师生团队建设方面,图书馆组建了希望之星读者俱乐部、勤工俭学学生团队、志愿者馆员、自媒体学生团队 4 支学生团队。

4.2　活动主题

每一届读书活动的主题均能紧跟时代脚步。结合各二级学院专业建设,我馆把读书与时代发展以及各专业内容相结合,不仅丰富了活动形式,也开发了学生的逻辑思维,提升了专业知识,实现了时代思想的升华。2021 年是建党百年,所以今年的主题选为"读红色经典书籍,树崇高理想信念"(见图 12)。

4.3　活动开展形式和阅读推广方式

目前,我馆采用线上＋线下的参赛模式。图书馆与校广播台合作,进一步促进书香校园的建设与发展。一方面培养学生的自主意识,另一方面也使活动更具规模化、常态化,提升了图书馆平台的服务水平。现如今,我馆把系列活动打造成了全年性活动。新年伊始,我们就把整年的活动策划做出来上传至图书馆官网,并制作活动海报予以张贴(见图 13)。

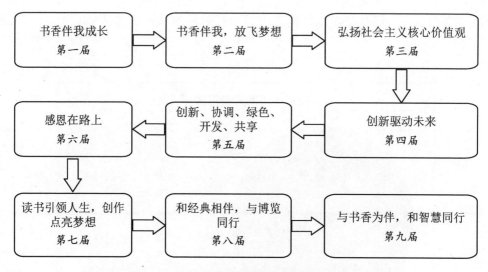

图 12 历年读书活动主题

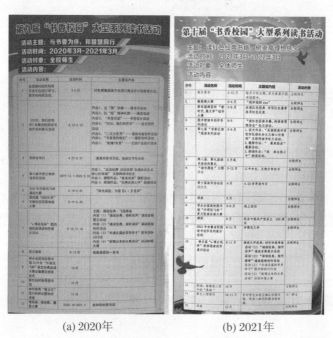

(a) 2020年　　　　(b) 2021年

图 13 读书系列活动内容海报

4.4 书香氛围营造

营造书香氛围,使学生在书香校园的文化浸染中不由自主地加入阅读队伍,使之沉浸在自主阅读的环境,继而让我们的校园处处散发书香气息,真正为图书馆文化育人目标的实现增强动力。具体措施,如在学生阅览区域、电子阅览室、文献检索室等读者空间安装空调;在休闲区购置休闲沙发、书桌,并配上绿植以营造温馨舒适的环境,等等。在此基础上,我馆还计划引入咖啡吧或茶吧,进一步为读者提供更好的环境。

5 案例总结

教育是国之大计,育人是校之根本。书香校园大型系列读书活动的开展,不仅有利于师生成长,也有利于我们国家的文化发展。学校应继续加强书香校园建设,以文化建设引领师生进步,以学生全面发展为目标,以文明传承为使命,将立德树人推向新高度。我馆举办的书香校园大型系列读书活动,铸就了校园读书品牌,成为校园文化建设的重要内容;既是提升大学生素质的有效途径,也是发挥图书馆教育职能和第二课堂作用的有效形式;为校园文化建设创新发展奠定了基础;是在新时代、新征程中营造书香氛围、培育百年栋梁的有力举措。

教育家苏霍姆林斯基认为:读书是教育最本质的活动,读书是学校最根本的任务,读书是培养学生最基本的途径,读书是教师成长的重要源泉。我馆开展的一系列读书活动大大充实了书香校园的内涵,加强了学习型学校建设,提升了师生整体素质和教育教学水平,促进了学校的内涵发展。